TAO Of CAPITAL

AUSTRIAN INVESTING IN A DISTORTED WORLD

資本之道

從孫子兵法和奧地利經濟學派，
看透資本本質的迂迴手段。

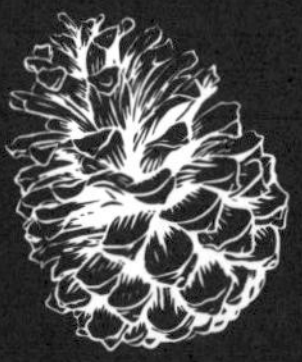

尾部避險、黑天鵝投資法先驅
MARK SPITZNAGEL
馬克・史匹茲納格爾
榮・保羅 Ron Paul ——撰寫前言　聞翊均 ——譯

致我的孩子

愛德華（Edward）和希爾佳（Silja）

——你們就是我的「大勢」戰略

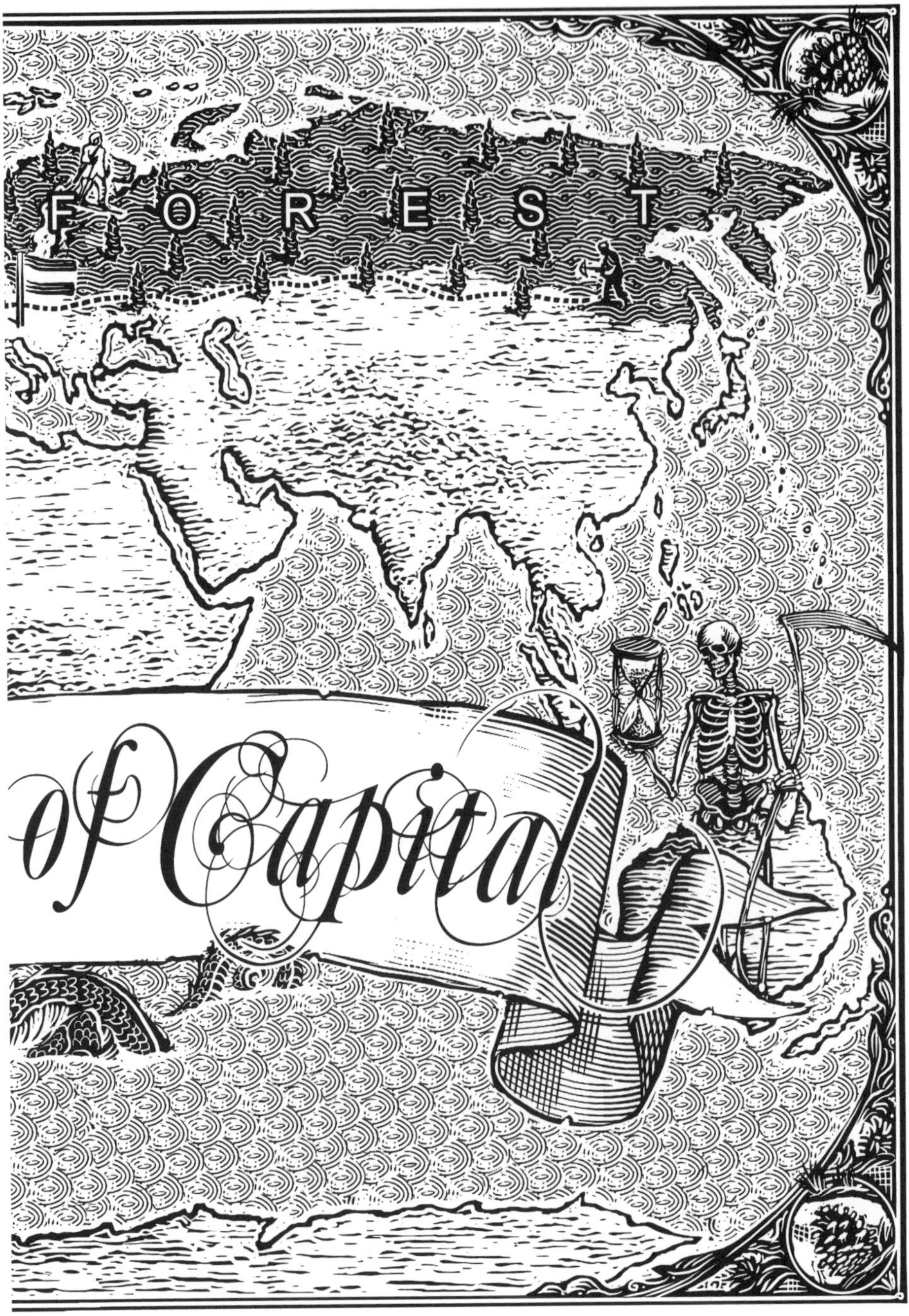

FOREST
of Capital

B O R E A L
The Dao

目錄

國際讚譽

「終於！一位真正承擔風險的實踐者，出版了一本真正的好書。錯過本書將是你的重大損失！」

——納西姆・尼可拉斯・塔雷伯（Nassim Nicholas Taleb），《黑天鵝效應》（*Black Swan*）作者

「馬克在書中大力支持迂迴法，所有類型的投資人都會在這本令人信服又研究透徹的書中找到無價之寶。《資本之道》利用引人深思的例子，利用自然和歷史展示出有利的中間步驟，將貌似困難的立即損失變成更大的未來收益，進而說明了我們為何必須『現在耐心等待，並在將來策略性地不耐煩』。」

——保羅・都鐸・瓊斯二世（Paul Tudor Jones II），都鐸投資公司（Tudor Investment Corporation）創辦人

「適逢其時、原創且正確的經濟原則，以史實為基礎的投資方法。《資本之道》採用可觀的哲學基礎，展現了資本創造、創新與經濟進程的泉源。它還指出，運用政府干預來『幫助』經濟，與現在被廢棄的抑制森林火災政策一樣具有破壞性。真是令人嘆為觀止！」

——史帝夫・富比士（Steve Forbes），富比士媒體公司（Forbes Media）董事長暨總編輯

「這是一本我會反覆閱讀、內容妙趣橫生的偉大著作。它為理解所有市場大師的見解，提供了理論和實踐框架——包括索羅斯（Soros）、鮑德溫、克利普、巴菲特、庫珀曼（Cooperman）（儘管這些大師可能並未意識到或承認）。它教導你關於戰爭、樹木、武術、歌劇、棒球、棋類遊戲等方面的知識。本書每一頁都令人大開眼界，每章都充滿了值得測試、且能帶來益處的內容。我將與我所有的交易員、朋友和影響圈分享這本書。在此全心全意地大力推薦本書，我鮮少推薦書籍，這或許是唯一一本。」

——維特・倪德厚夫（Victor Niederhoffer），
《投機客養成教育》（*The Education of a Speculator*）作者

「《資本之道》是一本傑作。史匹茲納格爾的投資方法令人耳目一新——具有學術性卻毫不枯燥。本書提供的經濟史觀十分遼闊！」

——拜倫・韋恩（Byron Wien），黑石顧問公司（Blackstone Advisory Partners LP）副董事長

「許多華爾街投機客堅信聯邦準備理事會（The Federal Reserve System）一直在支持他們，這些人全都需要閱讀此書。史匹茲納格爾用絕妙的文字，展現了位於艾寇斯大樓（Eccles Building）的印鈔團體聯準會，根本還沒有廢除健全貨幣（sound money）的準則，也沒有學會這種準則帶來的教訓。」

——大衛・斯托克曼（David Stockman），前美國議員、
雷根政府管理與預算局局長暨《資本主義大變形》（*The Great Deformation*）作者

「我們生活在一個被錯誤假設和糟糕政策扭曲的世界。常規智慧解釋得很少，因為它更像是慣例，而非智慧。史匹茲納格爾匯集了對於人類本質與經濟的各種絕佳觀察，為我們的世界撥亂反正。經濟學家、投資人與類似產業的相關人士，都可以在《資本之道》中取得豐富收穫，這是一本實用又令人振奮的書籍！」

——勞倫斯・里德（Lawrence Reed），經濟教育基金會（Foundation for Economic Education）主席

暨麥基諾公共政策中心（Mackinac Center for Public Policy）榮譽主席

「史匹茲納格爾的優秀著作，是對貨幣政策如何欺騙企業家和投資者，使其做出糟糕投資決策的強而有力的呈現。我極力推薦《資本之道》，當作避免被欺瞞、從而獲得更佳投資結果的指南。正如馬克用我的母語所述：『Wir sind jetzt alle Österreicher』（我們現在都是奧地利學派的一分子了）。」

——麥嘉華（Marc Faber），《憂鬱、繁榮與末日報告》（*Gloom, Boom & Doom Report*）出版人

「在《資本之道》中，史匹茲納格爾著重於將健全的分析基礎與精明的戰略思維相結合，為讀者提供了一個廣泛的投資哲學，從中理解將你置於勝利位置的過程，比單純聲明勝利目標更重要。他所採用的奧地利經濟學，不僅揭示市場協調的神祕，還清楚解釋了貨幣和信用操縱的扭曲後果。史匹茲納格爾引導讀者的方式，不是透過點狀預測（point predictions），而是透過模式預測和戰略定位，以實現長期

的財富創造。我強烈推薦這本書。」

——彼得．波特克（Peter Boettke），喬治梅森大學經濟學和哲學教授

「史匹茲納格爾在總結、綜合和延伸偉大的奧地利傳統上，做得相當出色，他將其編織成一套精彩的實用課程。他還是一位優秀的作家和故事大師，繼承了巴斯夏、赫茲利特和羅斯巴德的傳統，以生動的例子和精彩的文筆，將微妙而有時複雜的想法生動呈現。強烈推薦！」

——彼得．克萊恩（Peter Klein），密蘇里大學應用經濟學教授，路德維希．馮．米塞斯研究所（Ludwig von Mises Institute）卡爾．門格爾研究員

「史匹茲納格爾在《資本之道》中，對奧地利學派及其歷史上的相關思想做了全面研究。他是出類拔萃的投資者，將奧地利經濟學從象牙塔帶進投資組合中，證明了此學派的資本、迂迴生產和自由市場之原則，可以也應該應用於創業投資。」

——榮．保羅（Ron Paul），前美國國會議員

導讀

翻閱上百本投資書，這本最妙

——單身狗投資成長日記

在看過的上百本投資書中，當屬這本最為奇妙。

原文書名 The Dao of Capital 的 Dao，並非幣圈中的 DAO，而是老子的「道」。當你揭開《資本之道》這本書，彷彿踏上了一場奇妙的探索之旅，一場穿越時空的智慧迂迴之旅。

前八章是各種看似不相關的主題，從自然界的針葉林與針葉樹、老子道德經、太極拳、孫子兵法、克勞塞維茲戰爭論，再到奧地利經濟學派與現代投資理論的思辨。這些看似零散的元素在最後三章得以統一，呈現出一幅完整而深刻的投資哲學圖景。但即使在最後幾章，作者也只是揭示了大方向的觀念，而未提供具體的投資方法或技巧。

《資本之道》絕對可以視為一本哲學書，對於絕大多數的讀者來說可能在實際應用上幫助不大，但正是這種不同凡響的思維方式，讓一些投資者在市場中脫穎而出。作者每每在市場發生重大危機時，透過尾部風險對沖策略賺取爆炸性獲利，二〇二〇年三月美股史無前例的大崩盤，他卻爆賺三六一二%。

他的迂迴投資法源於對奧地利學派經濟學的深入理解，同時又融合了中國古代哲學的智慧，這種跨文化的融合讓人眼睛為之一亮。

本書的核心思想是迂迴投資，作者稱之為奧地利學派投資法。他認為以已知與未知、手段與目標的思維方法，利用過程中間的手段，實現目標。實現的方式越迂迴、間接、理性，才能真正找到最好的跨期決策方式。更白話地說，是犧牲當下的小損失換取未來的大利益。

然而，由於人類短視近利的天性，這樣的迂迴方式對大部分人來說注定極其困難，同時也正是因為大多數人只著眼於當下，奧地利學派投資法的跨期交換策略才會有用。

書中提到一個有趣的真實故事。

一八四八年，二十五歲的鐵路工頭菲尼亞斯・蓋吉（Phineas Gage）原是個勤勞、技術精湛的人。在一次爆炸意外中一根十三磅重、三英尺長、直徑一英寸多的鐵棒，直接穿過他的腦袋，從左臉進入、穿過大腦前部，從頭頂穿出，腦漿都噴出來，但他竟活了下來。

雖然他左眼失明，但右眼完全未受影響，並且沒有聽力、觸覺、或語言能力的損害。然而他變得無理且反覆無常、沒有耐性，事情與自己眼前的欲望相衝突時就無法克制自己，也不願聽取任何建議。一些媒體報導稱他粗俗猥瑣，沉迷於酒精和性行為，並時常撒謊甚至偷竊。但這並不是唯一的大變化，他完全無法為自己的未來做任何計畫或進行任何活動。他控制未來決策的腦功能嚴重受損。

這件罕見病例，提供了第一個臨床證據，證明人類大腦的特定部位專門用於時間性推理，可以抑制衝動，做出跨期選擇和基於未來的決定。

作者認為，華爾街的制度導致交易員們緊盯著當下，缺少長遠的眼光，就像他們的大腦額葉上插了一根鐵棒。由於人們對未來效用的低估，便不會特別充分地為未來做準備。換句話說，這種低估會對財富的儲蓄和積累產生偏見。

頭上插一根鐵棒，多麼生動的比喻！值得讀者在投資時作為警惕。

在最後兩章，作者提到米塞斯穩定性指數（MS指數）、股價淨值比（P/B）、ROIC（投資資本回報率）與價值投資。所謂奧地利學派迂迴投資法，竟然跟價值投資殊途同歸？股價淨值比是價值投資之父班傑明．葛拉漢（Benjamin Graham）重視的數字，ROIC是查理．蒙格（Charlie Munger）和喬爾．葛林布雷（Joel Greenblatt）認為重要的指標，也是《尋找百倍股》（*100 Baggers*）中所說的最重要原則。

不過作者認為，奧地利學派投資法與價值投資看似相近，實際上奧地利學派投資法可以被看作價值投資的先驅，兩者只能算遠親，在思想上有顯著的差異。比如奧地利學派投資法強調，在尋求機會的過程中做有意的迂迴，其根源在於對優勢的堅定信念，知道自己的優勢為何存在，而許多價值投資者常僅依賴模糊的長期價格會向均值回歸這一點。

創造企業利潤的生產是一個極其迂迴的過程，需要時間和資本，因此在獲得這個過程的間接手段方面要有耐心。那些能理解並忍受這個過程的人，就可以汲取到資本主義的精華。

《資本之道》將讀者引領至投資的深邃思考，遠離短視近利，理解長遠與迂迴的力量。這本書將為你的投資之旅提供全新的視角與深度。

前言
自由，來自奧地利經濟學

——榮・保羅

一九七一年我在醫療機構工作，那是很忙碌的一天，我趁著午餐的長休息時間，開了六十英里的車到休士頓大學（University of Houston），去聽傑出的奧地利學派經濟學家路德維希・馮・米塞斯（Ludwig von Mises）最後一系列正式演講的其中一場。他當時九十歲，卻仍和年輕時一樣充滿熱誠、口齒便給。他的著作啟發了我去吸收與提倡奧地利經濟學派，在那之後，此一學派便主導了我的思想模式。

第一次接觸到奧地利學派時，我還是杜克大學（Duke University）的醫學系學生，當時我偶然讀到F・A・海耶克（F. A. Hayek）的《通往奴役之路》（*The Road to Serfdom*）。在那之後，我把大部分自由時間都用來閱讀我能找到的各種奧地利學派讀物。除了海耶克和米塞斯之外，莫瑞・羅斯巴德（Murray Rothbard）和漢斯・森霍茲（Hans Sennholz）的作品也提供了經濟學的「新」觀點。

在認識奧地利學派之前，我並不全然理解自由市場的運作流程。奧地利學派為我描繪出，自由市場經濟在哪些地方遠勝過干預主義的中央計畫經濟。我閱讀的文本越多，我就越清楚地意識到，在真正自由社會中生活的自由個體，應該以這種方式彼此互動。在多數知識分子稱頌集體主義與社會主義時，奧地利學派經濟學家仍為自由市場辯護。直至今日，我依舊對奧地利學派心存感激。

我當時認為這是一種嶄新的概念，能描述經濟與個體自由之間的關係，但事實上，早在我認識這個概念的許久之前，概念就已經存在。羅斯巴德在《經濟思想史的奧地利學派觀點》（*An Austrian Perspective on the History of Economic Thought*）中指出，古代的道家學者是「史上第一批自由主義者」[1]，在自由經濟與政治的思想史上，道家和奧地利經濟學派就像是橫越了兩千年的兩個書擋。在《資本之道》中，我的朋友暨奧地利經濟學派學者馬克．史匹茲納格爾（Mark Spitznagel），把羅斯巴德提出的深刻連結方式轉變成獨特的重要主題。

在較近期的奧地利學派中，核心原則通常是私有財產、自由市場、健全貨幣與自由社會，這些原則可以追溯至數世紀之前的古典自由主義，聚焦在所有自由社會最基本的原則上。正如經濟學家拉斐．萊科（Ralph Raico）所寫：

> 古典自由主義——接下來我們將之簡稱為自由主義——的基礎概念是，在公民社會的成員，可以在個人權益的廣闊範圍內自由行動時，公民社會大致上可以自我規範。在這之中，私有財產的權利得到了很高的優先權，此權力包括合約自由與個體配置自身勞動力的自由……此一學派獲得了「奧地利經濟學派」之名……此學派的支持者與反對者都時常將之連結到自由主義。[2]

過去多年來，我與米塞斯的許多朋友與學生建立了密切的連結，對我們來說，他仍是至關重要的榜樣。他從沒嘗試軟化自己的立場或壓抑自己的哲學思想，從沒試著去成為更容易為傳統經濟社群接受的人。如果他選擇這麼做的話，無疑會在有生之年獲得更廣大的認可。但他的目標不是獲得認可，而是追求經濟學的真相。米塞斯也是一位紳士，他的個性善良體貼，我在許多方面試著效法他。我總是會在這個世界（尤其是這個世界的經濟學家）陷入瘋狂時，求助於米塞斯的至理名言：「有些人以近乎宗教狂熱的態度相信，只要增加支出和信用擴張就可以拯救經濟，任何邏輯論述或任何經驗都無法動搖他們的想法。」[3]

奧地利學派的核心是人類行為的不可預測性，以及個人選擇對經濟運作方式造成的巨大影響。此學派認可價值的主體性、企業家的角色以及為了推動社會本身而追求資本創造（capital creation）。早在奧地利學派於十九世紀中葉首次出現時，這些真理就已經不可或缺，在如今或許更是如此。

史匹茲納格爾在《資本之道》中，對奧地利學派及其歷史上的相關思想做了全面研究。他是出類拔萃的投資者，將奧地利經濟學從象牙塔帶進投資組合中，證明了此學派的資本、迂迴生產和自由市場之原則可以也應該應用於創業投資。「奧地利學派投資法」因其清晰性和實用性而令人著迷，他也指出要違反干預主義（interventionism）、主流經濟學和華爾街文化有多麼困難。

身為奧地利學派的支持者，我因為必須不斷觀察中央集權者和政策規劃者對經濟所做的事，不禁感到沮喪——他們巧妙地策劃出一劑又一劑災難的配方。我們必須理解市場具有天然的恢復力。正如《資本之道》所闡述的，在沒有中央計畫和干預主義扭曲影響時，自然的市場力量就能自行達到恆定狀態

——這是現代紓困[i]文化十分厭惡的概念。

央行非但沒有透過行動安定市場，反而製造出越來越嚴重的扭曲狀態。他們緊抓救命稻草，認為用貨幣淹沒這個世界，就能解決這個打從一開始便由干預主義造成的問題。

人們理應獲得更好的事物。我們應該讓資本主義在不受官僚操縱的狀況下運作。身為一名執業近三十五年的醫師，我遵守希波克拉底醫師誓言（Hippocratic Oath），該誓言要求我不得對他人造成傷害，也不得妨礙身體的自然治癒能力。政府同樣必須讓市場的自然恆定過程發揮作用。這正是《資本之道》傳達的核心訊息，**本書展示出，無論市場過程是否扭曲，人們都可以與市場過程和諧共存**。

我在過去數年加深了對於自由市場重要性的理解，也因此意識到透過政治行動為自由市場奮鬥的必要性。這些行動有多種形式，從教育到革命都包括在內。我們在美國可以透過教育、遊說和民主程序，來實現必要的改變。我們在言論、集會、宗教、請願和隱私方面的自由權利，基本上仍保持不變。但在我們喪失權利之前，我們必須改變政府干預主義在過去數十年來制訂的政策。

我始終堅信開國元勛的做法是正確的——無論怎麼說，都比他們的繼任者更正確，這些繼任者打從美國批准憲法的那一天起，就一直狂熱地反對個人權利。美國的建立基礎是自由價值，我不需要別人說服我人身自由的優點為何。還有其他力量一直在否決我追求自由的天生本能——教育機構、媒體和政府。他們不斷鼓吹人民需要政府的保護，才能免受幾乎所有事物傷害，甚至連我們自己都會傷害自己。但我的信念從未動搖：只有不受阻撓的市場，才符合人身自由這個概念。

這種自由的概念與健全貨幣之間關係密切，而健全貨幣正是奧地利經濟學派的基礎概念。主流經濟學家仍在持續淡化、忽視其重要性。這些占主導地位的經濟學「專家」帶來永無止境的糟糕後果，我們有目共睹。

根據米塞斯所述，貨幣必須成為起源於市場的實用商品，才能正常運作。而貨幣所扮演的最重要角色則是交易媒介。此外，貨幣也能用來衡量與儲存價值。

不幸的是，政客堅信貨幣成長可以為我們帶來經濟成長。他們無視了「政府無法創造任何事物」此一事實。**政府無法使人變得更富有，但可以使人變得更貧窮。**除此之外的觀點都是極其天真的論述。我們應該格外留意十九世紀經濟學家弗雷德里克·巴斯夏（Frédéric Bastiat）所寫的《看得見與看不見的》（*That Which Is Seen, and That Which Is Not Seen*），這本鋒芒畢露的書籍帶來的教訓是：要把目光放得比眼前的事物更遠，看到可以預見也應該預見的間接結果——這是史匹茲納格爾在《資本之道》中討論的另一個重要主題。

聯準會（Federal Reserve，簡稱 Fed）可以干預市場、插手調整利率，但最終仍無法避開自由市場經濟不可改變的本質。雖然政治家可以按照自己的喜好扭曲貨幣系統，但他們無法廢除決定貨幣本質的經濟法則。正如我過去闡述、如今仍堅持的概念：透過壟斷控制造成的扭曲和貪腐，可以在很長一段時間內以多數人的權益為代價，使少數人受益，但到了最後，無人能駁倒的自然法則終將獲勝。**形成經濟循環的唯一方法，是在市場中實現自由選擇。**

---

i 編按：bailout，指出面拯救企業或國家免於破產、防止金融危機蔓延。

人們一直以來都把貨幣視為中立的事物，不認為貨幣供應量對具體價格會產生關鍵影響，而是普遍認為販售產品的價格，只取決於該產品的供需。甚至連早期奧地利學派經濟學家也默認了這點，直到米塞斯證明了貨幣的非中立性為止。正如他在其傑作《人的行為》（*Human Action*）中所寫：

由於貨幣的購買力永遠不可能是中立的、穩定的，所以政府提出的貨幣數量決定計畫，也永遠不可能同時對所有社會成員來說，是公正且公平的。無論政府為了加強影響社會的購買力高低而採取什麼行動，這些行動都必然取決於統治者的個人價值判斷。這些行動必定會以某些群體的利益為代價，促進其他群體的利益，永遠都不會符合所謂的共同利益或公共福祉。[4]

竄改一個國家的貨幣，等同竄改人民生活中的每一個經濟面向：收入、儲蓄、每一次交易得支付的名目金額。政客隨意操縱金錢時，一定會導致混亂、失業和政治動亂。因此，我們得找出一種不會遭到濫用、可以抑制通貨膨脹，且能夠交給負責任的就業公民成功發展的貨幣。

正如《資本之道》中清楚表明，隨著法定貨幣的價值膨脹，在市場經濟中進行資本投資變得非常困難。在貨幣被摧毀後，為了試著維持秩序，政府的權力和市場遭受的干預都會提高。從古至今，除非為時已晚，政府官員從來不會承認經濟計畫其實無用。等到政府試著彌補「印太多錢」此一事實時，只會讓情況變得更糟。對擔心聯準會職能的人來說，這些論述應該再熟悉不過。

諷刺的是，儘管美國人一致認為反對政府價格管制對自由市場有利，但在涉及最重要的價格時，又是另一回事了，這個重要價格是時間的價格，也就是利率。政府就是用這種方式控制貨幣的價值。政府同時也透過價格控制，扭曲了市場周密協調消費者和生產者的功能。幸好有奧地利經濟學家的研究，讓我們理解到，正是因為失去這種協調功能，才會出現經濟的漲跌循環——出現這種循環的唯一原因，就是央行操縱了貨幣和信貸的供應。因此，從很大的程度上來說，失業率和整體生活水準，只會反映出一個國家奉行的是哪種貨幣政策。

米塞斯很清楚貨幣是如何成為政治和經濟問題。他的見解幫助我反對左派和右派為赤字提出的藉口。不管左派和右派採用何種理論，他們都同樣依賴法定貨幣系統和通貨膨脹來延續政府融資，並實現各自的特殊利益。

奧地利學派清楚解釋了為什麼政府干預是我們的敵人，以及為什麼個人的自由權利，是實現真正自由的關鍵。我以米塞斯的性格作為榜樣，也從奧地利學派的概念中獲得信心，因而撐過在華盛頓特區和國會度過的時光。

我從沒想過「奧地利經濟學派」這個詞語會受到廣泛使用。但自二〇〇八年以來，這個詞語已廣泛滲透到美國政治詞彙中，對於我這個許久之前就進入奧地利學派的學生來說，實在振奮人心。儘管如今我們可能會覺得，這些學說似乎暗示了社會前景黯淡，但我們有充分理由保持樂觀——這個理由就是此學派在年輕世代的吸引力和潛力。已經有成千上萬名年輕人來參加過我的集會，我對此感到非常自豪，這反映出美國年輕人在經濟與各方面，都全心接納了自由的概念。

只要這些原則更加深入人心，有越來越多人理解米塞斯及其學生所擁護的經濟真理（其中一個管道就是透過《資本之道》），我們終能推動此國家建立起健全的財務基礎。

自由是個人盡皆知的概念。不過若想徹底了解自由，你得全心接納奧地利經濟學。

（編按：本文作者榮．保羅出生於一九三五年，是美國作家、醫生和退休政治人物，曾三次競選美國總統。）

引言
資本的千里之行，始於我們足下

首先，我們必須以嶄新的方式看待資本（capital），將之視為動詞，而不是名詞。它不是無生命的資產或財產，而是一種行動，一種達到目標的手段——資本指的是為持續發展的經濟體打造、改良、使用各種工具與手段。資本其實是一種**過程**、方法或路徑——也就是中國古代所說的**道**。

資本具有跨時間的特性：其核心是在未來不同時間點的定位和優勢。時間是資本的環境背景——資本受到環境的定義、形塑、幫助與阻礙。在我們以新方式思考資本的同時，我們也必須以新方式思考時間，並參與這個過程——這就是我們的道路，我們的**資本之道**。

這條道路的顯著特點在於它極其迂迴——這整本書的關鍵字就是迂迴（roundabout）——「先向右走，為的是接著向左走」，這條道路首先帶領我們抵達**手段**，也就是那些具有戰略意義的路途中間點，在經過了這些中間點之後，就更有可能以更有效率的方式達到最終**目標**。這條道路在我們周遭顯而易見、無所不在，從極北林區的自然環境到企業家的商業世界，但我們卻常常無法察覺。我們往往可以看見目的地，卻時常忽視這條道路。因此，最後我們完全誤解了這場比賽的規則。

這個深刻的課題，貫穿了人生各個領域的策略思考與決策方法。但這是一本關於投資的書，因此，我關注的重點在於投資。儘管我很希望能在書中明確指出，投資是人類與生俱來的行為，與其他行為沒有差異，但事實上，投資或許是這個課題中最深刻的主題。

彭博終端機和證券經紀業的螢幕閃爍著光亮，閃爍著立即獲利的誘惑，分散了我們的注意力，導致我們再也看不見其他事物。我們看不見這些可見事物背後的目的論機制（teleological mechanisms），隨著時間推移不斷運作，在一定程度上，這些可見事物就是「世界的引擎」。即使在華爾街這個出色的雜耍表演中，時間限制也受到束縛、變得緊迫，華爾街的人因而忽視了種種經濟機制，只能追逐實際發生事物的陰影。

不過也有好消息，那就是這些機制的核心非常簡單，而且我們稱作奧地利（或維也納）經濟學派的經濟思想傳統，也清楚地揭示了這些機制。該學派因建立地點而得名（具些微貶義），奧地利和維也納是十九世紀在文化和知識方面的關鍵紐帶，學派創辦人卡爾・門格爾（Carl Menger）和歐根・馮・龐巴維克（Eugen von Böhm-Bawerk）建立了新的思考方式，將資本視為實現富有成效之目標的迂迴手段。至於他們的後裔——著名的米塞斯，對學派發展帶來的貢獻比其他人都多，至今奧地利學派仍以他的名義傳承知識的火炬。

然而，奧地利人並不是此學派唯一的前輩。事實上，我們在迂迴中找到的其中一個策略思想支柱，可以追溯到約二十五世紀之前的**古中國與道家學者，他們提出逆反復歸的概念，認為一切都來自相反事物，一切都是相反事物的結果：堅硬源自柔軟，前進源自後退。**我們從東方和西方的這些根源出發，學習如何橫越時間的片段，進行跨時間化（intertemporalize），而不是只聚焦在自身欲望這個目標上。在追求迂迴手段的過程中，我們得先假設這整件事的完整景深。

世上最偉大的那些戰略家不需要其他人的教導，就知道要訓練自己，把注意力集中在獲得往後優勢的方法上。典型的迂迴企業家亨利．福特（Henry Ford）內心深知這一點。但身為投資者，我們完全脫離了產品的「手段—結果」過程與經濟過程，反而屈服於看似無窮無盡的複雜性。這讓我想起芬蘭作曲家尚．西貝流士（Jean Sibelius）的話：我想在此提供眾人的，是簡樸、採用典型方法的「純水」，而不是「製造符合各種色調和描述的調酒」。[1]

我們將會遵循**資本之道**，針對資本機制和資本投資——也就是市場過程本身的方法與目的論——建立新的認知習慣。若我們和這些機制步調一致，就能找到知識原則和（更重要的）實踐原則，我稱之為奧地利投資法（Austrian Investing），這種方法追求的不是利潤，而是追求**獲得利潤的迂迴手段**。

在我的出版商首次聯繫我，並終於說服我寫書後，我做了艱困的內省與思想統整，在那之後才動筆寫作（前者是純粹的愉快享受，後者則完全不是那麼回事——畢竟我是個專業投資人，不是專業作家）。為了解釋、描繪我的核心投資方法學，我踏上了一場迂迴的旅程，橫越了針葉林、戰國時代的中國、拿破崙時代的歐洲、工業化迅速發展的美國，其中當然也包括在十九和二十世紀出現於奧地利的傑出經濟思想家。

貫穿這趟旅程的主題以方法為導向，而非以結果為導向——我們尋找的是與市場過程和諧共存的方法，而不是利潤。我在過去兩年間一邊經營最重要的避險基金，一邊擠出時間努力寫書，最後得到成果就是《資本之道》（順帶一提，我或許認為關於寫書最糟的一點，那就是被他人指責你在「談論你的書」（talking your book）[i]——這樣的指責其實很公平。雖然我確實在此大略描述了我身為積極投資人與避險基金經理人的投資方法，不過我希望能減輕這些描述造成的影響，首先，我要在此聲明我的合夥人身分已經正式結束；第二，我承諾會把本書的所有利潤捐獻給慈善機構。仔細想想，在我看來，所有撰寫投資書籍卻無法這麼說的人，我們都不需理會）。

最後，本書將會簡單介紹奧地利投資法。我將統整各種資料，藉此說明我的方法確實有效。然而，這些資料要一直到本書最後兩章才會出現。我的多數討論都集中在奧地利投資法背後的思考模式，這才是最重要的。以這種方式編排本書非常適切，因為如同你即將看到的，這種投資方法的重點在於，我們必須願意應用**間接**方法來實現目標。

我的方法——奧地利學派投資法

請允許我在此大致描述這趟旅程。我們從第一章出發，我會講述我初次認識市場過程的經過，當時，在芝加哥期貨交易所（Chicago Board of Trade）有一位睿智又老練的穀物交易人埃弗雷特．克里普（Everett Klipp），他謹慎地指導我，教導內容無意間切合了《道德經》中的古代智慧；時至今日，我仍然持續從「克里普主義」（Klippism）的回憶中學習。

接著，我們會轉向自然界，以及奠基於大自然的生產策略、生產邏輯和機會主義增長的中心教學法——我們將會在第二章看到，松柏植物的**主旋律**（leitmotif）是跨世代的迂迴生存方式，它們會先撤退到競爭者無法生長、較多岩石、不怡居住的地帶，從這個地點散播種子到野火燒過的富饒土地上。

到了第三章，我們將會清楚看到公認的軍事戰略家——也就是古代的戰略思想家與決策者——使用針葉樹的這種策略，首先從孫武（又稱孫子）開始，他的教導寫在《孫子兵法》中（常有人以膚淺的方式引用此著作），《孫子兵法》為奧地利學派的核心概念「勢」（shi）提供了多種意涵，此外，我們也可以把**勢**視為戰略位置優勢。同樣的思想也出現卡爾・馮・克勞塞維茲（Carl von Clausewitz）經常被誤讀的著作《戰爭論》（*Vom Kriege*）中，他主張應尋找關鍵戰略點來削弱敵人，藉此以更適宜、順利的方式實現勝利與和平的最終目標。

進入第四章，我們在進行意識形態鬥爭的人身上，發現了迂迴的戰略思考方式：最早出現的奧地利學派經濟學家之一巴斯夏對馬克思主義者提出挑戰，並為我們帶來可見與可預見的事物，而奧地利學派創始人門格爾則在他的著作中採取了先驗主義（priorist）的立場，與緊抓著經驗主義（empiricism）不放的德國歷史主義者展開爭論。

我們從門格爾切入第五章，談到奧地利學派的著名人物：龐巴維克，他為我們闡述了儲蓄、投資和資本積累之間的關係，進而使如今的投資者對市場過程有理論層面的了解。他的資本理論解釋了**迂迴生**

---

i 編按：引自投資銀行常用的行話，指交易員給出表面上中立的市場觀點，目的在於提升自己持有項目的價值。

產（Produktionsumweg）的迂迴結構如何累積更深層、更有效率與生產力的資本結構（例如福特把煤炭和鋼鐵轉變為供大眾使用的汽車）。

在第六章中，由於我們天生就對時間有特定偏好，也會對時間產生不一致的短視認知（我們可以把這種認知概括為「現在先不耐煩，以後再有耐心」），所以我們絕不能低估迂迴的難度。在現實世界中，人們會對較近的投資回報給予較少折扣，對較遠的投資回報則打較多折扣，我們有時會把這種現象稱為「雙曲貼現」（hyperbolic discounting）。在我對資產價格的理解中，世人的這項特徵扮演了關鍵角色，而龐巴維克是一個走在時代前端的人，他在一個多世紀之前就已經描寫過這些主題了。由於人類的怪異傾向就是渴望立即獲得獎勵，所以我們早就被警告過，那些看似簡單直接的事物實際上是一種詐欺；事實上，這種迂迴方法是十分違反直覺的路徑——**我們得透過早期劣勢獲得後期優勢**——這是人們幾乎不可能走上的道路。這正如老子所言：「明道若昧，進道若退，夷道若纇，上德若谷……大器晚成。」[2]

進入第七章，偉大的米塞斯教導我們「市場是一種過程」，這源自他在二十世紀早期和中期提出的見解，他在那時解釋何謂現實世界的創業家精神與經濟週期的漲跌。米塞斯的研究以「行動者」（acting man）的行動為中心，正如奧地利經濟學家羅斯巴德所觀察到的，這些研究反映了「一項基礎事實，也就是人類擁有目標與意圖，會為了達成目標與意圖而採取行動。我們對此一事實的了解並非實驗性的、遲疑的，而是絕對的、確實的。」[3]米塞斯把焦點放在社會事務的這個重要面向——人類會應用各種手段來實現主觀目的——因而影響了他如何解讀市場過程與更廣泛的歷史趨勢。米塞斯認為，經濟學家應該在**一開始**就建構好理解經濟的穩固系統，否則他們在分析經驗式證據時會變得不知所措，舉目所及皆是以假亂真的「關係」。

正如我們將在第八章所看到，無論是森林還是市場，干預主義帶來的扭曲都會使系統的自然調節能力短路；然而，推動系統恢復恆定的力量仍然存在，終將占據上風，不過恢復的過程顯然會極其混亂。因此，我們可以將市場過程視為宏大的「目的論」機制；在央行扭曲其自然活動後，市場過程會摸索著前進，恢復自然平衡，並在過程中表現出負回饋循環。

我們將藉由這八個章節，奠定《資本之道》的基礎，也就是通往渴望目標的迂迴手段。只有那些願意推遲直接目標，並研讀看似無關緊要之主題的人，才能獲益於最後兩章，以及有關「奧地利學派投資法」這種資本主義投資策略的討論。從奧地利學派的角度來看，這是一個嶄新的重要領域。奧地利學派傳統主要局限在針對經濟的學術分析和相關政策建議，解釋了應該做什麼——以及更重要的：不應該做什麼——藉此允許創業和市場過程的自由與完整運作。

在本書的最後兩章，我們從政府政策轉向投資實作，引導我們在高度扭曲且非常現實的世界中前進。**我將我的方法稱為奧地利學派投資法，因為這個投資法在很大程度上，依賴我多年來從偉大的奧地利學派經濟學家那裡蒐集到的見解**。本書的主要目標是向其他投資人解釋這些見解的重要性，以便他們從這些觀點中受益。

現在的投資者比以往任何時期都更需要理解，這個系統有多扭曲，這種扭曲已經達到了前所未有的程度。如果沒有名為干預的致命肥料，就不會出現資產的不健康成長，如今這種成長，猶如在製造火藥桶，將會在不遠的未來引爆大規模野火。鑑於股票市場的顯著扭曲（正如我將在第九章討論到），我們應該預設嚴重的股市下跌必定會到來——很可能會發生在約一年之內（對我來說，輕描淡寫地說出此預測的原因是很容易的事，而我也在本書中花了很大篇幅來解釋這件事）。這種急迫性在那些頁面植入了肅穆且嚴峻的警告。

我們會在第九章中學習如何使用我稱為米塞斯定態指數（Misesian Stationarity index）的衡量標準，來評估系統的扭曲程度，該指數遵循米塞斯的原則，引導我們免受這種扭曲的損害。我們會理解該在何時遠離市場，何時留在這種扭曲中，或透過「尾部避險」（tail hedging）這種複雜策略（唉，此策略遠遠超出散戶投資人、甚至許多專業人士的能力之外）在這種扭曲中獲利（雖然我以這種投資方式聞名，但我要在此表明我的看法：在市場事件中，從沒有出現過影響力極大的黑天鵝[i]——也就是所謂的意外「尾部事件」。事實上，多數人沒有預料到的事件往往都具有很高的可預見性）。

在第十章的奧地利學派投資法二中，我們會在理解投資中的迂迴資本結構時，應用龐巴維克原則，著眼於不屬於華爾街的「皮影戲表演」的公司，這是因為這些公司雖然不會立刻使利潤飆升，卻前途無量。**（奧地利學派投資法是較古老也較完整〔gestalt〕的版本，後來變成如今所謂的價值投資；奧地利學派投資法不僅早於價值投資，而且也比價值投資更完善、更聚焦）**。在後記中，我總結了在追求迂迴的艱難過程中十分關鍵的一項因素，一項直接來自極北林區的教訓：**希甦**（sisu）。

我的投資法不但將奧地利學派的理論式觀點併入市場過程的本質中，也反映了奧地利學派的經濟學方法本身。主流經濟學家大多希望按照物理學家的模式，為自己的原則建立模型，米塞斯傳統中的奧地利學者則不同，他們認為曲線套入和經濟回測**沒有**太大用處。

只要我們能了解米塞斯的論點蘊含的力量，我們就會明白，在理解經濟現象（例如經濟週期）時，特別是在試圖預測股價走勢時，我們不能單純依靠「不用講也知道的事實」。我們需要先行理論來引導我們找出哪些事實是切題的，哪些事實可以安全地忽略，只聚焦在重要的事物上。在我們用邏輯推導出一套投資哲學後，才能理所當然地運用實證研究來「檢驗我們的想法」——而且我們確實也會這麼做。

在《資本之道》中，我將邀請你採用我的方法，這不是能夠馬上應用的策略，而是一種更重要、可以應用於投資與生活中其他重要活動上的思考方式。我們必須在不同時期做出明智的選擇，以免危及或破壞將來的機會（通常是更好的機會）。然而，如果沒有思考的話，行動就會失去依據。首先，最重要的非邏輯推導莫屬。

在我還是個剛進入交易場的年輕交易人時（事實上，那是當時最新的債券交易所），克里普讓我理解了為什麼我會進入芝加哥期貨交易所——絕不是為了學習如何賺錢（我將會在第一章論及此事）。他告訴我，如果是為了學習賺錢的話，「你現在根本就不會在這裡。如果這裡真能學會賺錢，你現在只能在外面的拉薩勒街（LaSalle Street）排著長長的隊伍等待入場」。我也要對你說同樣的話：如果真有一本書能教會讀者如何賺錢的話，你現在一定是在書店（現在書店已經越來越少了）外面排著長長的隊伍

---

i 編按：最早出現於由納西姆・尼可拉斯・塔雷伯於二〇〇七年出版的暢銷書《黑天鵝效應》，意指「發生機率極低、且難以預料，卻仍然發生的事件」。

等著買書。

本書的目標是教你如何思考，為你提供迂迴的原則。就像成人學習揮動高爾夫球桿或滑雪一樣，學習的目標是理解背後的機制，調整我們的動作去配合那些機制。有了這個基礎知識，你就可以理解這個策略所需的必要迂迴觀點，以及與之密切相關的迂迴資本過程。在迷失方向時，我們可以運用奧地利學派的指南針重新測定自己的位置，指南針會引導我們先右轉，再左轉，沿著一條與戰略思想一樣古老的迂迴道路前進。

用老子的話來說：「千里之行，始於足下。」[4]於是我們走上《資本之道》，踏出第一步。

馬克・史匹茲納格爾
密西根州，諾斯波特村
二〇一三年七月

哲人與學徒 —— 克里普與我，在芝加哥期貨交易所（約 1994 年）。

第一章

老子流傳下來的投資智慧

「你必須喜歡賠錢，討厭賺錢，喜歡賠錢，討厭賺錢……但我們是人類，我們喜歡的是賺錢，討厭的是賠錢。所以我們必須克服自身的人性。」

「你必須喜歡賠錢，討厭賺錢，喜歡賠錢，討厭賺錢……但我們是人類，我們喜歡的是賺錢，討厭的是賠錢。所以我們必須克服自身的人性。」

這就是「克里普的悖論」（Klipp's Paradox）——睿智的老練芝加哥穀物交易家克里普無數次重複這個悖論，我因而得知了一個原型投資法，並很快把這個投資法納為己用。這個投資法就是**迂迴**途徑（roundabout approach，我們稍後將其稱為**勢**和**烏維格**〔Umweg〕[i]，最後則稱之為「奧地利學派投資法」〔Austrian Investing〕），這就是本書要傳達的核心訊息：我們追求的不是立即獲利的直接途徑，而是立即虧損的艱難迂迴途徑，此中間步驟會帶來更大的潛在獲利優勢。

曾使用此一古老策略的人，包括軍事將領和企業家——他們是文明的毀滅者，也是創造者。事實上，我們所在的這個世界正運用此邏輯，以有機方式進行高效的成長。但若有人催促或強迫使用此策略時，卻會毀掉它。

由於這個策略難以執行，所以它一直是最少人走的迂迴道路，它太過違反我們的本性，也違反我們對時間的感知（而且在華爾街幾乎不可能執行此策略）。這正是為什麼它最終會如此有效。不過，願意改變思考方式、克服人性、遵循《資本之道》的投資人，一定有執行此策略的能力。

我們要如何解決這個悖論？為什麼繞道會比直行更有效率？為什麼向右走可能是通往左側終點的最高效率途徑？這種做法只是為了混淆視聽嗎？是因為空話聽起來特別聰明嗎？還是這個方法掩蓋了某些世界共通的真理？

想要獲得解答，得先深入反思何謂時間，以及我們如何看待時間。我們必須改變維度，從**直接**

（immediate）進入**中間**（intermediate），從**非時間**（atemporal）進入**跨時間**（intertemporal）。我們必須堅定地看著前方，遠離現在正在發生的、可以看見的事物，轉向即將發生的、當下還看不見的事物。我把這種新視角稱為**景深**（depth of field，我將此光學術語用在時間上，而非空間上），指的是我們能敏銳感知長遠未來的能力。

有些人會以為，我指的是把思考模式從短期轉為長期，但重點並不在此。長期（long term）已變成陳腔濫調，甚至常常在詞彙意義上具有不一致性：依據長期目標來行動，通常需要我們立即承諾當下能看見的各種直接機會，經過長期等待再獲得結果——這時候，我們往往不會對等待期間可能出現的跨時間機會進行適當的思考或區分（此外，常有人用「依照長期目標行動」作為藉口，合理化某些當下沒有按照計畫進行的事件）。

長期是一種遠視，短期是一種近視；景深則把焦點放在兩者之間。所以，我們不要以長期或短期思考。我們應該如同克里普悖論所要求的，以完全不同的方式來思考時間，也就是**跨時間**思考，時間是由一系列彼此呼應的「現在」所組成，每個片刻都會為下一個片刻做準備，這些片刻彼此連接，就像一首偉大的樂曲，或一根細繩上的許多串珠。

我們可以進一步探討克里普的悖論，揭示另一個更深層的悖論，它是人類最具開創性的多數思想之核心。儘管克里普不知道這一點，但他的悖論可以追溯到兩千五百多年前的世代和文化，一如《老子》

---

i 編按：在德語為繞道、彎路之意。

（此書後來被稱為《道德經》，但我在本書中會以原本的名字《老子》稱呼它，據稱此書的作者就是老子，名稱正是源自於他）的基本主題，《老子》是一部古時候的政治和軍事著作，也是中國道家哲學的原始論述和精華。

從《老子》來看，所有事物的最佳途徑都是經由相反方向前進：因損失而獲益，因獲益而損失；勝利並非源自取得一場關鍵勝仗，而是當下以迂迴的方式等待和準備，藉此在未來獲得更大的優勢。《老子》指出，在各種兩極狀況之間，在不平衡與平衡之間，存在著一種接續和更迭的基礎通用過程；每一種情況都有其反面。「是謂微明。柔弱勝剛強。」[1]

對克里普和老子來說，時間不是外在的事物（exogenous），而是內在的事物（endogenous），是萬事萬物的主因——而耐心便是最寶貴的財富。

事實上，克里普可說是道家的哲人，他用一個簡單的原型訊息，概括了他如何在芝加哥期貨交易所的危險期貨市場中生存，並蓬勃發展了五十多年。

老子的核心概念：藉由不做事而成事

道教在古中國出現時，戰爭不斷將近兩世紀，那是西元前四〇三年至西元前二二一年，後代稱之為戰國時代，中原地區的平原變成血淚交織的殺戮戰場。在這個時代，軍事技術、戰略和科技都在進步，例如高效率的部隊編排，還有騎兵和弩的出現。中國的軍隊借助這些新工具，攻入築有城牆的城鎮，雷霆萬鈞地突破邊境。戰爭和死亡變成一種生活方式；即使在投降之後，整個城鎮也常常被夷為平地[2]，母親在生下孩子之後，也不會期望他們能長大成人[3]。

戰國時代也是中國古文明的成形階段，哲學思想盛行，道家學者莊子稱之為「百家諸子」；《老子》和《孫子兵法》等著名道家經典誕生於這個豐饒的時代，前者是受到最廣泛認可的中國經典，也是如今全球最著名的經典之一。據聞該書的作者是老子，他可能存在，也可能不存在，可能是一個人，甚至可能是在不同時間點提出哲學思想的許多人。

根據傳統說法，老子為西元前六世紀的王朝看守典籍收藏所，不過，也有一些學者和漢學家認為老子是西元前四世紀的人。我們可以從傳說中得知，人們認為老子是與孔子同時代的前輩，孔子在公元前五五一年出生，四七九年逝世，據說他曾向老子請教，並稱讚老子「其猶龍邪」（不過老子嘲笑他太自大）。[4]此外，後來寫在竹簡上的書面形式《老子》（主要讀者是為軍閥提供建議的軍事戰略家），很可能是從早期的口述傳統衍生而來（因為內容大多押韻）。無論老子真實存在或僅為傳說，無論是有血有肉的人類還是典型神話，無論是一個人還是不同時間點的許多人，他都為我們帶來了持久、永恆且普世通用的智慧。

對大多數人來說，《老子》是一部具有壓倒性宗教性質、甚至神祕性質的典籍，這種解釋上的偏見也許對《老子》造成了傷害。其實在歷史上，人們一直都用「老子學說」（Laoism）這個詞來區分哲學中的老子和後來的道教。繼一九七三年在馬王堆漢墓和一九九三年在郭店楚墓出土的考古發現（大量的破損絲綢和竹簡碎片）之後，近期又出現了一些重要的新譯本，為《老子》是哲學文本起源一事提供了證據[5]——《老子》並不神祕，而是我們迫切需要的實用典籍。這種實用性尤其與衝突戰略有關（特別是當時最引人注目的政治與軍事策略），《老子》獲得優勢的方法無須脅迫敵方，也不需要總是依靠正面衝突。《資本之道》忠於這些道家根基。

《老子》只有五千個漢字和八十一章，用如同詩文一樣的簡短語句概述了道——也就是「做事的模式」、方法、路徑或手段[6]，或者也可以說是與事物的本質和諧共處的過程，同時還會讓我們意識到一路上的每一步。漢學家安樂哲（Roger Ames）和郝大衛（David Hall）將**道**描述為「創造道路的」、「行進的」（他們稱之為「動詞狀形容詞」）、一種跨時間的「焦點意識和場域意識」——也就是景深——我們可以透過道發展埋藏在各種型態、環境和系統中的潛力[7]。

貫穿《老子》的核心概念是**無為**，字面的意思是「不做」，但其含義遠不止於此。人們常誤以為無為是一種消極被動的態度，但事實並非如此，無為指的是非強制性的行動——我們可以在此看到，自由放任主義、自由至上主義，甚至無政府主義顯然源自《老子》，有些人認為《老子》是人類史上第一個提到相關概念的起源[8]（如「治國時應該如同煎小魚，放任不管即可，別干涉小魚的事」[9]——這是老子的重要政治信念，有關此論述的最著名事件是羅納德・雷根總統〔Ronald Reagan〕在國情咨文中引用了此論述）。人們也認為《老子》是一種形式獨特的目的論，它強調個人的自我發展是不會受到任何外力干預。這樣的論述導向了**為無為**的悖論，為無為的字面意思是「進行不做事」，或者更好的解釋是「藉由不做事而成事」或「不做而做」[10]。「損之又損，以至於無為。無為而無不為[i]。」[11]

無為中蘊含了等待客觀過程的重要性，以及痛苦地看著跨時間機會消失的重要性。《老子》曰：「孰能濁以靜之徐清？孰能安以動之徐生[ii]？」[12]乍看之下，這句話是有關謙卑和寬容的教訓，不過，在我們等待的過程中，我們必須自願犧牲第一步，才能在未來跨出更長遠的一步。最高等形式的等待，其唯一重點就是獲得優勢。因此，等待過程中所隱含的表現謙遜，其實是一種虛假的謙遜，我們用謙遜隱藏起操控的藝術；正如法國漢學家朱利安（François Jullien）指出：「哲人與操控者會融為一體。」用道家的話來說就是：「後其身而身先；外其身而身存。非以其無私邪？故能成其私[iii]。」[13]這就是偽裝柔弱的欺騙效果。用艾姆斯和霍爾的話來說，這種時間結構中存在著《老子》的「矛盾之間的關連」[14]：我們運用虛假的謙卑，故意在當下變得柔弱，以便未來變得剛強——正是因此，《老子》曰：「善勝敵者，不與。[iv]」[15]

從這層意義上來說，我們可以直接把《老子》看作一本教導我們如何以間接手段獲得優勢，或者透過「物極必反」來應付對手力量的指導手冊。[16]

---

i 編按：「減少又減少，直到實現無為，若能做到無為，就沒有什麼做不成的了。」

ii 編按：「誰能使渾濁安靜下來，慢慢澄清？誰能使安靜變動起來，慢慢顯出生機？」

iii 編按：「遇事謙退無爭，反而能在眾人之中領先；將自己置於度外，反而能保全自身生存。這不正是因為他無私嗎？所以能成就他的自身。」

iv 編按：「善於勝敵的人，不與敵人正面衝突。」

鵲蛇相鬥，以柔克剛

以最具體的方式表現出無為的，或許是中國武術太極拳中，剛與柔如何互相作用——這也不足為奇，畢竟太極拳直接從《老子》衍生而來。據傳，太極拳是由十三世紀的道家修士張三手所創。他在武當山隱居時，看到一隻喜鵲與一條蛇拚死相鬥，忽然領悟了以柔克剛的道家真理[17]。他觀察到蛇一直跟著喜鵲移動——真要說起來，蛇的動作其實和喜鵲互補——蛇因此避開了喜鵲的多次攻擊，持續等待，最後抓住一個空隙的不平衡，瞬間咬住喜鵲，一擊斃命。這條蛇先耐心等待，為了最後的攻擊按兵不動，這段過程體現了《老子》高深又非常規的軍事技藝：

> 用兵有言：吾不敢為主，而為客；不敢進寸，而退尺。是謂行無行；攘無臂；扔無敵；執無兵。[18]

太極拳和道家一樣，儘管已在不知不覺中陷入了更神祕的新時代，其根源仍在於武術應用；如今，這一點在源自陳氏太極拳的強大招式中，得到明顯的體現，中國河南省的陳村至今依然在練習這種太極拳。陳氏後裔陳鑫在開創性的《陳氏太極拳圖說》中指出，太極拳是一種具迷惑性的流轉循環之力——這種力量叫作「纏絲」（纏音同搔）——「各種太極拳動作的主要目標就是纏絲，它是『迂迴』的核心原理。」[19]在撤退與前進、柔軟與剛強之間不斷流轉。（我的老師郭秋景和楊俊敏都是太極拳大師，我常在他們展現擒拿動作時被他們迷惑，難以做出判斷，這種宛如藝術的欺騙特性，差一點就達到應受譴責的程度。）

太極拳的肢體動作最強調的是在衝突中等待，透過柔弱來運用他人的迫切態度。在名為**推手**的兩人太極拳競技練習中，可以明顯看出此重點，對於外行人來說，參與這種練習的兩個人，看起來就像是正同時做出一系列精心編排過的動作。事實上，推手練習是一場巧妙的比賽，規則有嚴格的限制，雙方會做一連串微妙的交替佯攻和攻擊，試圖使對方倒地（或踏出邊界外）。真正的力量不在於「推」，而在於「**走化**」（推手是很適合用在迂迴與投資上的隱喻，之後我會再三採用此隱喻）。

推手又稱作打手，《打手歌》是在過去數百年，於陳村口述傳承推手武藝的歌曲，歌詞指出推手參與者要「引進落空合即出」[20]。指的是引導或引誘對手施力落空，破壞其平衡狀態，藉由這個間接目標獲得優勢，接著直接攻擊對方。這就是推手的基本順序，走化、化勁與沾黏。走化指的是「走以化敵」，以走動化解敵人的攻擊，我們在走化與化勁的過程中悄悄撤退，把力量轉動、引導到對自己有利的方向。接著再透過**黏隨**，也就是沾黏與跟隨，來運用方向有利的力量，最後再以決定性的反攻來還擊（總體來說，正如我們將會在第三章中所看到，這個順序描述了無為的策略，也就是勢）。

這場競爭是對手之間、剛硬與柔弱之間的欺騙性互補，而非對抗，雙方都在尋找適合的巧妙策略，**這種策略的重點並非力量，而是耐心攻擊對方的平衡，之所以先向右走，是為了在最後果斷向左。**

游擊戰也採用這種狡猾的策略。舉例來說，好鬥的美國殖民者在十八世紀便有效運用此手段對抗英國，而到了二十世紀，弱小得多的越共也靈活地藉此策略對付強大的美國，他們使用的是相同的跨時間軟硬交替策略：美軍蜂擁而出時，越共撤退至山裡（走化），將美軍的隊伍拖得過長；接著越共反攻，跟在美軍後方（黏隨）徹底擊潰他們。在推手練習中最大的挫敗感——最大的不公平——是你推得越用力，摔得就越慘。

毛主席便從《老子》中吸收了這句話：「小邦以下大邦，則取大邦。故或下以取，或下而取。」[21]（我們將在後記提及北方游擊隊時，再次提到這點。）

在太極拳的無為中，優勢不在於用力，而在於循環走化，在於引導事件發展，而非強迫。《老子》曰：「是以兵強則不勝，木強則兵[i]。」[22]若我們能耐心對待中期步驟

推手的基本順序：走化與黏隨。

帶來的得失，就可以打敗急著立即獲利的人；直接的力量會被反攻的力量擊敗。因此，每時每刻都有兩場比賽在同時進行，一場是現在的比賽，一場是稍後的比賽，對手是兩個不同的人。

正如推手大師鄭曼青的觀察，一個人必須先「學會引導對手的力量，使對手之力變得無用，對損失進行投資」，這麼做將會「把力量極化至相反方向，轉變對你來說最有利的力量」[23]。太極拳是《資本之道》的精髓。

我們長久等待並忽略當下的情勢，自願處於不舒適的位置，全都是為了理解連續性的後果，而非只看得見眼前的事物。《老子》的根源有明確的認識論刻印。就《老子》的觀點來看，絕大部分的外在世界都只是使人分心，絕大部分感知都會拉走我們的注意力，使我們看不見隱藏的現實——而現實需要我們的全心關注。《老子》以最簡潔的方式表達了這點：「不出於戶，以知天下；不窺於牖，以知天道。其出也彌遠者，其知彌尟。」[24]

保羅・卡魯斯（Paul Carus）在一九一三年出版的權威著作《道德經：成為老子的道德經王》（*The Canon of Reason and Virtue: Being Lao-tze's Tao Teh King*）中，甚至將老子的認識論連結到十八世紀的德國哲學家伊曼努埃・康德（Immanuel Kant）：「（《老子》）贊同康德的**先驗**學說，先驗的意思是某些真理可以先驗敘述，也就是說，在我們實際經驗到之前，就可以闡述那些真理了。理解人類的不是環遊世界的旅行者，而是思想家。若要找出太陽的化學成分，我們需要做的不是登上太陽，只要透過光譜

i 編按：「兵勢強盛不一定能取勝，樹木越壯大，反而容易被砍伐。」

分析來檢驗太陽光就行了。若要測量月球和地球的距離，我們不需要把捲尺拉到月球上，只要使用先驗科學法（三角學）就能計算出來。」[25]

事實上，我們幾乎可以說《老子》具有一種反經驗的傾向，《老子》的觀點反對**實證主義**，實證指的是知識完全來自感官知覺。正如雅各・尼德曼（Jacob Needleman）對《老子》的解讀：「我們只會看到物品、實體、事件，不會直接體驗到支配自然的力量和法則。」[26]

同樣，陳張婉莘說《老子》「在精神上並不贊成科學」，而且「否定全體知識，認為全體知識不利於單一知識」[27]（因而使**歸納法**失效）。我們要透過理解基本的自然和邏輯結構來學習真理，樹木會在風的力量下彎曲，沉積的水終究會摧毀它覆蓋的一切，蛇和鳥之間的互動……許多事物的表面形貌具有很高的欺騙性，這是感官和經驗資訊的專橫統治——經驗資訊也就是我們在投資的過程中，所獲得的特定背景脈絡與意義。

進入交易所

我會接觸到投資純屬偶然。我十六歲時，唯一的市場經驗就是持有家中自豪地傳承了三代的投資：小聯盟棒球隊羅徹斯特紅翼（Rochester Red Wings）的股份，那天我跟著父親前往芝加哥期貨交易所，找他的好友埃弗雷特・克里普（他是玉米期貨交易人，我當時還不清楚那是什麼意思）。我在訪客參觀區觀察穀物交易所，鳥瞰淺色的貿易員外套、無數揮舞的手臂，以及彎下腰的身軀，宛如萬花筒般彼此交織。我原以為交易所會長得像時髦的賭場（大概是〇〇七電影中的那種），但眼前的景象並非如此。我看得入迷了。

這些人讓我聯想到鳥群，像是由無數個體組成的雲團，宛如面目模糊的有機體，似乎在半空中盤旋與休息，直到某種看不見的東西，像一股脈衝能量一樣震動了他們，使他們忽然在瞬間加速。這群鳥俯衝下降、休息，然後再次上升，這個過程具有機械性，又充滿有機式的協調和精確，而外部觀察者只能對驅動鳥群的力量大感驚嘆。

交易所和鳥群同樣神祕，在眾人的動作停歇時，會有某種看不見的事物突然製造大量的噪音和能量，中斷休息的狀態。這是一場金融界的**狂飆突進運動**（Sturm und Drang），不過其中又融合了不容錯認、縱橫交錯的溝通與同步作用。我在剎那間決定要放棄得來不易的茱莉亞音樂學院（Juilliard School）計畫（想當然耳，我母親因此嚇壞了），一心想成為場內交易人。

在那次命運般的造訪後，我對穀物期貨市場變得十分著迷。我的臥室牆上很快就掛上了數張價格圖表，接著我又打造了一間放滿玉米和大豆盆栽的植物實驗室（這些植物幼苗是我趁著夜深人靜，從當地農場運回來的），在實驗室監測降雨量和作物生長情況。打從那時候起，我每次見到克里普時都會向他提出有關價格趨勢、世界穀物供應、蘇聯需求、中西部天氣模式的問題（通常我會附上手邊的圖表和美國農業部（ＵＳＤＡ）的報告）——基本上，這些元素就代表了市場的走向。

他的回答總是能概括為這句話：「市場是一種全然主觀的事物，它可以做到任何事。而且市場永遠都是對的，但也永遠都是錯的！」他對數據和資訊的卑鄙、蔑視態度使我困惑，甚至有些懷疑這位聲音沙啞、總是引用幸運餅乾籤詩的頑固芝加哥老糧商。他是投機者，如果他不知道、甚至不關心市場走向的話，怎麼會在投機這件事上表現得如此傑出？為什麼知道市場走向的人，不會再出現在貿易委員會（Board of Trade）？克里普說：「這些人若非退休，就是破產。而我想不出有誰是已經退休的。」這就是經典的克里普。

如果交易的重點不是預測價格變動，那又該是什麼？畢竟，獲利代表的就是以一個價格買入（或賣出），然後最終以更高（或更低）的價格賣出（或買入）。

如果沒有預測能力，他怎麼可能做到這一點？青少年時期的我花了好一段時間才理解答案，原因在於場內交易的優勢是訂單流（我總是稱之為一連串的迷你潰敗〔mini-routs〕）和紀律；這是我們對他人的不耐煩與急迫感所做出的耐心回應。優勢是一個過程——**跨時間的過程**——是獲得益處的中間步驟，而不是直接的分析式敏銳態度或資訊。而優勢的貨幣化——也就是優勢的迂迴生產——需要時間。

債券交易所是真正執行交易的地點（這裡的交易者平均年齡可能比玉米期貨交易所的年齡小二十到三十歲）。我問克里普，在大學裡該學什麼，才能為債券市場的職業生涯做最好的準備，他建議：「只要不會讓你自以為知道得太多，任何科系都可以讀。」（哎呀，我的經濟學專業永遠是個骯髒的祕密。）我在大學暑假和各種假期，在克里普手下的幾位交易人身邊，擔任地位卑微的辦事員（大學時期我總是隨身攜帶一本《國債基礎》〔*The Treasury Bond Basis*〕，仍然頑固地試圖為自己的交易人職涯做準備）。終於畢業後，我在史匹茲納格爾奶奶（Gramma Spitznagel，我的第一位投資者，也是最好的投資者）的支持下，在芝加哥期貨交易所取得會員資格，於債券市場占據了一席之地，**在二十二歲時成為該交易所最年輕的交易人。**

當時，可交割債券期貨合約是三十年期美國公債（或類似的「最便宜可交割債券」），這種債券是長期債務的基準利率（十年期債券也一樣）。一九九〇年代初期，債券期貨交易所是金融世界的中心點，這裡有最積極主動的交易合約，也是全世界公開喊價的場所。無論是擔心利率會在未來下降的儲蓄者，還是擔心利率會在未來上升的借貸者，所有會在未來面臨長期美元計價利率風險的人，都會聚集在這個交易所進行利率避險。

交易所的結構像是許多同心的圓（只不過實際上是八角形），每一層都像樓梯一樣下降，彷彿倒置的分層婚禮蛋糕。最高階也最糟糕的交易者占據了債券所最頂端、最外圍的樓層（這裡是訂單流量最大的最大型經紀商所在位置，也是交易所中視野最好的位置——這是極大的優點）。剛進入交易所的第一個月，當然不可能在那裡占據一席之地。事實上，我位在另一個極端，也就是交易所的最底層，只有零星的長期合約能交易。

在第一個月前後，我每天開始和結束工作時，克里普都站在我身邊，提供可交易的單給我，藉此測試我會如何處理它們。克里普把話說得非常清楚：「**你來這裡不是為了賺錢，而是來學習如何交易。如果這裡真能學會賺錢，你現在根本不會在這裡**，你只能在外面的拉薩勒街排著長長的隊伍等待入場。」我們迫切需要這個迂迴的起點，才能接著走上迂迴的路徑。

交易人都喜歡賠錢

克里普的方法論非常簡單——簡單到幾乎有點可疑——他在告訴我這個方法論時，就像是父母在教導孩子一樣，他告訴我別把交易方法當作原則，而是要當作特權：「身為交易所的交易人，你有兩個特權，而且也只有這兩個特權：第一，你可以取得優勢——以買入價買入，以賣出價賣出；第二，你可以在犯錯時放棄這個優勢。」

克里普分配給我的這個特權「優勢」指的是造市者（market maker），這些交易人在芝加哥期貨交易所被稱為「場內交易人」（local）。（占據債券交易所的有兩種場內交易人，幾乎所有場內交易人都像我一樣，為自己的帳戶獨立交易，另一種是經紀人，他們的工作是代表客戶下單。）場內交易人要做的是為有需求的人提供**立即性**，也就是提供他們願意立即交易的價格（買入價和賣出價），藉此帶來即時流動性。作為交換，場內交易人會要求有需求的人進行價格讓步（price concession），這種讓步會反映在他們的出價和要價中，他們希望可以運用買賣雙方對立即性的需求，把這些利潤貨幣化。場內交易人會花上一整天的時間，站在交易所等待利潤的資金流，他們尤其會和那些沒耐心的交易對手進行相抵觸的交易。場內交易人無法決定要在何時交易，取而代之的是，他們會耐心等待，如果有必要的話，他們會等待更久。

所謂價格讓步，是從急迫的交易對手（也就是那些為了跳過等待時間而付錢的人）那裡獲得的「租金」，這些租金是場內交易人的最終優勢。但是就算獲得了價格讓步，對場內交易人來說，比賽仍沒有結束；儘管他拿到了好處，仍必須再次行動，他只有兩個選擇，退到一邊（承擔虧損）或跟隨市場回歸。他進行與緊急訂單流相反的交易，藉此累積債券存量（又稱作「倉位」，position），目的是在急迫狀況結束後把這些債券平倉，藉此獲利；在這樣的交易方法中，前進看起來就像是後退，場內交易人是靠著撤退來前進。

不過，交易人當然有可能在這兩個步驟之間，蒙受巨大虧損——這就是等待和持有庫存的成本。因此他越早退出，風險就越小，但他這麼做的目的是為了讓自己比處於急迫狀況的對手更有優勢，一開始他就是從這些對手那裡取得債券倉位的。已故的傳奇債券場內交易人查理・德弗蘭切斯科（Charles DiFrancesca，又名查理・D）形容得最好：「問題在於：你能比市場更有效率嗎？」[28]

克里普喜歡以更標準的商業術語來描述場內交易人的行為，例如批發商或零售商替庫存商品加價，或者用更普遍的事物來比喻，就是經濟商品（包括期貨合約）在不同生產階段會出現價差。這兩者都涉及利用原材料和產出之間的跨時間不平衡，為最終使用者提供立即性、等待的中間時期、保留中間時期的庫存（包括資本財貨和其他生產要素），並在正確的時間和地點提供最終商品（而且，正如我們將在第五章看到，通常這個過程越迂迴，價差就越大）。

克里普告訴我們，交易人的第二個特權很「殘酷」，這是因為一旦交易轉變成負值（變成一個「錯誤」），我就得立即平倉，他將之稱為「永遠不要承擔一個跳動點（tick）以上的虧損」。通常我們可以預測到，大約會有一半的時間會出現虧損，在另一半的時間裡，價格會自行回到原位，就算如此那也是一種虧損（當然了，時間是否為一半，取決於我們抓住利潤的速度有多快，稍後會討論到這點）。

舉例來說，如果市場買價是三個跳動點，賣價是四個跳動點（也就是買價為債券面額的百分之一一五又三十二分之二十三，賣價為面額的百分之一一五又三十二分之二十四），我必須以三個跳動點的價格買入，或以四個跳動點的價格賣出——這就是「取得優勢」——沒有任何例外。如果我設法在買價三個跳動點時買進一單位債券（也就是一份合約），接著市場上出現大量債券賣出，把市場價格壓低了一個跳動點，使買價變成兩個跳動點，賣價變成三個跳動點，我就應該要立刻把這一單位債券用兩個跳動點的價格賣給其他人（也就是「放棄優勢」或「退出」，而較好的狀況是把這些債券賣給一個往後能報答我的人），因此我得承擔一個跳動點的虧損（以一份價格十萬美元的債券合約來說，也就是虧損三十一．二五美元）。我正式開始就讀克里普的**阿爾法交易學院**——所有人都這麼稱呼克里普的教導，這個名字來自他的公司「阿爾法期貨」（Alpha Futures）。（我們就是那群穿著防水外套又愛賠錢的人。）

有誰能反駁這個邏輯嗎？正如克里普所說，如果「只有一件事可以傷害芝加哥期貨交易所的交易人，那就是巨大的虧損」，那麼，看在上帝的份上，「永遠不要承受巨大的虧損」。正如克里普的導師在四十年前左右對他說：「無論任何時候，只要你可以承受虧損，那就承受吧，如此一來，你將永遠留在芝加哥期貨交易所工作。」（克利普總是微笑著補充道：「雖然我從一九五四年以來就一直在虧損，但他是對的，我至今仍然在芝加哥期貨交易所工作。」）想當然耳，這也就代表我們會承受許多小額虧損。因此，你必須「喜歡賠錢」，否則你早就應該停止這項投資了。

克里普認為，交易者很容易對這種數量眾多的小額虧損感到不耐煩，覺得難以忍受，也會迫切希望能立刻獲得利潤，他們會因此受到致命的打擊。金融界著名的**處置效應**（disposition effect）是一個至少在一世紀以前就有人觀察到的現象，此效應描述的是，人們會自然而然地成為前述傾向的受害者，並因此採取與克里普的論述相反的做法：我們努力撐過巨額虧損，並在小額利潤出現時立刻停利。我們**感覺**追求眼前利益是正確的，也**感覺**承受眼前虧損是錯誤的。與生俱來的大腦結構使我們迫切需要持續又立即的利潤，人類的景深很淺（我們將在第六章中論及這一點）。

能夠增強這種天性的事物，莫過於交易規模過大、持有成本過高這兩件事。兩者都是最適合用在立即回報上的外部放大鏡。一切都危在旦夕時，每件事都會造成決定性的後果，這種危險可能來自槓桿太高而出現的過度虧損——也就是你無法立即承受的虧損——或債務過多造成的收益不足。但事實上，沒有任何一筆交易需要造成決定性的後果。正如克里普所說：「單筆交易有可能毀掉你的一天。單筆交易有可能毀掉你的一週。單筆交易有可能毀掉你的一個月。單筆交易有可能毀掉你的一年。單筆交易有可能毀掉你的職業生涯！」

因此，克里普的投資方法沒有被所有人、甚至大多數人接受，也就不足為奇了。事實上，從很多方面來說，他都是場內交易界中抱持最大異議的交易人（不過他在期貨界的稱號是**芝加哥期貨交易所的貝比．魯斯**〔Babe Ruth，傳奇棒球員〕）。他最著名的批評者之一，是許多自詡查理．D的投資人——對這些批評的誤解想必讓許多充滿抱負的查理．D傾家蕩產（這世上永遠只有一個查理．D）。

始終如一地遵循和執行克里普的原則，幾乎是不可能的任務——克里普用殘酷一詞形容「考慮立即結果之後的未來」（也就是保持**景深**）是多艱鉅的挑戰——克里普認為此一挑戰對獲得優勢至關重要。

這是理所當然的，事實上，如果每個人都接受克利普悖論的話，它也就會失去效能，甚至就不再是一個悖論。《老子》曰：「明道若昧，進道若退，夷道若纇，上德若谷。」[29]這是道家最喜歡的水和山谷的意象，也就是老子所說的「水往低處流的態度」[30]。

這就是克里普的迂迴投資法，也是他的導師與前輩的做法：預期一開始會虧損，而且初次虧損是好的；之後會獲得更大的收穫。你可以把這種行為稱為優秀的防守、擁抱虧損、耐心等待並運用當下取得未來優勢，所謂的未來優勢，指的是在未來以更有效率的方式進攻。又或者，你可以像克里普一樣，把這種行為稱為：「看起來像個混蛋，感覺也像個混蛋。」從定義上來說，「等待」這個行為必定會出現在適當的行動之前。迂迴投資法的邏輯就是利用他人的急迫心態，這是最根本的優勢，也是交易和投資的最終優勢。

在職業棒球中，人們一般認為小聯盟球員和大聯盟球員之間的區別在於大聯盟球員能擊中曲線球，而小聯盟只能打中路徑為直線的快球，在投資界也是同樣的道理，交易人必須懂得曲線前進，也就是從筆直的路線偏離至跨時間的迂迴彎道，才算得上大聯盟。

我一直以來的格言，十分類似於密爾瓦基勇士隊（Milwaukee Braves）[i]的投手盧・柏戴特（Lew Burdette）說過的一句話：「我靠著打者的渴望維生。」[31]我則是靠著投資者的渴望、決心、堅定以及對立即性的迫切需求維生。這種立即性指的不僅是買賣的差價，在範圍更大的事物上更是如此，接下來我們將談及這點。

債券交易所的魯賓遜漂流記

大約一個月後，克里普將我野放至主動債券合約的荒野，也就是較上層的區域。交易原則必須保持不變——我仍然只有兩項特權——而且他會像老鷹一樣，在交易所密切關注我和我的每日交易報表，確保我有遵守原則。

債券交易所之王，不，應該說是所有種類的交易所之王，永遠都是已故的盧西安・托馬斯・鮑德溫三世（Lucian Thomas Baldwin III，交易員徽章縮寫ＢＡＬ），他是所有場內交易人中交易規模最大的一位，每日交易量能達到數千份合約，以交易量與能力聞名——他能以一己之力欺凌當時規模達到五兆美元的政府公債市場。我還是青少年時，芝加哥多數人崇拜的都是麥可・喬丹（Michael Jordan），我崇拜的卻是ＢＡＬ。我以交易所辦事員的身分專心研究他的交易。雖然他是個狂人（這或許能解釋既不幸又惡名昭彰的交易所鉛筆戳刺事件），但更驚人的是，他一直以嚴格的紀律控制自己的態度，在無比耐心和極其侵略之間交替。

所以，我自然得在交易所裡挑一個能夠接近ＢＡＬ的位置。他一看到我的新面孔和寫著「ＳＩＺ」的徽章，就為我貼上了「熱騰騰」（The Sizzler）這個標籤，再也沒有撕下來過，並把我當作他個人的

---

i 編按：於一九六六年遷至亞特蘭大，現為亞特蘭大勇士（Atlanta Braves）。

丟紙團靶心。不過，如果每個人都得在剛成為場內交易人時被嘲笑的話，那麼我很榮幸嘲笑我的是史上最偉大的交易人（此外，在他停止丟紙團並開始與我交易時，在某種程度上就像是一場成年儀式）。

冒險進入債券交易所的上層樓，就像在遭遇海難後漂流到荒島，孤身一人，幾乎連摸都摸不到訂單流。我在債券交易所裡上演了《魯賓遜漂流記》（*Robinson Crusoe*）。這是個很恰當的比喻（《魯賓遜漂流記》是丹尼爾・狄福〔Daniel Defoe〕在一七一九年出版的小說，主角魯賓遜獨自住在海島上，在資源匱乏的環境擬定出一系列生存策略），而且還有更深層的意義；這本書已經變成了典型的經濟預言——最著名的使用者是奧地利學派的經濟學家，他們非常關注個體以某一種狀況去交易另一種狀況的行為（他們稱之為「孤獨交易」〔autistic exchange〕），不過，若說最早把這本書當作經濟寓言的人，至少可以追溯到亞當・斯密（Adam Smith）本人（魯賓遜在島上製作了簡易魚竿，後來又犧牲時間建造一艘船和一張網，運用這些工具變得更有生產力，這些簡單的行為將在第五章描述迂迴概念時，成為不可或缺的一部分）。

雖然克里普教導我的事物相當於一根釣竿，但也僅止於此。我不斷拋出那根孤獨又粗劣的釣魚線，不斷買進又賣出一個單位的債券，但一次次拋竿的結果多半只是一個跳動點的虧損（宛如魚偷走了魚餌）。有時候我花了好幾天的時間站在交易所大喊大叫，卻一無所獲；接著我會釣到一條大魚，讓我能夠撐過一整週。

現在讓我們假設，魯賓遜在探索了這座孤獨島嶼周圍的各種釣魚地點後，發現在某些地點，也許是水比較淺的地方，他能以一定的頻率捕獲較小的魚；在另一些地點，也許是水很深的地方，能捕獲的魚大得多，可是數量比較少（也因此咬餌頻率低很多）。於是，魯賓遜自然會取捨魚的尺寸和咬餌頻率這兩個因素。這是自然界中理所當然存在的普遍取捨現象——在涉及複雜現象時，我們通常會用「冪次法則」（power law）來描述頻率與尺寸之間的連續關係（也就是「非常小的事物很常見，非常的大事物則不那麼常見」）。

魯賓遜要問的問題是：魯賓遜應該去哪裡釣魚？而我要問的問題是：我想在交易所追求多高的利潤——我該在何時奪下勝利的錦旗？在場內交易的迂迴過程中，我們得回答這個問題才能踏出第二步。

雖然克里普的方法論和特權，定義了優勢以及將優勢貨幣化的缺點，但這套方法論卻留下很大空間，讓人自行決定想要等待多高的利潤。克里普解釋了「良好虧損」的規模，卻沒有提及「良好利潤」的規模。他總是說：「雖然『過快承擔虧損』一事並不存在，但你可能會過快停利——不過，我沒辦法告訴你該在何時停利。」（「搶帽客」〔scalper〕一詞指的是希望每筆交易都能賺到一個跳動點的場內交易人。克里普則是反搶帽者。）克里普絕不會滿足於小型魚。

當然了，利潤規模的重點不在交易規模，交易規模是帳戶規模的簡單函數，本就會按比例影響虧損和收益。重點在於利潤與虧損金額之間的相對比例，也就是**回報**。

在克里普的非對稱基本策略中，我等待的獲利越高，它發生的頻率就越低，我的回報也就越不對稱（也就是「正偏態」〔positively skewed〕）。舉例來說，若我要等待利潤達到十個跳動點後才停利，相對於三個跳動點，十個跳動點出現的頻率自然會比較低，同時虧損的頻率也會比較高，（我經常看著利潤達到七、八、九個跳動點後又回到原位，然後變成一個跳動點的損失。這可一點也不有趣！）這個策略可以延伸到很荒謬的程度：我可以把目標設定在數百個跳動點，這個目標可能在往後數年內都不會發生，甚至根本不會發生，在達成目標之前，我只能無數次地承受一個跳動點的虧損，沒有任何獲利。儘管這個策略本身非常強大，卻不一定有效率。

克利普不是搶帽客，他在單筆幸運交易中贏得大獎的方法也和搶帽無關；他把重點放在逐漸增加的收益，以及隨著時間推移運用系統性優勢。不過，其實在利潤目標提高的同時，你持有這筆交易也就等同於持有選擇權做多倉位（也就是凸性報酬〔**convex payoff**〕）。

克里普提出了一種很直觀的觀念，他認為市場很少會出現大幅度改變——我們稱之為「厚尾」（fat tail），也就是市場報酬的頻率分布中出現大量極端波動——而投資人在市場中交易的好方法，就是以最簡單、最簡練的方式複製一籃子債券。

在「麥克萊格池塘」釣魚

我試著從小魚轉向大魚，在這個過程中，魚上鉤的頻率越來越低，同時，我從笛福的魯賓遜孤島轉移到另一位文學經濟思想家希奧多．蓋索（Theodor Geisel，較廣為人知的名字是蘇斯博士〔Dr. Seuss〕）的世界裡。他在一九四七年出版的《麥克萊格的水池》（*McElligot's Pool*）一書中，描述一位名叫馬可的小男孩，想像出了許多種奇妙的魚，這些魚有可能出現在一個混濁的池塘中，雖然他沒有看見這些魚，但仍想捉住牠們。一位老農夫用輕蔑的態度再三告訴他，池塘裡沒有魚，但馬可仍繼續努力。他不斷拋竿，絲毫沒有灰心。

馬可的猜測十分適切地說明了西元二世紀和三世紀的懷疑論者薩克斯・尹裴多克拉斯（Sextus Empiricus）的**歸納問題**（problem of induction，也就是「黑天鵝」問題）：只要出現一條魚，就可以證明那個憤世嫉俗的歸納論者老農民是錯的。（馬可挑釁地說：「也許你是對的。我在這裡待了三個小時，沒有任何魚來咬餌。這裡可能沒有魚……但是，我得再說一次，這裡也可能有魚。」）儘管馬可無法看清池塘裡有什麼，也沒有人在那裡捕獲過任何魚，但他耐心地希望能釣到他想像出來的極端未知魚類，蘇斯博士這樣描述：「……更大的東西……某個品種的**巨無霸**（**Thing-A-Ma-Jigger**）！這條魚實在太大，如果你知道我的意思的話，它大到足以使鯨魚看起來像一條小沙丁魚！」[32]

我當時是個年輕的場內交易人，總是在不斷壓縮我的利潤，我就像馬可一樣，在等待未知的大獎。事實證明，這對我來說是一種成效極佳的方法（特別是在一九九四年的債券跌停崩盤以後），在池塘的水渾濁不清時，在你什麼都不知道時（而且你甚至不知道自己不知道哪些事情），這種不對稱拋竿是很有用的概念。

但此一概念似乎把兩種優勢混為一談了，一種優勢是系統性的，一種優勢是模糊的，也就是場內交際人的優勢，以及大型偏差容易被低估的假設。儘管這兩種優勢的規模不同，但實際上大同小異。事實上，市場上的所有變動，無論是大是小，它們的源頭終究具有立即性。

何謂迂迴——我的時刻必會到來

克里普堅信，在真實而殘酷的金融市場中，學術界的任何東西都毫無用處。不過當時他沒有注意到一個特定的舊經濟思想學派，該學派的正式基礎中隱藏著完全相同的基礎，這些思想不只能應用在他的阿爾法學校上，還可以更廣泛地應用於另一種率先出現，且能與其他投資法媲美的嚴格投資方法論——不過這個方法論已經被忽視幾十年了，從沒有人拿出來應用。

這個學派就是偉大的奧地利經濟學派，又稱維也納學派（以創始人的出身命名），根據多數人的說法，此學派在大部分學術經濟中並不存在——還有什麼比這件事更能說明，在現代學術界中，身分資格總是比理解這個世界更加重要？所以，克里普的想法也許是對的，畢竟我在大學時期接觸到奧地利學派一事，絕對是最幸運的突破了。

這一切始於喬治城大學（Georgetown University）的喬治．維克斯寧斯教授（George Viksnins，又名「喬治叔叔」）開設的課程——偶然經濟學。他以自己在拉脫維亞的經驗為例，指出若要獲得有關市場的最深入見解，最適合的方式是尋找那些逃離反市場體制的人。喬治叔叔說他最喜歡的經濟學家是約瑟夫．熊彼得（Joseph Schumpeter），熊彼得雖然算不上真正的奧地利學派，但也很接近了，足以引起我的興趣。接著我發現了亨利．赫茲利特（Henry Hazlitt）的著作《一課經濟學》（*Economics in One Lesson*）——如果能讓我的孩子這輩子至少讀過一本經濟學教科書的話，但願那會是赫茲利特的書（多數頂尖大學都沒有論及奧地利學派傳統，所以我們也無須訝異，根據我的認真調查，幾乎所有美國頂尖預科學校都沒有對奧地利學派較友好的教科書——但我在過程中找到了一間我喜歡的學校，密西根州的克瑞布魯克金斯伍德（Cranbrook Kingswood），他們要求學生閱讀赫茲利特的書）。

赫茲利特利用《一課經濟學》一書，細述十九世紀的法國經濟學家巴斯夏（他在本書第四章扮演重要角色）的著作《看得見與看不見的》。赫茲利特的這段文字，後來成為我的核心原則（我將這段話中的「經濟學」換成相等的「投資」，將「行動或政策」換成「資本和生產過程」）：「整個經濟學可以簡化為一個教訓，而這個教訓可以簡化為一句話：經濟學的藝術除了要關注所有行動或政策的短期影響之外，還要著眼於更長遠的影響。」[33]我對赫茲利特的書愛不釋手（它甚至在後來取代了我那本書角捲起的《國債基礎》）。

赫茲利特那本書的結尾是一個預示了好運的指示：「想要徹底理解並為此做好準備的讀者，接下來應該閱讀米塞斯的《人的行為》。」[34]我在成為場內交易人後，終於找到時間遵守這項指示。於是，我在一個很可能是全世界競爭最激烈的資本市場——也就是債券市場中進行交易，同時於通勤時播放《人的行為》的卡式錄音帶，聆聽債券市場最傑出的追隨者所說的話。

《人的行為》就是奧地利學派的《老子》，是核心人物的代表作，是一九四九年的不朽經濟學著作，米塞斯用英語寫下這本書，不過其基礎是他在一九四〇年用德語寫下的《政治經濟學：行動與經濟的理論》（*Nationalökonomie: Theorie des Handelns und Wirtschaftens*）。（米塞斯就像喬治叔叔，逃離了權力對自由市場與其他自由的破壞性壓制，在米塞斯的案例中，這個壓制是一九三八年納粹在奧地利實施的德奧合併〔Anschluss〕。）

我很快就在米塞斯的文字與論述中，發現一些我很熟悉的事物，幾乎就像是過去曾經聽過一樣。在這本知識密度極高的厚重著作中，隱藏著克里普悖論的簡單特質——《老子》也具有同樣的簡練特質——不過這本書卻用一種能夠解析簡單特質的方式論述。對我來說，這是一個「馮．卡拉揚的時刻」，我在這一刻就像奧地利指揮家赫伯特．馮．卡拉揚（Herbert von Karajan）第一次聽到偉大的阿圖羅．托斯卡尼尼（Arturo Toscanini）指揮一樣，受到巨大的震撼（我在此時首次理解何謂迂迴——也就是在《資本之道》的基礎中，以曲折的路徑追求目標——用卡拉揚的例子來說，他直到五十歲才以指揮家的身分成名，最終成為聲譽最高的一位指揮家。卡拉揚採取了老子的風格，隱居在阿爾卑斯山的奧地利區域，目的是「安靜、集中學習和冥想」，同時他也不再和競爭對手直接衝突——我們將在第二章的松柏論述中看到這種佯攻。正如他在一九四七年所寫的：「維也納戰爭是一場所有人對抗所有人的戰爭，先讓他們自我毀滅吧——我的時刻必會到來，我會平靜且自信地等待。」——並著迷地把所有心力傾注在他的破爛樂譜上[35]）。

米塞斯的演講結束後，我立刻又從頭開始聆聽一次——一遍又一遍，直到我最喜歡的部分變成一球糾結的磁帶。

在米塞斯的世界觀中，最引人注目的是時間扮演的角色。時間能滲透一切；所有行為都是「事件的時間交替」，都由步驟和「時間的碎片」組成，其目標是「消除未來的不安，即使是距離現在只有一刻之遙的未來」。我們做出行為，是為了緩解我們貪得無厭的「等待所帶來的不耐與痛苦」。克服這種自然衝動是生產力（**迂迴生產**）的必要關鍵，生產力也就是「在消耗更多時間的生產過程中，收穫在物理方面更豐富的果實」，因此，「考慮等待時間所扮演的角色」是非常重要的[36]（米塞斯正直地將迂迴方法的核心概念歸功於他的前輩，偉大的奧地利經濟學家龐巴維克，他是本書第五章的主角）。我們在等待與放棄立即利潤、消費甚或資本流失（例如昂貴的資本支出）時的不耐煩程度，被奧地利學派稱為**時間偏好**，這種不耐煩在米塞斯看來，是利率的單一來源，不過會在這些時刻感到不耐煩其實是有邏輯的人類天性——事實上，這是我們必須克服的部分人性，如此一來才能完成對我們有利的事情（這些事情累積起來就會構成文明的進步）。這就是克里普的悖論，我以最宏大的規模，用奧地利學派的經濟學語言進行形式化和時間化的重新編寫。

此外，對我（一位活在貨幣干預主義盛行時期的國債交易人）來說，最需要關心的是米塞斯的思想框架帶來的重要結果：從此框架的合理結論來看，我們無法否認社會對於時間的偏好，而實際的市場利率必須符合潛在的「原始」基本利率。任何徒勞的嘗試都會誤導社會的生產，製造出經濟的失衡和扭曲，例如運用貨幣對市場利率進行人為干預就是一例。隨著時間推移，試圖消除這種不平衡狀態的力量將會越來越強大，最後會不可避免地將人為利率推回到自然水準，因此這種人為計畫必定會有結束的一天。在米塞斯看來，這種力量在人為的不平衡中尋求平衡的必然現象，這種對立的逆轉，正是「商業週期性波動」或「貿易週期」的根源，或者更準確地說，是**經濟漲跌**的根源（這是第七章和第八章的主題）[37]。

市場永遠無法真正休止

在米塞斯的觀察背後隱含的，是市場價格及其原有主觀性的先天不穩定特質——這種主觀性源自人類的感知、需求、品味和不耐煩。正如他在《人的行為》中所述：「沒有任何實驗室的實驗，能在缺乏人類行為的狀況下進行。我們永遠不可能在某個事件所有條件保持不變的狀況下，只觀察某一個元素的變化。我們的過往歷史經歷包含了許多複雜現象，這些經歷不能為我們提供自然科學意義上的事實，此處的事實在自然科學中，指的是實驗測試中的孤立事件。我們的過往歷史經驗所帶來的資訊，並不能用來構建理論和預測未來事件。」[38]這段論述以絕佳的方式解釋了，為什麼利用過往經驗數據來預測市場是個虛無縹緲的任務。

這種根本性的非決定論帶來了「經濟學方法」，米塞斯特別稱之為建構想像的方法。對米塞斯來說，這是人類行為學（praxeology，也就是人類行為科學）的獨特方法，人類行為學「和自然科學不一樣，不能把教學建立在實驗室實驗和外部物體的感官知覺上」[39]。

人類行為學需要透過精心設計的思想實驗（gedanken experiment），對知識做先驗的演繹（這段論述同樣贊同康德的論述）——這樣的描述比「想像」更適切，因為這些結構通常很真實，只是不容易觀察或控制。我們可以將之視為一種內省，作為研究人類行為的知識來源。對米塞斯來說，所有經濟觀點的原則基石都源自於此。

我們已經在前面提及了人類的時間偏好，除此之外，在米塞斯的人類行為學準則中，最主要內容是市場的**休止狀態**（用他的話來說是**簡單的休止狀態**）。休止狀態基本上是指在市場中，「經紀人已經完成了所有可以用市場價格執行的訂單。沒有出售和購買的，只剩下那些認為市場價格太低或太高的潛在賣家和買家」[40]。這是一種「暫時平靜」的狀態，在市場上出現新提出的訂單、或者出現對立即性的新需求時，無論是對新聞報導或交易人的觀點產生了反應，這種平靜狀態就會結束。在靜止狀態時，所有立即性都會進入間歇式的停止，靜止狀態是訂單流因為互利交換而耗盡的中途點，會一次又一次地重新出現在市場上。

米塞斯為此一概念添加了另一層論述：最終的休止狀態，這是一種假設、連續、卻難以捉摸的市場目標。

在休止狀態下，交易價格會保持平衡與清算的狀態，此一特定市場中不會再發生任何改變——這是從未出現在任何市場上的想像結構，也是從沒有市場抵達過的目的地。每一種休止狀態都是透過搜尋、談判過程、價格戰（Preiskampf，奧地利學派稱為「價格決鬥」〔price duel〕）達到的結果，市場藉由這種競爭的引導，進入最終的休止狀態——不過市場上總是會發生自然而然的變化，所以永遠不會達到這種狀態。

米塞斯在論及市場的「事件的時間演替」時[41]，表示市場會不斷地從一種休止狀態轉移到另一種，持續估算一個不可能估算出來的最終休止狀態。

進入虛空……

有時市場上的訂單會宛如龍捲風般，一波又一波地衝擊債券交易所，你可以從交易所內的債券經紀人快步穿行帶來的震動中，實際感受到訂單數量的劇烈增加（你甚至可以在市場動起來之前就感受到這種衝擊——在這一刻，交易所中的價格波動顯然不是隨機的）。在動盪期間，價格不再反映債券市場與債券期貨中，買家和賣家之間的平衡。

債券交易所與其他市場相同，具有複雜的不均勻時間結構，在這個結構中，緊急訂單位於底部，較不緊急的訂單依照程度向上排列，位於頂端的是最不直接、最有耐心、最迂迴的訂單。訂單會圍繞著交易所盤旋而上，在移動的同時會不耐煩地推動價格，直到最後找到一個臨時居所——一個「成交價」；錯誤會得到糾正，接著市場會進入短暫又詭異的休止狀態，等待下一次影響帶來的波動。這就是交易所如何找到價格的混亂過程（如今這種過程已經徹底消失在世上了，因為已經沒有任何地方會出現此處描述的交易場行為），組成這段過程的，是一系列失去平衡的行為演替，這些行為皆以場內交易人為支點。在市場徒勞地追尋最終的休息狀態時，市場也就進入了的宏觀恆定狀態。

米塞斯對市場過程的完整描述如下：「為了追求確切的休止狀態而陷入永恆的不安」[42]，每個交易的最終價格都和最終狀態的價格有誤差；這些誤差就是米塞斯所說的「謬誤價格」，是場內交易人的優勢。場內交易人必須盡快認知到這些錯誤價格的存在，這些價格也就是彼此接續的各個休止狀態和最終狀態之間的差異，只有在經紀人立刻修改與矯正差異，而出現持續迫切行為時，我們才能看見錯誤價格——經紀人會透過拍賣過程進行修改與矯正，最後會因為過度矯正而耗盡迫切感。因此，場內交易人應對這種力量的方法變成了引導價格達到新失衡：一種嶄新卻短暫的虛假休止狀態。

米塞斯描述的市場過程清楚指出場內交易人的行為背後有何意義，而這些交易人在執行這些行為時，當然也不需要理解奧地利經濟學派的任何知識（俗話說得好，唯一在交易所裡算數的博士〔PhD〕，只有「有錢爸爸」〔Papa Has Dough〕）。正如米塞斯所說，場內交易人有「**理解力**」（Verstehen），也就是對創業機會主義（entrepreneurial opportunism）直覺般的把握。對場內交易人來說，他們的**存在理由**（raison d'être）是避免庫存膨脹，這是單方面緊急訂單流會造成的結果（例如只賣出訂單而不買入）。為了避免這種情況，場內交易人就像是在鳥群中改變路線以避免撞到鄰近同類的鳥一樣，在極其簡單、宛如程序般的個人目標中，創造出各種複雜而有效的整體動態。

市場必然是非同步的，每一個人都會在少量的、新的非同步交易資訊出現時，調整他們的計畫。許多現代經濟學都因為忽視了這個最基本的現象而失敗，這些經濟學聚焦在不可能發生的單一**事前**（*ex ante*）均衡狀態，在這種狀態下，所有交易都會發生，不受時間限制。與之相對的，徹底清算所有交易的**事後**（*ex post*）「荷蘭式減價拍賣」價格——此價格指的是若所有交易都在一段特定時間內同時進行時的話，所有交易彼此配對的價格——則是在錯誤價格的累積聚集中，不斷被重複估算的移動目標（源自持續前進的休止狀態）。（事實上，奧地利投資法的大部分重點，其實在於理解和認識這些估算會藉由哪些方式被嚴重扭曲。）

這一切都發生在混亂的交易所中，從接續交替的迷你潰敗到休止狀態，你可能需要在交易所中待上數月、甚至數年的時間才能成功破譯——不過，其實米塞斯已經把這件事徹底解釋清楚了。市場不是一個不斷閃過隨機變數的賭場賽局（雖然確實有無數人耗費生命研究市場的**隨機性**），而是縱橫交錯、不斷協調與平衡的價格讓步過程。事實上，米塞斯的一部分構想就是場內交易人的構想。

這個過程往往會變成一種合作操控（交易人當然會避開同業聯盟的行為），因為數量眾多的場內交易人會推動市場出現變化，進而引起可預期的「止損訂單」（stop order，也就是「交易停止」〔running stop〕）——藉此獲得位置優勢。他們這麼做主要是為了驅散隱藏在市場中的立即性，就像驅散一整群鵪鶉一樣。

驅散立即性很簡單，簡單程度就像我們可以輕易地從經紀人的外顯壓力行為（與其他「訊號」）辨別出這筆交易是否急迫，或者在市場落在不同價格水準時，直接感覺到訂單流的增加與減少（BAL有能力能看出何時是決定性的時刻，找出「致命一擊」的時機——也有能力等待這一刻的到來——他的能力足以媲美拿破崙〔Napoléon〕）。

這就是市場微觀結構的基本機制，所有市場都是如此，無論是人類或高頻交易機器都一樣：永無休止、不斷交替的潰敗。這就是場內交易的藝術，這樣的過程會導致市場陷入失衡，展現出距離最終狀態十分遙遠的暫時虛假休止狀態。這種藝術可能是微妙的，也可能是暴力的，可能只會涉及最微不足道、以買價成交的一筆賣單，也可能涉及來自一筆或多筆訂單的數千份合約，導致市場陷入混亂。就像鳥群的閃避和交錯一樣，沒有單一驅動者，也沒有單一負責人，眾人都只是在尋找方法，把市場上的擾動消耗殆盡，使之平息。

這就是造勢者的優勢和偶爾出現的市場巨大波動之間的關聯。**大型潰敗**與**小型潰敗**別無二致，只不過大型潰敗比較大（這種特性在數學中叫做**自相似性**，亦稱**碎形**）。具體來說，兩種潰敗都是在不平衡中尋求平衡，在錯誤價格中尋求正確價格。這只會使得兩者間的差異更大。

債券交易所中的訂單流因此得以流通，場內交易人則因此平衡了邊際期貨買家和邊際期貨賣家提出的立即目標。這代表的是，其實在沒有緊急的活躍訂單時（當沒有人為的價格設定時），經濟將處於米塞斯所說的**穩態**（stationary，我們將在第七章回過頭探討他的另一個人類行為學術用語）。（假設整個經濟體的最終休止狀態能帶來米塞斯所謂的**均等輪轉經濟**〔evenly rotating economy〕——我們可能會認為這種經濟中沒有任何事物會改變，是經濟的黑暗時代。）

理解這種流動性的過程後，基本上也就等同於理解我們必須把所有市場交易，都視為雙方互惠的行為。許多人因為不理解這一點，而對高頻交易者感到憤怒，在遇到崩盤等市場混亂的情況時尤為如此，例如在市場波動過大時，高頻交易人會停止各種能帶來流動性的活動（進而造成流動性的漏洞）。不過，我們為什麼要預期除此之外的任何事情呢？為什麼立即性的價格不該隨著人們對立即性的需求而躍升至無限大？為什麼我們該預期某些人會為了配合對手，而使用我們深信錯誤的價格？這是因為若我們假設除此之外的任何事情，也就等於假設提供流動性的人是在經營慈善機構了。

我在十幾歲時聽克里普的錄音帶，裡頭講得十分準確（雖然他是用不同術語表達）：在不斷探詢與尋找新休止狀態的過程中，市場一直都在間歇地、暫時地糾正錯誤，雖然市場永遠不會達到最終休止狀態、永遠不會在各種為了立即性而下的訂單中實現同步平衡、永遠都處於錯誤狀態。而且市場中的不平衡越嚴重，錯誤就越大。

獵捕一隻「巨無霸」

儘管我終於實現了成為場內交易人的兒時夢想，從交易一筆合約進步到交易數十份、甚至數百份，但是時候跨出下一步了。我越來越常透過選擇權選定更高的債券價格變動當作目標（我迅速穿越交易大廳，從債券期貨交易所跳到債券選擇權交易所），同時，我有的優勢也變得比其他場內交易人更高。此外，當時是一九九七年初，競爭能力極高的電子交易（芝加哥期貨交易所稱之為 A 計畫〔Project A〕）數量大增，為人工喊價敲響了喪鐘。

與這項新技術一起出現的是美國股市的猛烈反應，米塞斯認為，這種史無前例的資產泡沫化，顯然是由空前絕後的貨幣扭曲造成——艾倫．葛林斯潘（Alan Greenspan）[i]在墨西哥債務危機過後，一直施行貨幣寬鬆政策，更令人費解的是，他在比爾．柯林頓（Bill Clinton）的連任時期也繼續此政策[43]。這個政策只會在兩種狀況下結束，一是葛林斯潘踩下剎車（這不太可能，畢竟他和柯林頓已經說服自己，相信這是個遠離了泡沫的「新經濟」——是不會過燙、溫度恰到好處的「金髮女孩經濟」〔Goldilocks economy〕），第二是資本與資源紛紛開始緊縮。無論如何，利率市場都已經處於極度失衡的狀態，也就是一種虛幻的暫時喘息狀態。若交易所的人能清楚看見水面的鯨魚，又何必費力去探尋麥克萊格池塘的混濁池底呢？

我前往華爾街，成為一級政府債券交易商（直接參與聯準會交易和國債拍賣的投資公司）的自營交易人，離開債券期貨和選擇權，開始我的新專業：歐洲美元期貨的「中期曲線」選擇權（或者一年之內到期的短期選擇權，以及到期時間超過一年的長期三個月倫敦同業拆放利率〔LIBOR〕合約，到期時間超過一年）。當然了，當時這些選擇權的額外費用非常低，只要擁有它們，就足以使我在市場復甦時的歐洲美元期貨中獲得有利的倉位。我感覺就像是回到了交易所：選擇權合約是獲得立即性的一種手段（不過此合約有價格門檻，也就是「履約價」〔strike price〕）；擁有合約能讓我在市場慘跌時提供立即性，除此之外，通常把這些合約拿來避險（選擇權交易者稱之為「做多伽瑪避險」〔long gamma hedging〕）則可以提供流動性給交易所，支付擁有這種特權（甚至更多特權）得付出的代價，我也會因此賺回我為了取得立即性而付出的成本。

這是最適合**奧地利學派戲劇**（Austrian play）的完美舞臺。不過人們很快就清楚意識到，這筆交易的主要重點不在於他們期望的一次性支付，而是這筆支付的時間點能帶來的益處。我鎖定的目標是利率震盪（利率震盪可能是源自料之外的緊縮，例如一九九四年，也可能是意料之外的寬鬆，例如不可避免的信貸泡沫化），大規模的市場混亂會隨著此震盪出現，人們對即時性的需求變得極高，而到了這種時

---

i 編按：美國第十三任聯準會主席，任期為一九八七年至二〇〇六年。

候，擁有新資本可以運用的只有我一個人。

選擇權交易雖然效率極佳，但它只是前奏，是通往更大優勢的中間節點，是推手的進攻和反擊。資本的使用方式會在選擇權交易中，被調整到最適合資本、也對資本最有利的方式。選擇權交易和迂迴投資在此偶遇，這是克里普的方法和悖論中的關鍵重點：**最有效率的釣魚方法不是釣魚，而是打造一支魚叉供未來的自己使用——而且這支魚叉還正好趕上鯨魚的出現。**

果不其然，市場在一九九七年沒有進入休止狀態，在一九九八年的夏天更是沒有。在歐洲美元選擇權的預定交易出現增加後，最明顯的市場反擊是做空才剛爆發的「新債券舊債券」價差——隨著價差不可避免地逐漸縮小，我會一路做空到價差變成零元為止。這是一種「逃往流動性」的純粹扭曲，在扭曲的過程中，每個人都想買進流動性更強的領頭羊債券，而不是舊債券，加劇此種扭曲的是命運多舛的避險基金長期資本管理公司（Long Term Capital Management），他們會不惜一切代價地平倉這些趨同交易[i]（事實證明了這間公司的名字取得很恰當，這種價差絕對是利潤豐厚的長期交易——遺憾的是的景深太淺了，短視的道路徹底侵吞了可能的利益）。

想當然耳，葛林斯潘在危機期間仍以飛快的速度施行扭曲貨幣的政策，這也代表了這種混亂會持續下去。事實上，一九九七年和一九九八年出現的鯨魚，只能看作暖場秀，接下來出現的是更大的「**巨無霸**」。

塔雷伯在一九九九年創立了安皮瑞卡資本公司（Empirica Capital），我在同年加入納西姆的行業。我和納西姆都同樣有場內交易的背景，也同樣確信當時的美國股市泡沫終究會崩盤，由此就能清楚看出我們之間的相互關連（直至今日我仍覺得和他爭論尾部風險讓我獲益良多，也非常享受，沒有任何人能勝過他）。我們自稱「危機獵人」（事實上，我們是有史以來第一家正式的尾部風險保護公司）——我們在二〇〇〇年的股市崩盤時期及時抓住機會進入市場。這是安皮瑞卡資本公司最亮眼的時期之一，不過，雖然公司的尾部避險功能發揮良好，但這也是我職業生涯中回報最低的一段時期，在這份工作之前與之後都沒有任何回報低於此時（不過我一路走來學到了很多事物——這也代表想要進入這個行業的人，必須先越過這種非同尋常的障礙，許多競爭對手都在入行後又離開了）。

我們在二〇〇五年分道揚鑣，隨後我成立了普世投資公司（Universa Investments），提供的服務比安皮瑞卡資本公司的基本服務更多（在我創立普世後，納西姆再次與我合作，不過這次他嚴格保持不插手的被動態度）。在這之後，納西姆針對不確定性做了大量重要研究，特別是「黑天鵝問題」（black swan problem），還有他的另一個新詞彙**反脆弱**（antifragility），也就是《麥克萊格的水池》中小男孩馬可的特質。這些研究帶來了絕佳的深遠影響——不過我相信這些影響對於資本投資而言較不直接。

我會在第九章說明，美國在上個世紀遇到的大型市場崩盤事件，為什麼不是出於極端的不確定性與**黑天鵝效應**（也包括我在職業生涯中遇到的市場大跌），還有運用這些市場崩盤（也就是「尾部避險」）的效率，為什麼在很大的程度上取決於特定經濟環境的扭曲狀態。股市崩盤中的真正黑天鵝問題，並非無法預見的遙遠事件；而是「遙遠的可預見事件」——我職業生涯中大部分時間都在利用這種事件（這

---

i 編按：市場價格偶爾會偏離基本估值，但最終兩者會趨向一致，因此市價與基本估值偏差愈大，獲利機會也愈大。

也解釋了我目前的一些合夥人，為什麼會使用這個名稱）。

儘管我自然而然地採用了正向不對稱的凸性報酬（這是很老套的說法，就像我們都很熟悉的「有利風險／回報」〔favorable risk/reward〕一樣），但所有數據都清楚指出，這一類「熱愛波動」的收益，大多都會在事前（利用冪次法則尾部風險和其他嚴格的預估方法）與事後被高估，這就是為什麼我沒有運用所謂的**槓鈴策略**（barbell strategy）。這些賭注大部分都是賭徒和金融推銷員在做的交易，從非線性的衍生證券到高度波動的股票，再到各式各樣的動量策略；單獨而言，這些交易是一種直接的正面攻擊。然而，對我來說，凸性是一種有效（低風險）的工具，可拿來利用被抑制的立即性和扭曲性，但只有在正確的環境下才能如此運用（例如在推手比賽中）；凸性只是迂迴策略的一部分而已，是中間步驟（走化和黏），目標是達到多產的資本投資這個決定性的最終目標（反擊）——凸性並不是比賽本身。凸性是奧地利投資的其中一項工具，但不是關鍵；奧地利投資的關鍵在於迂迴、景深，當然還有奧地利方法。

至今，我仍把我那件阿爾法工業（Alpha Industries）的破舊淺綠色經紀人外套（上面沾了墨水和血跡）掛在辦公室的牆上，就像我在海明威式的狩獵之旅中獵到的獸皮一樣。外套上還掛著一條破爛的亞當．斯密領帶。打從我進入期貨交易所工作的第一天起，我的制服就包含這條領帶。對賭徒來說，一個跳動點也是有意義的，而對場內交易人來說，領帶則是必須的，不過我這麼做的主要原因是效法喬治叔叔樹立的榜樣，他也是懷抱著同樣的熱情繫上自己的領帶。亞當．斯密當然是自由市場的倡導者，他從根本上主張**自由市場**的有機協調功能；米塞斯也曾公開指出，亞當．斯密的巨著《國富論》（*An*

Inquiry into the Nature and Causes of the Wealth of Nations）的出版年分和美國獨立是同一年，他認為這是「政治自由與經濟自由的自由曙光」[44]。這條領帶對當時的我來說，是一個重要的提醒，對如今的我亦然，它提醒了我這個交易所——和這整個交易市場——不是賭場，而是一道具有目的性的力量，也就是位於文明進步核心的米塞斯式市場過程。

我從一個迂迴的起點出發，沿著一條迂迴的道路前往奧地利投資的方法論，從交易所一路走到我如今在普世投資的投資合夥關係——這段關係始於二〇〇八年，我們從那時開始製作捕獵**巨無霸**的魚叉，順道（但並非出於巧合）在該年年底和隔年使用魚叉進行產出——並走上資本之道（由第九章與第十章的奧地利投資法一與投資法二所組成）。這就是我們遵循的資本之道。

哲人的智慧

相傳在中國戰國時代，七國之一逐漸衰敗，老子決定離開該國，在孤獨中度過餘生。他騎著牛一路前行，到達了函谷關邊界，那裡曾發生多次血戰，再往前走就是他未知的新家了。根據傳說，守門人得知老子要走了，要帶著他的所有智慧永遠離開，便懇求老子為後代寫下他的所有思想。老子答應後，寫下了由大約五千字組成的簡明著作。

我們可以合理推測，這個故事可能是虛構的，就像老子這位作者也可能是虛構的一樣。然而不容否認的是，這些文字在兩千多年後的今日仍具有效力，依舊傳遞了數千年前的智慧：時間的觀念、耐心的重要性、景深、為無為的迂迴方法，以及歷史經歷的虛幻本質——這是一位老練的穀物交易人的智慧，他熱愛賠錢，提倡的經濟思想學派將會永遠改變這個世界。這些觀念會受到蔑視，但也會持續傳承，直到某一天，這些內容全都匯聚在一起，成為一種原型投資方法論。

老子出關，留下智慧結晶。

第二章

毬果迂迴的成長之道

「每個人都看得見樹上的毬果。沒有人能看到樹，沒有人能在毬果中預先看見森林。」

在埃弗雷特・克里普生命中的最後幾年，我每次經過芝加哥時都會去拜訪他。我都會盡量帶幾本書給他，類型從奧地利學派經濟學（不意外，他似乎會自然而然地受到這門學科吸引）到機率論（對於這位直覺敏銳的老練穀物交易人來說，機率往往不具有任何實際意義）應有盡有。我們會坐下來聊天（通常我們會打開高爾夫球節目作為背景音——目的是製造氛圍），談話中總是充滿他最喜歡的格言——這些格言來自我已聽過很多次的「克里普主義」。然而，在我離開交易所後，有一句格言對我而言的意義變得更加深遠，也讓我產生了更深刻的共鳴，這句話其實十分平庸：「**每個人都看得見樹上的毬果。沒有人能看到樹，沒有人能在毬果中預先看見森林。**」

克里普在這句如此簡單的句子中再次表達了，他蔑視那些只關注立即、有形之可見事物的行為。這句話還蘊含了一個有關奮鬥和征服的戲劇性故事。從單一的毬果到現在所產生的有限數量，與森林裡所有樹的數量相比，卻又相形見絀，然後，又有更多毬果從這些樹上掉落，綿延不絕。我們把目光從眼前可見的果實轉向幼苗、結出種子莢果的松柏，以及長滿「前瞻性樹木」的最終森林，這段過程經過許多世代更迭，橫跨了不斷變化的無數環境和跨時間的機會消長。每顆種子都是一條單獨的道路或樂譜，它們可以藉由循環分支，演變成喧鬧的賦格曲。有些道路忽然就結束了，有些則隨著時間演進，緩緩前行很長一段路，變成大量樹木。有些道路左彎右拐，度過了許許多多跨時間的事件，例如森林大火、疾病和競爭，它們是如何做到的？如果我們可以沿著其中一條路走下去，它會把我們帶到哪裡？這條路會是什麼樣子？是漫無目的地遊走嗎？或是依循目標明確筆直地前進？事實證明了，松柏在游走與直進之間，選擇了一條非常迂迴的途徑。

光是辨識出這條路與跨時間的中途點，就需要專注，而這種專注正是道的景深。最重要的不只是單一毬果的存在——毬果是松柏的種子莢果——重要的還有松柏能以某種方式「感知」到所有尚未出現的機會，無論是森林的地面因為植物過度成長而變得擁擠、競爭者無法茂密成長的岩石表面，還是大火燒過後的貧瘠地區，都會影響松柏種子的生長方式與區域。

正如《老子》告訴我們的，自然是最好的老師；事實上，道家的其中一個重要主題是觀察自然並向自然學習，這個主題與道家傳遞的訊息完整性密不可分。這種學習方法十分常見，甚至在最基礎的小學課程中也會出現。這個原則結構中也蘊含著經久不衰的智慧，古籍中常會出現接納各種比喻的文句，譬如樹木屈服於風，或《老子》的描述：「合抱之木，生於毫末[i]。」[1]另一個典型道家形象是名為「樸」的未雕刻木頭，代表了充滿純粹潛力的狀態。木材在未經雕刻的狀態下看起來毫無用處，需要極大的想像力和耐性，才能看出它能變成什麼樣子：「樸散則為器，聖人用之，則為官長[ii]。」[2]時間在兩者之間架起橋梁——也就是使用跨時間觀點檢視這些方法——接著優勢便會浮現，而潛力則會消失。《老子》的建議很簡單，我們在看到無人關注且未經雕刻的木頭時，就像看到不起眼的簡陋毬果一樣，要看出它有完整的潛力、能在未來變成什麼樣子。

克里普在伊利諾州曼特諾村（Manteno）的乳牛場長大，後來成為富裕的農場主，對他來說，這種

---

i 編按：「兩人雙手合抱才可抱起的樹木，由小樹木生長而起。」

ii 編按：「樸素本質散了，就變成了器物。聖人使用它，就成為人事上的官長。」

景深的觀點是自然形成的。在播種與等待收穫的過程中，他們不能強行把農作物從土裡拔出來，也不能過於倉促地催熟作物。每年春天，新播種的農田又會重新充滿潛力，就像未雕刻的木頭「樸」一樣。因此，農業策略的核心一直以來都是田野的跨時間定位（例如作物和草場的輪流替換）。（此外，沒有什麼比「make hay while the sun shines」[i]這句格言，更能反映出集體農業有多了解何謂「等待時機並果斷採取行動」。）在農場的田野中，時間性已經根深蒂固，正如著名德國作家約翰・沃夫岡・馮・歌德（Johann Wolfgang von Goethe）在他最耳熟能詳的一首詩歌中所寫：「Mein Erbteil wie herrlich, weit und breit! Die Zeit ist mein Besitz, mein Acker ist die Zeit.」——「我繼承的遺產是如此的豐厚、寬闊、公平！時間是我播種的良田，對時間而言，我就是繼承人。」（這句話變成了他的格言，也出現在他的小說《威廉・麥斯特的學徒歲月》〔*Wilhelm Meisters Wanderjahre*〕第一版中。）

在克里普描繪的毬果形象中，松柏變成了象徵、變成本書中令人浮想聯翩的比喻，也變成了教學工具，讓人們更加理解我們的原型迂迴策略。我們效法道家經典中的哲人，觀察自然並從經驗中學習，傾向於使用「形象、典故、類比」當作媒介，來表達複雜的思想、理論和概念。正如漢學家安樂哲觀察：「可以構成證據並在文本中使事情變得清晰的，往往是能有效聚焦的圖像，而不是理論；是無法言表也無法模仿的經歷，而不是論證；是令人浮想聯翩的隱喻，而不是用邏輯證明的真理。」[3]因此，圖像的功能是傳達知識與智慧的載體，同時圖像也服從知識與智慧，一旦傳達了特定的意義或感覺後，這個工具本身便不再重要[4]。

因此，我們不只是在了解松柏的生長，以及它們如何把握機會與可用資源；我們的目光必須超越森林和樹木，看見其中普世通用的根本課題。我們從眾多成功的偉大自然歷史案例中擇一學習，觀察松柏與其生長邏輯。松柏耐心又鍥而不捨，透過適應策略生存了數億年，我們可以從中學到的概念是，**在資源稀少的情況下，我們可以避免正面競爭，選擇走上迂迴的道路，前往中間階段，最後抵達有利的位置。**

森林裡有兩種樹

在松柏類植物中，有些物種是地球上最古老的生物之一（我們將之統

i 編按：直譯為「趁著晴天曬牧草」，打鐵趁熱之意。

看到不起眼的簡陋毬果時，要看出它能在未來變成什麼樣子。

稱為裸子植物，意思是「裸露的種子」），這些植物首次出現於大約三億年前，在恐龍邁出第一步時，它們早已散布全球。松柏類可說是植物界最成功的一員，也是地球現存的生物中存活時間數一數二久的（還有蟑螂、蕨類植物等其他古老的例子）。早期出現在地球上的松柏類之中，有八個科至今仍存在，包括松科的松樹、杉木、鐵杉、雲杉和冷杉，這些植物的化石可追溯至一億五千萬至六千五百萬年前的白堊紀時期。在兩億至一億五千萬年前的侏羅紀和白堊紀早期，劍龍和蜥腳亞目等草食性恐龍以針葉樹為食。由於這些掠食者胃口奇佳，牠們在長期以來都是松柏類占據的地點，清出了大片肥沃的土地，開放給松柏類的新競爭對手——開花被子植物（被子意為「被包藏的種子」）。松柏類的世界不再相同。

到了白堊紀末期，被子植物狠狠打敗了松柏類，因此，在六千五百萬年前，十種維管植物中就有九種是被子植物。如今被子植物仍在植物中占據主導地位，涵蓋從草本到樹木共約二十五萬種，其中包括每年落葉的楓樹、橡樹、白蠟樹、白樺樹和柳樹。被子植物擁有許多優勢，從快速生長到昆蟲協助的繁殖速度（被子植物獨有的花朵能吸引昆蟲），它們運用無論何時何地都能大量繁殖和快速拓殖的優勢占去上風，導致松柏類的數量大減。因此，在低地濕林與亞熱帶森林等地方鮮少會有松柏類，被子植物在這些溫度較高的區域，可以透過幼苗生長較快速的優勢勝過松柏類。

不過，松柏類在特定時間和地點，不但達到了繁衍所需的發展門檻，甚至可以比被子植物這個競爭對手長得更快、活得更久。如圖2.1所示，松柏類會以具有欺騙性的松柏式「變速」方式改變生長速度：在生命週期初期，松柏類的生長速度整體上落後於被子植物。事實上，這是經過精密計算的行為，松柏類之所以會在初期落後，是因為它們在匯集「有利條件」，長出強健的根和厚實的樹皮，它們因此能以

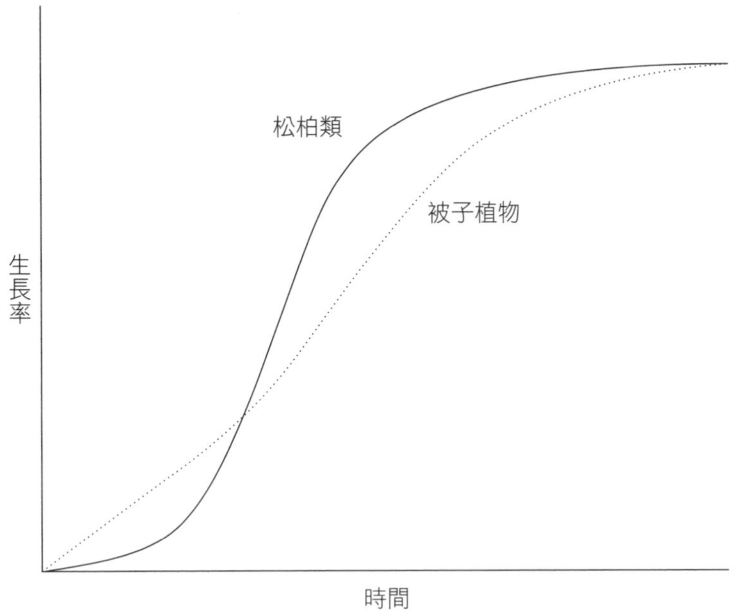

圖 2.1 常綠松柏類的生長速度，最終會超過落葉被子植物

出處：經《林奈學會生物學期刊》（*Biological Journal of the Linnean Society*）許可轉載，1989 年，36:227 - 249：W．J．龐德（W. J. Bond），《龜兔賽跑：被子植物的優勢與裸子植物的持久性》（*The Tortoise and the Hare: Ecology of Angiosperm Dominance and Gymnosperm Persistence*）。

高效率的方式使用資源，並享受令人印象深刻的壽命長度。如圖所示，這也代表了隨著時間的推移，壽命較長的松柏類能在生物質[i]和高度上勝過被子植物。

擁有針狀葉片的松柏類，或許缺乏闊葉被子植物擁有的部分體內效率（例如用維管束傳導液體的效率）。不過，松柏類卻能找到方法，使生產力超過被子植物，這都要歸功於松柏類的迂迴方法——緩慢累積葉子的總表面積。常綠的松柏類可以連續數個季節不斷生

[i] 編按：biomess，各種有機體的整體質量。

長葉子（與每年脫落的落葉植物相比，松柏類的針葉可以持續多年），最終，葉子的總表面積將會超過種類最豐富的被子植物[5]。

對松柏來說，生長是一個耐心等待的過程，需要毅力和決心，其中最成功的（或該說是最必要的）就是迂迴策略，緩慢的早期生長階段為隨後的快速高效發展創造了合適結構。我們可以在松柏類的生長過程中，看見具有目標的「行為」目的論，這種目的論展現了適應行為中的目標導向機制，例如它們把「撤退到岩石地」視為一種達到目標的手段。換句話說，松柏類是為了未來的生產力而在當下付出代價。在提高效率時，它們首先瞄準手段（第一步），而被子植物在其立即快速生長中，直接瞄準目的（最後一步）。

這種擁有間接目標的行為模式，會為了達到最終目的地而把焦點放在手段上，而且這種模式不僅出現在松柏個體上，也控制了森林內眾多松柏的生長模式（當然，我不是要指出松柏類具有認知能力，這樣的策略只是演化適應行為帶來的最佳化產物）。

松柏類為了提高整體生存機會，在最顯眼的地區向競爭對手讓步，使其獲得直接優勢，如此一來，松柏在未來才能以更投機、更有效的方法播種。在獲取營養和維持生存時，松柏不會直接朝資源移動；取而代之的是，它們就像魯賓遜一樣，先朝反方向前進，遠離釣魚的海和肥沃的土壤，經歷一段過渡期，接著再以更有效率、更成功的方式取得資源。如果想要更充分理解地這種策略——重視中間時期勝過立即結果、重視曲折勝過直接，這是獻給投資人的隱喻課題——有多重要，首先，我們必須了解正面衝突有多致命。

自幼苗即開始的競爭

交互作用是大自然的法則。在松柏類和被子植物生長在同一區域時，這種交互作用就會加劇。森林中往往充滿了盤根錯節的闊葉被子植物，它們霸占了陽光，每株植物都在激烈搶奪水、土壤與陽光等稀少資源。在搶奪優勢的直接衝突中（特別是在最肥沃、最適合居住的區域），松柏類的勝算通常不高，這場不斷重複的戰鬥，可以一路追溯到白堊紀時期。那麼，它們的戰術是什麼？這兩個物種如何競爭？

多年來，人們一直認為被子植物和松柏類的競爭大多出現在生長後期，也就是成齡樹的樹枝重疊形成樹冠的時候；在兩個物種共存的特定區域內，被子植物入侵和松柏類滅絕的因果關係正是源自生長後期。直到近期，植物學家才開始探究競爭從生長初期開始造成的影響。現在我們已經清楚理解到，在松柏類的幼苗設法降落在生長較快的被子植物之間、嘗試在斑駁的陽光中扎根時，這場戰鬥就開始了，而松柏類的幼苗很快就會失去爭奪足夠資源的競爭力。

森林中的植物越密集，個體的生長和表現就越容易受到競爭效應的負面影響，包括鄰近植物的數量和大小，以及彼此之間的距離。最早扎根或遇到較少競爭者的植物，能獲得壟斷當地資源的優勢，因此相較於那些較晚播種、在較擁擠地區生長的植物，前者生長得更快[6]。

松柏的幼苗會因資源緊縮而缺乏營養，變得多病又矮小，也更容易受到昆蟲、疾病、有害真菌、枯落物（覆蓋森林地面的樹葉、樹皮和樹枝）、草食動物和所有掠食者中最貪婪的火焰所影響。遇到這些情況時，生長不良的松柏幼苗會失去資源，無法茁壯成長，這種情況被稱為「緩慢幼苗假說」[7]。

位於澳洲維多利亞州（Victoria）西北部的奇爾特—派落特山國家公園（Chiltern-Mt Pilot National Park）是許多野生物種的家園。許多植物領域的研究人員受到實驗機會吸引，在二〇〇四年到二〇一〇年來到公園，他們可以在類似實驗室的獨特環境中，用不同的樣本測試緩慢幼苗假說：一組是同質性很高的松柏類對照組，另一組是松柏類與被子植物一起生長的混合組。具體來說，植物學家研究的是一種名為澳洲柏（callitris）的針葉樹，和生長在國家公園廣闊森林裡的被子植物桉樹（eucalyptus），這兩種植物在二〇〇三年的一場大火後，在國家公園裡從種子開始重新生長，植物學家研究的是這兩種植物的相互關係。

在兩種樹苗混合生長的地區，澳洲柏明顯輸給了生長速度較快的鄰居桉樹。平均而言，澳洲柏的幼苗比桉樹更矮、更不健康。此外，較矮的澳洲柏幼苗上沒有毬果，無法繁殖。事實上，只有達到最高生長高度的澳洲柏才會結出毬果，而這種澳洲柏最常出現的地方是同種樹木較多的地區，也就是在大部分樹木都是松柏類，只有少數被子植物的區域[8]。

根據實地研究的結果，澳洲柏的樹苗最常在正面競爭中落敗；這些樹苗本身的生長就是「錯誤播種」（mal-seeding，指不適合生態系統的植物生長），它們因為「吸收瓶頸」（recruitment bottleneck）而無法生長到足夠的尺寸和強度。因此，它們根本無法長成大樹。生長遲緩代表這些樹苗需要更長的時間（前提是沒有枯死），才能越過特定門檻，發展出防火機制[9]（部分松柏的防火機制包括樹皮較厚，以及在高處長出葉子以形成樹冠時，讓較低的樹枝脫落，藉此「自我修剪」）。沒有成長茁壯的小型松柏，甚至有可能會受到低密度的草地火災傷害，這種火災不會對較成熟的松柏造成太大的傷害，卻會把低於高草叢的幼苗燒死。

野火的生機

在森林中，具攻擊性的被子植物和生長不良的針葉樹混合在一起，簡直就是一個過度生長的易燃物，容易受到雷擊等火花影響。假如換個說法，這其實是森林「經濟」出現不自然不當投資[i]的證據（而研究人員會防止火災在此發生），證明了森林需要把資源重新分配到更健康的成長上。把森林變成易燃物的不只是枯枝敗葉，也不僅僅是由許多小火累積而成的大火——更不是各種複雜論述中以理論基礎組成的陳腔濫調。使森林容易出現火災的，是生態系統遭受的人為改變，以及森林生長模式的時間結構——在這段時間裡，消失的松柏類不會重新出現。由於松柏無法茁壯成長，加上內部競爭導致森林無法適應，最後會產生不健康、不合理也無法長久持續的植物生長，推翻生態系統的平衡。研究人員防止火災發生的行為製造出扭曲，同時森林仍在不當投資，於是導致廣泛的過度生長，好似可用資源遠比實際

i 編按：malinvestment，在奧地利經濟週期理論中，指人為壓低借貸利率和不可持續的貨幣供應量增長，導致商業投資分配不當。

上更多一樣。

研究人員利用手段，誘騙森林對更有利於森林自身、資源更豐沛的生長環境做出反應。防止火災發生的人造環境，瓦解了森林的所有跨時間策略，甚至連松柏也逐漸轉變，開始為了在當下存活而戰（我們會在第七章再次看到這種影響）。諷刺的是，這座永恆伊甸園的海市蜃樓，只會促使植物拚命又瘋狂地衝向終點，宛如沒有明天似的——就算是松柏類也一樣。但即使在這樣的狀況下，生態系統對於恆定性（homeostasis，此為第八章的主題）的追尋，終究會修正系統裡的扭曲。到了某個時間點，森林裡必定會出現交替現象，重新分配資源，這種交替現象通常是透過掠食者實現，尤其是小型、局部的野火。

在野火爆發時，一切都會陷入危險之中，松柏類也包括在內，它們特別易燃，所以格外容易起火，也燒得更快（在高強度的火災中，松樹會像火把一樣燒起來）。不過，**在大自然中，自然而然發生的小規模火災，是大自然逆轉時間的方式**，小規模火災會釋放資源，讓資源從不茂盛的樹木流向更可能茂盛生長的樹木。火災是探索過程中的關鍵，森林系統藉此控制與溝通，並決定正確的植物組合和數量。

特別值得一提的是，在海拔較低、氣候較溫和的地區，週期性野火會扮演小型潰敗的角色，隨著時間推移，這個角色會管理森林的演替，透過不斷擾動的不平衡追求平衡。若沒有週期性野火的話，橡樹和楓樹等被子植物會占據主導地位很長一段時間，因為被子植物在幼苗和幼樹階段較能夠容忍彼此帶來的逆境，同時「遮蔽」松柏類的競爭對手，剝奪它們的陽光。而規模較小的野火可以在森林系統內部創造改變，平衡這兩種植物的比分。這些小型火災會逐漸增加，有助於防止大型火災發生，畢竟大型火災對森林來說非常致命，對任何生物都沒有好處。因此，**小型火災雖然看似充滿破壞力，實際上卻具有建**

設性，能平衡森林的整體生長時間結構。

這並不代表森林需要混亂才能進一步成長，也不代表森林渴望遇到像一九八八年燒毀黃石國家公園（Yellowstone National Park）的那種可怕大火[i]。大規模破壞會為森林帶來嚴重的毀滅性結果，就像戰爭為文明帶來的毀滅性結果一樣（而戰爭對文明來說永遠沒有好處）。文明進步的方式，是累積高度分配的資本，這種資本在遇到極端波動和嚴重破壞時，是無法繁榮發展的，資本主義需要的是穩定——不過資本主義也需要自由競爭，將資源轉移到最適合消費者需求的地方（這些轉移來自失敗、破產和利潤機會）。然而，在自由市場受到抑制時，連經濟崩盤也可以帶來益處，崩盤能消除不健康的「成長」與不當投資。

市場與森林的相似之處是顯而易見的：較小的野火可以推動資源在競爭者之間流轉，讓資源從在我們看來較低階的生產者（快速生長的被子植物），流動至更加迂迴、更高階的生產者（松柏類）。雖然小型的自然野火能造成精確的毀壞（從定義上看來是如此），但大型的非自然森林大火卻會不分青紅皂白地摧毀一切。森林必須付出這種不幸的代價，才能達成必要的物種演替。

若我們想用這種方式看待森林的結構，我們得先理解，森林不是一團均勻的植物，而是高度異質的時間結構。如此一來我們就能意識到，松柏植物的有效生長模式其實是一個標準案例，展現了資本配置過程的迂迴策略、資本之道，以及奧地利學派投資法的終點。

i 編按：黃石公園有史以來最大的火災，災害區域約占總面積三六％。

松柏之道：將欲取之，必故與之

大自然採取了迂迴的跨時間方法。事實上，這種策略是松柏類在面對更具攻擊性的被子植物時所具有的獨特優勢。松柏植物可以在肥沃又陽光普照的地區，把較明顯、較直接的利益留給被子植物，並藉由風傳播的種子，撤退到岩石多、陰影少的暴露地區，那裡的條件惡劣，但陽光仍然充足。這並不是因為松柏類比較喜歡充滿石頭、酸性、沙質、易積水的低劣品質土壤；事實上，若我們把松柏類種植在氣候更好、土壤更肥沃的地區，並予以栽培，它們會成長得更加茁壯。然而，它們卻為了避免和其他植物直接競爭，反而撤退到品質低劣的土壤、風吹雨打的山脊上和容易積水的低窪地區，將黃金地段留給成長更快的植物[10]（在此有一個值得注意的奇妙巧合，歐洲黑松的亞種奧地利松〔學名 *Pinus nigra*〕似乎特別喜歡崎嶇的地形，它們會奮力鑽入最貧瘠的地區，就像企業家——他們是奧地利學派傳統的主角與英雄——會奮力推進其他競爭對手忽視且尚未發現的領域）。

松柏顯然沒有能力把種子送到特定的地方；不過從某種意義上來說，種子確實具有特定的方向性。舉例來說，野火產生的強風會把外圍樹木上的風傳播種子吸入野火肆虐過的地區。此外，有些延遲性毬果（serotinous cone）只會在暴露於高溫和火焰下才會打開，這也為松柏類提供了種子，可以在火災後再次生長。甚至連樹木的間歇性種子大量出現也可能和野火的出現有關。這些因素全都表現出了大自然的邏輯。儘管松柏類是本章與本書的主要隱喻，但在現實的森林世界中，這是一種能成功發揮作用的普遍策略，松柏類因此成為最成功的有機生命體。

這些不理想的區域岩石滿布，土壤貧瘠又缺乏營養，其他物種無法在此生存，而松柏在此找到了適合自己的生態區位，這是因為它們的部分適應行為使它們能夠高效利用極少的資源，把缺乏資源的暴露地區當作中繼站，藉此在終點獲得有利位置。以菌根（mycorrhiza）為例，菌根是松柏和寄生在其根部的真菌之間的共生關係體，能幫助樹木從充滿岩石的土壤中吸收養分。松柏的其他適應行為包括藉由針狀葉片的大小和形狀，減少蒸散量以防止水分流失（松柏類還擁有粗糙的樹皮和尖刺的針葉等防禦機制，能阻礙食草動物進食，甚至還有某些品種帶有針對其天敵——馴化的山羊——的毒性，雖然還是會有山羊將其吃下肚，但後果不堪設想，強化了大自然「別吃松柏類」的法則[11]）。

除此之外，松柏還能承受日夜和季節的顯著溫度波動，這或許會讓我們想起松柏類的祖先在極端氣候變遷、板塊移動和地質劇變中倖存了下來。這種情況在大型極北林區的規模更加宏大——極北林區是位於北方的生物群落，又稱為北方寒帶針葉林（taiga）。極北林區環繞北緯地區的形狀，就像中世紀僧侶在剪髮禮（Tonsure）[i]過後的髮型一樣，分布在加拿大和阿拉斯加的大部分地區、美國大陸最北部、冰島、瑞典、挪威大部分地區、芬蘭，一路延伸到北半球歐洲的高山地區、俄羅斯大部分地區、日本北部和中國北部（這些區域涵蓋了本書多數人物的來處）。在土壤貧瘠、陽光有限的惡劣氣候下，松柏類的競爭對手無法生長，於是它們開闢了屬於自己的領地：世界上最大的陸地生態系統。

---

i 編按：修剪在頭皮上的部分或全部頭髮，以表示獻身於信仰。

在我位於密西根州北部的家鄉（大約一百年前，這個地區的原所有者將這裡命名為「納巴提克」〔Nabatic〕，此詞源自奧吉布瓦語〔Ojibwe〕，意思是「在樹林裡」。此處的原所有者創立的公司，製造出了第一臺手動變速箱，他也是亨利・福特的主要供應商，我們會在第五章介紹亨利・福特），在極北林區的最頂端，有一大片白松（*pinus strobus*）矗立在懸崖邊緣，俯瞰密西根湖灣。儘管此處的土壤布滿岩石（我們已經在此挖掘出了古代巨石）、環境惡劣，冬季有時更是漫長而殘酷，但這些耐寒的樹木已在此繁衍生息數十年，甚或長達一個世紀之久。每次看到這些樹木，我都忍不住佩服它們的堅忍毅力和效率，它們充分利用了阻礙競爭對手的條件，使自身能不受阻礙地生長。

在兩百六十萬至一萬一千七百年前左右，地球處於冰河時期反覆出現的更新世，冰川的移動將松柏類推向南方，抵達通常以被子植物為主要物種的區域。不過，每次冰冠向北消退，松柏都會緊隨其後，重新奪回冰川占據的北方領地，在這些地方，松柏類的優勢勝過被子植物。冰川一次又一次地向南方推進，松柏一次又一次向南方退讓，在這段過程中，冰川侵蝕出肥沃的山谷，堆積起海拔更高的區域，這些地方在往後成為松柏與被子植物的戰場。在這數百萬年間，松柏類經過了去蕪存菁，倖存下來的物種都能適應寒帶北方針葉林的嚴酷生存環境和短暫生長季節，這匹松柏大軍在歐亞大陸和美洲大陸的北方氣候之下，於永凍土上建立了幅員遼闊的帝國，成為地球上最廣闊的森林[12]。

儘管環境如此惡劣，松柏卻似乎能永遠存活下來。它們甚至可能在兩百年後完全占據主導地位，把所有植物都排除在外，除了少數偶爾出現的被子植物。但這一類地區並不是松柏的唯一避難所。除了北方和高海拔山區之外，松柏甚至可以利用小面積的貧瘠土壤或其他生長條件不利的空間，在被子植物的海洋中生長成一座「島嶼」。

不過，故事並沒有就此結束。關鍵重點並不是特定的某一棵樹生長在哪裡，或某一顆毬果發生了什麼事，正如克里普所提醒，這只不過是我們用雙眼所能看到的事物罷了。與之相對的，我們該關注的是沒人能看見的事物：松柏在森林裡實踐跨時間策略的方法，是森林本身對稀少可用資源的重新分配。雖然松柏木質柔軟、高度易燃且非常脆弱，但在迂迴的跨時間策略中——透過損失獲得收益——它們是十分強大的。我們再次目睹前面提及的兩步驟過程，松柏以個體組成的群體，設定中間目標及策略，藉此追求優勢，使松柏這個物種獲得最終的益處。

松柏的間接生長策略也反映了擇偶的中心演化機制，在擇偶的過程中，個體在尋找理想對象時，注重的不是親代的直接物質利益，而是提高子代的適應性。事實上，松柏可能是大自然中最間接的物種之一，它們依循跨代策略，在岩石間生長，放棄了直接的物質優勢，如此一來，它們才有機會在競爭對手與掠食者（尤其是野火中）之間生存下來，進而使子代能在未來的某一天取得優勢，占據更好的生長環境（野火燒過的地區）。事實上，考慮到松柏演化的悠久歷史，我們可以知道，使它們能夠在最荒涼的地區生存和繁衍的適應機制和基因突變，最終會集中在未來的無數後代身上，使它們在森林的演替過程中獲得優勢，在最高等的肥沃地區播種。

因此，松柏的策略就是放棄對立即性與當下狀態的需求，轉而為潰敗後的反擊做準備——正如老子所說：「將欲歙之，必固張之。將欲弱之，必固強之。將欲廢之，必固興之。將欲取之，必固與之[i]。」
13 安樂哲和美國漢學家郝大衛則寫道：「月亮雖會漸圓，但也終將漸缺；逐漸枯萎的柏樹，必會被新樹取代。」[14]我們可以在大自然中看見，那些可以被定義為單一、孤立事件的事物都不是焦點所在，關鍵在於事件過程的背景脈絡發生了什麼事。松柏在此處也為《資本之道》開闢了道路：「此觀點能幫助我們洞察自然界中各個過程具有的『整體性』，在自然界，一切事物都會在適當的時間點產生相對的一面，這樣的觀點具有教育意義，能引導人們理解過往經歷。」[15]

對松柏而言，迂迴策略使它們得以撤退到不適合居住的地點，同時結出裝有種子的無數毬果，這些種子可以輕而易舉地透過風傳播到其他偏遠地區，長成一群耐心又長壽的戰士，等待松柏和被子植物在未曾休止的戰鬥中再次一決勝負。

有些松柏的壽命長到令人佩服。松柏是世上已知最古老的生物之一，我們大概也無須對此感到訝異（在新墨西哥州卡爾斯巴德〔Carlsbad〕的地下古代海鹽中，研究人員發現來自兩億五千萬年前的細菌，處於假死狀態，還找到一些大約已存在八萬至二十萬年的沉水性海草）。此外，我們大概也應該預期這些松柏只會出現在條件惡劣的環境中，這些環境是它們的避難所，能減少競爭，並消除容易使樹木著火的過度生長狀態。

瑞典北部的類苔原地區，是被子植物無法生長的環境，在那裡有一棵古老的挪威雲杉（Norway spruce），已經活了九千五百五十年，生存年代可以追溯到最後一個冰河時代，簡直令人難以置信（這株雲杉的根其實已經生長了將近一萬年，樹木從根系長出來的時間則晚得多——這證明了松柏採用了非常有效的時間結構）。這個活生生的遺跡證明了松柏的適應能力和壽命，不僅能贏過周遭的競爭對手，甚至能贏過地球上幾乎所有植物。

溫哥華島（Vancouver Island）上有一株阿拉斯加扁柏，已經活了四千多年。此外生長在加州、內華達州和猶他州山區的大盆地刺果松（Great Basin bristlecone pine）亦十分長壽，很符合其學名「*Pinus longaeva*」，字面意思是「古老的松樹」；在加州白山（White Mountains）有一株特殊的樹，名叫瑪土撒拉樹（Methuselah Tree），據推測已活了四千八百年。在太平洋西北岸，有部分海岸紅杉的樹齡已超過兩千歲。在我位於洛杉磯的書房窗外，街道兩旁整齊排列著高大的海岸紅杉，許多株的周長都超過我雙手所能合抱，這是一個非常顯眼的標誌，時時提醒我迂迴策略有多普遍。（如此顯眼的提醒分明比比皆是，為何加州卻要如此激烈地貶低此地過去迂迴的工業歷史呢？）

雖然生長在岩石間的松柏看似大自然的棄兒，但它們其實像道家那些擅長操控的哲人一樣，表現出的是一種虛假的謙遜：它們撤退到其他植物無法到達的地方，然後在環境突然發生變化時，抓住適當時機採取行動，例如在野火燒盡之後。我們可以在此處看出松柏的**為無為**——也可以稱之為「靠著不播種而播種」：它們藉由生長在岩石間，避開了在肥沃地區的「錯誤播種」，因而確立了具有防禦能力的位置，能在未來創造出進攻優勢，這個優勢便是運用風將種子傳播到大火燒過的地區——也就是它們撤退時離開的沃土。

這就是大自然示範的推手，在這段過程中，松柏在較適合生長的肥沃地區遇到被子植物時，沒有表現出絲毫抵抗，順從地接納潰敗，前往崎嶇又偏遠的地點。但是，在被子植物的生長範圍過大、導致密

---

i 編按：「想打敗他，姑且先幫助他；想從他那裡取得什麼，暫且先給他點什麼。」欲擒故縱之意。

集的過度生長時，便會招致野火，而松柏將在這個時候跟著野火回到肥沃的地區，把種子全都傾倒在新空出來的土地上。

地面逐漸冷卻，在高溫和火焰中因為毬果而倖存下來的松柏種子，在土壤中發芽，土壤內富含大火釋出的養分，其他松柏的種子很快就會加入它們的行列——這些松柏生長在火災範圍之外的多岩偏遠地帶，風把它們的種子帶了過來（在松柏類中，有少數物種能產生包覆著樹脂的延遲性毬果，這些毬果只會在森林火災時打開，這是所有松柏中最善於利用火災的機會主義者。舉例來說，海灘松〔lodgepole pine〕是一種特別多產的種子生產者，其毬果能在樹冠中停留多年；成熟的樹木上可以容納超過一千顆閉起的毬果，儲存的種子數量可以達到每公頃數百萬個[16]）。在這個足以讓人幸災樂禍的森林場景中，火災對於耐心的松柏——也就是對於大自然最亮眼的機會主義者來說，是朋友而非敵人。

儘管也會有些被子植物進入大火燒過的區域並迅速生長，但松柏往往可以在競爭初期站穩腳步，及時發展成大多都是松柏類的同質森林。因此，正如生物學家兼松柏專家阿爾霍斯．法瓊（Aljos Farjon）所寫的，松柏的本質是「比它們的鄰居活得更久，並占據它們的生存空間……」[17]。它們的成長策略正是利用不斷改變的生態、氣候與系統的適應機制，透過內部調整和探索所帶來的機會，試著達到恆定。

在阿拉斯加州豪豬河（Porcupine River）沿岸，為松柏創造散播機會的不是火，而是水。緩慢而蜿蜒的河流把外彎處的森林向土地回推，接著在內彎處沉積沙子、礫石和黏土，為新生的植物提供新土壤。快速生長的柳樹和白楊樹可能會先沿著河流長出幼苗，但最後當地原生的雲杉會進入這塊新土地。這並不是因為此處的氣候對被子植物不利。與之相對的，較慢的幼苗成長速度和樹木生長速度為雲杉提供了有利的時機，使它們最終能在森林演替中獲得優勢。雲杉的壽命越長，數量越多，也就容易改變光照和土壤條件，使環境對它們有利，進而成為優勢物種。隨著時間推移，這些松柏在這個北方生態系統中，複製了周遭高同質性森林的高密度生長狀態[18]。

有些人會把松柏的迂迴策略比作《伊索寓言》中的龜兔賽跑，松柏做出犧牲，勝過了初期比較主動與直接的被子植物，最後成為獲益的一方。不過松柏的迂迴策略其實更加周密，或許可以稱之為「烏龜變種成兔子」的故事；在我們這個版本的預言中，烏龜並非從頭到尾都動作緩慢，而是逐漸增強力量，慢慢加速——這就是松柏的策略（其中一個令人印象深刻的例子，是加州的巨型紅杉，即使在成熟並生長到兩百英尺以上的聳直高度後，它們的生長速度仍遠大於同物種的年輕樹木）。《老子》中還有另一個貼切的描述，能再次提醒我們「柔弱勝剛強」，其中最有效的方式就是效法水[19]：

水善利萬物，
而又爭居眾人之所惡，
故幾於道矣。
居善地。[i][20]

---

i 編按：「水喜好幫助萬物卻不爭拗，停留在大家所厭惡的地方，所以最接近於道。居處喜好低下。」

大自然非有序，亦非無序

正如我們先前看到的，我們並不是說森林中只有松柏、沒有被子植物會比較好。與之相對的，森林必須允許給予和索取、搜索和發現的過程、適應機制帶來的機會警覺性（機會必定來自休止狀態的不平衡），這些事物必須自然而然地出現，才能在松柏與被子植物之間創造出最有效的可用資源平衡狀態。在森林系統中，優勢不是一種靜止狀態，而是會隨著時間推移而浮現與變化的動態。在已經長成的森林中，有些區域的被子植物可能會在某段時間占據主導地位，而松柏則會在此時採取迂迴策略，放棄肥沃且最理想的地點，在當下付出代價並承受（「熱愛輸，痛恨贏」）。接下來，野火和其他干擾因子會阻止被子植物在比賽中保持領先，為崇尚機會主義的松柏創造機會，使它們透過失敗獲得優勢，最後會有更多動作迅速的被子植物緊跟在松柏身後。隨著時間推移，生態系統找到了資源流動該如何交替的正確組合，而且這套組合是有成長邏輯的。

錯誤調整導致的失調，會使整個世界改變；事實上，**失調會自然而然地推動變化，而變化的力量最終將會消除和糾正失調**。在森林裡，失調（過度生長、感受掠食者的敏銳度）也就預示了系統將會出現變化。為了達到平衡而改變是大自然的法則——這種法則既不是有序，也不是無序——若我們想要掌握法則，唯一的方法就是觀察完整的改變過程，以及過程中許許多多互相關連的中間步驟。

松柏在生長後期的速度更快、效率更高，這是極高的生產力優勢；不過這種優勢並非無法克服，原因在於被子植物會在松柏努力達到生長後期的過程中，發揮具有強大潛能的反作用力——我們可以將之視為一種累進稅（progressive tax）[i]。松柏的迂迴策略中具有的生產率，是犧牲眼前利益換來的效率所帶來的生產率，這就是森林生長的邏輯。我們可以在森林的演替過程中看見這種邏輯，而這最終會獎勵的是等待型策略。大自然的進步與祕密，藏在她的景深之中，隱含在松柏的迂迴路徑中，**若想要更有效率地向左側前進，首先你得選擇向右走。**

我們透過古樹帶來的課題，認識了核心迂迴策略，這個放諸四海皆準的課題帶領我們從極北林區出發，跨越二十個世紀，看見中國到普魯士的著名軍事策略專家，再引導我們前往十九世紀末的奧地利，認識數位偉大的經濟思想家。但或許迂迴策略最令人印象深刻的一面，永遠都會是那些松柏、那顆簡樸的毬果，和那座尚未長成的森林。

i 編按：隨著所得額增加而逐級提高之稅率的稅。

第三章

「勢」，不交戰就使對手降伏

《孫子兵法》曰：「百戰百勝，非善之善也。不戰而屈人之兵，善之善者也。」

橫越兩千多年與四千多英里，分別是人類歷史上兩個極其暴力又極具創造力的時代——古中國的戰國時代和拿破崙在歐洲的軍事征服時期——這兩個時代各自塑造了屬於自己的政治版圖，也催生了後來成為通用戰略方法論的兩本經典著作：中國將軍孫武的著作《孫子兵法》，以及普魯士將軍克勞塞維茲的《戰爭論》。

許多人會誤把這兩人放在相對立的位置，認為他們「像是由對立面組成的完美情侶」[1]，不僅在時間軸上彼此互補，在哲學上也是如此。人們一般認為《戰爭論》的主張是透過直接衝突這種最致命的方法來推動全面戰爭——尤其是最激烈的批評者，英國軍事歷史學家巴塞爾·亨利·李德哈特爵士（Basil Henry Liddell Hart）更是如此認為——而孫子則會盡可能避免破壞性的衝突，透過操控與欺騙等間接手段制服敵人。

在人類歷史上最偉大、最有效的戰略思想中，有一條共同的主線，儘管這條主線蜿蜒曲折，但它會引導我們理解，要如何把這種戰略應用在人類全力以赴、目標十分複雜的其他領域中——我認為其中最重要的領域正是資本投資（特別是奧地利學派投資法的方法論）。這條主線讓我們看見一個跨時間交易的元系統，雖然這個系統可能顯而易見，卻很難實行，它追求的是一種中間狀態，接著再藉由中間狀態帶來的成效，去實現渴望的最終狀態，而非從一開始就筆直地衝向最終狀態。

近期有關《戰爭論》和《孫子兵法》的研究指出，兩部著作的戰略有共同性，不過在研究《戰爭論》時，研究者必須謹慎地從複雜的文體中萃取出其意義，而《孫子兵法》則宛如密碼一般縝密複雜。兩本著作具有明顯的相關性：兩者講述的都是戰爭、人類對當下投注的致命關切，以及對文明進步的憎惡，此外，兩部作品都承載了作者堅定的現實主義態度，兩人都認為戰爭的本質是血腥且有害的。再者，這兩位傑出的軍事策略家都是他們所屬的時代製造出的產物。儘管他們身處戰爭文化中，不過他們既不是紙上談兵的理論家，也不是衝突的煽動者。他們的著作理所當然地成了美國西點軍校（U.S. Military Academy at West Point）等機構如今的必讀書目（若你問學習軍事戰略的學生，要懂得哪些語言才能閱讀軍事戰略經典的原文書，答案一定是中文和德文——而且我要在此補充，若想閱讀經濟學經典的原文書，只要會德文就好）。

除了這些相似之處之外，孫武和克勞塞維茲之間還有一個更深刻、更重要的連結。他們兩人都意識到，並非所有戰鬥都具有決定性；事實正好相反，最好採用迂迴策略——也就是我們先前一直在討論的策略——耐心地獲得中間的優勢地位，也就是先採用有效手段，再藉此實現最終目標的目的論。克勞塞維茲使用了**齊爾**（Ziel）、**米特**（Mittel）和**茲維克**（Zweck）的框架——這是一條迂迴的戰略路徑，從低階指揮官的中間目標（齊爾）出發，抵達戰略家的最終目的（茲維克），而對於戰略家來說，中間目標只是抵達最終目標的手段（米特）。孫子採用同樣的跨時間手段——現在採取間接方法是為了未來能執行直接方法——用一個字來概括就是「勢」，有智慧的將領能透過這種方法在戰略上勝過敵人，「在衝突展開之前先干預上游，如此一來，就無須參加隨之而來的激烈戰鬥」[2]，用這個手段來結束、甚至避免戰鬥。《孫子兵法》曰：「百戰百勝，非善之善也。不戰而屈人之兵，善之善者也[i]。」[3]

---

i 編按：「百戰百勝，算不上最高明；不交戰就使對方降伏，才是最高明的。」

「勢」這個字具有許多歧義，沒有公式化的英語翻譯，只能用一系列解釋來定義，這些解釋包括潛力、位置、部署、影響力，以及對軍事理論家來說最重要的**戰略優勢**[4]——這個定義可以擴展到**位置優勢**或**有利部署**。我們可以把勢理解為「培養現在對未來的影響」。這些多重定義並不是我們可以挑挑揀揀的多個選擇，而是一個更大、更複雜的整體中的一部分。依據語源學，勢這個漢語符號就被視為一對抓握著物體的手，代表「播種、種植、培育」，也包括了「培養藝術的天賦和技能」[5]，在某些解讀中，這雙手抓握的是土壤，意指把某個事物放置在適當的位置——而放置時會使用到的，就是「力」。勢的同音字「埶」在古中國的口述傳統中，從本質上跟勢是同一個詞，可以互換使用，這個字有「機會」的意思，這樣的變化帶來了時間上的聯繫[6]。

龍的形象體現了集中能量的潛力，龍是中國的象徵主義中常用的另一個勢的主題。龍成為了具像化的勢，用隨性的動作策略性地從水中生物轉變為天空居民，有能力可以變成實體再四散成濃霧[7]。

雖然勢在中國文化中是一個相當常見的詞，也不具有任何特定哲學意義，但勢也是《孫子兵法》的基礎概念（更不用說本書中擁有類似意義的齊爾、米特和茲維克）。對於軍國主義者來說，勢傳達了「不干預」和「不部署」[8]的重要性，他們可以運用勢獲得影響力，最終確保能獲得戰鬥優勢。因此，《孫子兵法》中的迂迴之勢，也就是《老子》中的迂迴無為。事實上，勢成為了無為的策略，正如《老子》所描述的：「是謂行無行」[9]。

勢是位置優勢，行是策略定位，兩者的概念是重疊的；或者我們也可以說，勢可以透過行獲得更大的優勢。道家經典的著名翻譯家劉殿爵觀察到，在《孫子兵法》的部分段落中，這兩個字幾乎是同義詞[10]。《孫子兵法》中最突出的部分在於，孫子把軍隊的戰略位置（行）比喻為堆積在山澗的水。水的潛力在於勢：這些水終究會向下湧出，輕而易舉地強力流動，連巨石一起沖走，戰勝路徑上一切事物。哲人的行事方式是「將自己置於完整部署的上游」[11]（矛盾的是，水是自然界中最柔軟的事物，同時又是最強大的力量之一）。

我們也可以把勢當作工具，就像手柄能使斧頭更好使用一樣[12]。工具及其組合方式中也存在著中間優勢——也就是工具的「固定位置」（勢的另一個含意）——換句話說，我們可以把資產配置視為實現最終目標的一種手段（資產不必是有形的物質，也可以是一種狀態，例如處於占據優勢的準備狀態）。戰略位置的優勢從來都不是固定的，我們得在各種不斷流動與變化的因素中，透過跨時間的迂迴手段，這些因素包括敵方戰略位置、地形起伏、光影、冷熱、陽光和霧氣等。指揮官必須一邊關注這些因素，一邊找到位置組合最佳的時機行動——他得積極尋找適合地點，使位置達到最佳組合[13]。孫子的勢是「若與戰，必因勢」和「非利不動」[14]。這可能代表我們要「依險設伏」，如果適合的地形，就必須「隱於天陰暗昏霧」，「出其不意」，讓敵人措手不及[15]。就像推手比賽一樣，此處的目標是等待一個適當的位置，利用對手的內部不平衡，加速最終潰敗的到來。

我們也可以在《戰爭論》找到勢的中心概念：軍隊在部署時會朝著齊爾（目標）前進，這種部署本身就是迂迴的米特（手段），為的是在最後到達茲維克（結果）。舉例來說，克勞塞維茲主張，我們應該先針對特定「焦點」削弱敵人，而不是在全面進攻（die Schlacht，也就是「屠殺」）的過程中攻擊牢固的防禦，這麼做會消耗資源（尤其是士兵數量）。這條共同的主線有效地結束了已持續幾個世紀的爭

戰略方法如出一轍的孫子和克勞塞維茲。

論，也改變了人們認為《孫子兵法》和《戰爭論》徹底對立的看法。這兩部著作的作者一位是中國將軍，一位是普魯士將軍，他們的哲思並非互相對立，而且他們的戰略方法簡直如出一轍。

克勞塞維茲無疑是所有軍事戰略家中最偉大的一位，他為我們提供了能更深入研究戰爭策略的線索和觀點，而這場戰爭的目的是更加理解人類的其他複雜渴求。正如他在《戰爭論》中所寫：「我們因此得出了結論，戰爭不屬於藝術和科學的領域，而是人類的社會存在的一部分。戰爭是主要利益之間的衝突，解決這場衝突的方式是流血——這就是戰爭與其他衝突之間的唯一區別。與其把戰爭拿來和藝術比較，更準確的做法應該是把戰爭拿來和商業比較，商業也同樣是人類的利益和活動之間的衝突。不過，戰爭還是更像政治，從某方面來說，政治是範圍更大的商業活動。」[16]

在勢的方法中，確實隱含了目的論「手段—結果」的框架（有些人的觀點過於簡化，會對此提出異議），勢的方法也就是累積上游的戰略和有利手段，無論有形或無形皆含括在內，為的是替最終結果取得最佳優勢。因此，最重要的概念和關鍵字是勢，也就是道的具體表現，以及道在德語中相對應的詞：齊爾、米特和茲維克，它們是資本之道的核心。

為了加深對此一概念的理解，我們必須再次回到過去，首先，我們要回到中國哲學思想十分多元的時代，當時出現了一位道家的將軍，他無疑是未來最著名的軍事思想家之一。

孫武的料敵制勝之法

在西元前四〇三年至西元前二二一年間的古中國，從黃海沿岸的齊國到西部平原的秦國，共有七個封建國家為了爭奪統治地位而開戰，這段時期被稱作戰國時代。當時所有男人都必須服兵役，到了西元前三〇〇年，各地軍閥動員了數十萬名入伍的步兵。隨著這些半自治國家之間的戰爭越演越烈，四處遊歷的軍事戰略家開始向封建統治者提供他們的專業知識。據說在這些周遊各國的專家中，有一位來自吳國的將軍叫孫武，後來人們稱他為孫子。孫武是一位典型的戰爭哲學家，象徵了這個時代的特色：政治生存至關重要，戰爭必然會成為「應用哲學」[17]。

《孫子兵法》就像《老子》一樣，從口述傳統衍生而來，使得作者的人數隨著時間推移而逐漸增加，進而使人們開始質疑《孫子兵法》是不是此文本唯一的歷史出處，並催生了這樣的理論：孫子可能不只一個人。一七七二年，一位耶穌會的傳教士首次將《孫子兵法》從中文翻譯成法文，此後，《孫子兵法》陸陸續續被翻譯成各種語言並出版，包括全世界大多的主要語言。此書的影響範圍廣泛（包含《戰爭論》在內），推及毛澤東（儘管許多人把他的游擊戰略連結到《孫子兵法》上，但他的做法其實比較接近歐洲戰略家）、亨利・季辛吉（Henry Kissinger）、蘇聯和越共（想當然耳，如今《孫子兵法》已經被膚淺地應用於企業管理上了，很快就成了陳腔濫調）。

孫子深諳高效能軍事行動相關知識，懂得如何把一名名士兵整合成紀律嚴明的軍隊，將軍隊轉變成有效率的戰鬥機器。以下是孫子前往吳國後發生的故事，雖然人們多認為這可能是傳說，而非史實：吳國要求孫子展示他身為軍事領袖的技能，於是孫子同意他將把吳王的宮女訓練成士兵，他將這一百八十名宮女分成兩隊，吳王任命他兩個最喜歡的兩名寵妃為隊長。在孫子下了命令後，女兵沒有確實執行命令，反而咯咯笑，於是孫子下令處決了兩位隊長。雖然吳王提出抗議，也馬上對這場戰爭遊戲失去了興趣，不過，孫子仍成功讓一百八十位宮女全都聽命於他[18]（並非所有道家學者都崇尚和平）。

孫子是間接方法的始祖，他精湛地展現在間接方法中運用直接方法的技巧，在確實需要採取行動的時機點抓住機會。他的戰略思想是進行有效的配置，藉此確保能夠達成一開始設立（但不那麼外顯[19]）的手段和最終成果。偶然對於勝敗的影響也會因此下降。如《孫子》曰：「料敵制勝，計險阨遠近，上將之道也。知此而用戰者，必勝。」[20]

不過在孫子看來，更高明的上將應該清楚理解戰爭會帶來多嚴重的破壞，建立位置上的優勢，藉此使用威脅、操縱與嚇阻來鎮壓敵人，以非強制力說服敵人撤退或投降。上將可以「拔人之城而非攻也，毀人之國而非久也」[21]——不戰而勝。這句話呼應了無為和《老子》（《老子》本身就是軍事政治著作）：「吾不敢為主，而為客；不敢進寸，而退尺。」[22]此外，我們並不認為《孫子兵法》較偏向戰爭思想，或《老子》較偏向哲學，更應該說，戰爭就是此思想的源頭，是對於戰國時代做出的回應，在那個可怕的時代，戰略思想紛紛從令人不齒的戰場中萌芽。

孫子是道家學者（因此也是自然主義者），他的部分戰略受到松柏啟發：松柏會撤退到沒有人想生長的地域，將其當作前哨站（「行無人之地也」，「攻其所不守也」，並「守其所不攻也」[23]）。這或許也呼應了孫子說的，要「在種子成長之前先看見它的存在」[24]。

然而，在攻擊時機出現的同時，另一種武器也出現了，這種武器是當時最重要的技術創新之一，改變了戰爭方式，這個武器就是弩，弩的間歇式潛在力量，體現了勢。

勢與弩

很可能早在西元前五百年，弩就已藉由漢人之外的民族傳入中國，不過一直到了西元前兩百年才普

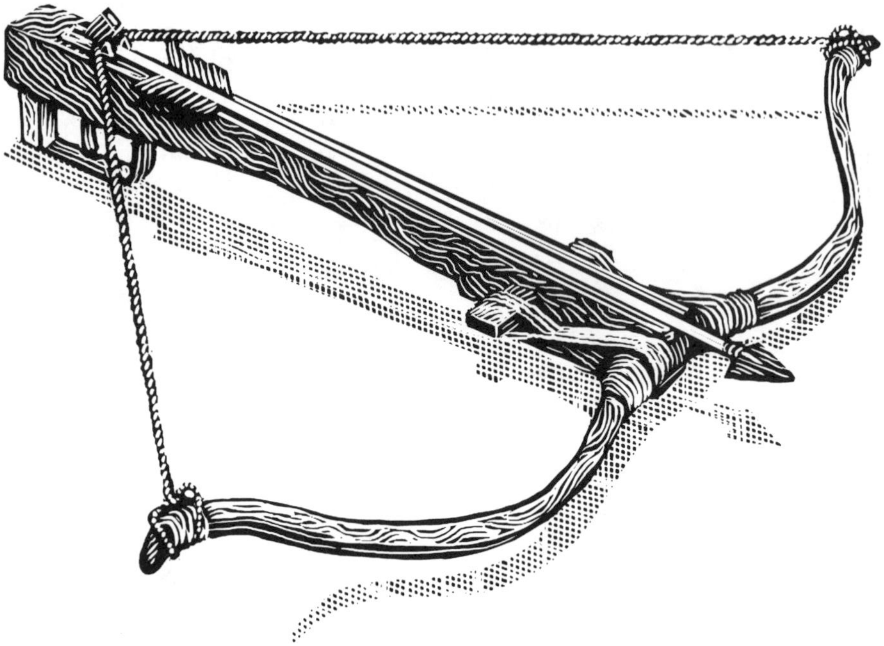

弓弩手善用時間和位置，等待放箭時刻，是勢的化身。

及。在孫子的故鄉吳國，精銳部隊都是身披重甲、頭戴頭盔、背掛長矛、腰配刀劍、肩負弓弩與五十支箭，一天行軍距離可長達五十公里[25]。弓弩手會將箭放在弩的水平握把上，拉緊弓弦（一般認為他們是用腿和腳鐙把弓撐開）。做好準備後，他們將手指放在觸發器上，釋放出緊繃的弦蘊含的能量，產生足夠的力道和速度，刺穿百步之外的敵人盔甲和盾牌，此時弓弩手仍遠在敵人的攻擊範圍之外。

有了弩之後，時間距離和空間距離都成了戰鬥的重要因素，士兵可以在敵人看不見的遠處執行突如其來的高效率殺戮，因此，弓弩手的配置與弩的功效也就變成了軍隊的目標。正如孫子所言：「鷙鳥之疾，至於毀折者，節也。故善戰者，其勢險，其節短[i]。」[26]正面交鋒與激烈的面對面攻擊不會為弩帶來優勢。不過，我們依舊能在架上箭、拉滿弦的弩中找到勢，勢就是弓弩手的化身，他們不會立刻採取行動，而會善用時間和位置，等待最佳的放箭時刻（如同我們在張三手和太極拳中所看到，此處明確指涉掠食者與其預定目標的控制和協調，一如蛇的佯攻戰術和突然襲擊）。

理解勢非常重要，在五角大廈（The Pentagon）於數年前交給國會的幾份有關中華人民共和國的報告中，就用勢來解釋中國的「大戰略」，大戰略指的是為了維持經濟發展中的動能，而保持競爭優先權的平衡，同時還要保持安全環境中的有利趨勢，在這樣的環境中，才能實現經濟發展（許多證據表明，勢的概念有時非常令人困惑）。美國國防部長（U.S. Secretary of Defense）辦公室的一份報告指，雖然勢這個字沒有直接的西方翻譯，但可以將勢定義為「權力的戰略配置」，大致上也相當於「力量的結盟」以及潛力和傾向的結盟，「只有熟練的戰略家才能運用勢」[27]。

總而言之，我們可以把勢的策略歸結為獲取有利位置和優勢，以便更容易取得勝利，甚或確保取得勝利。勢的焦點永遠都是未來，而非當下，勢強調「上游」、中間目標或近期的中間焦點，這些手段使其更容易達到最終成果。因此，**我們可以把通往勝利的道路簡化為一個基本要素，那就是奉行具有跨時**

i 編按：「猛禽搏擊雀鳥，一舉可致對手於死地，因其進攻節奏迅猛。所以善於作戰的指揮者，他所造成的態勢險峻，進攻節奏短促有力。」

間優勢的「勢」，拒絕使我們輕易陷入衝突的「力」。

力——追求立即成效的直接路徑

凡事都有正反兩面，這兩個面向截然不同卻互補，彼此不斷交替。在道家理論中，陰是看不見、隱藏、被動的，陽是看得見、光亮、主動的，陰會平衡陽，陽也會平衡陰。與勢（中間、迂迴的）相對的是力（立刻、直接的）。力是一場立刻決定輸贏的會戰，在每一次交鋒中尋求決定性的勝利（《老子》譴責這是一種「錯誤的捷徑」[28]）——這是「希臘人遺贈給我們」[29]的作戰模式，也是著名的迦太基統帥漢尼拔（Hannibal）的作戰模式，這種決定性觀點近似力，都有想要立刻獲勝的意圖（有些人認為這是非常西方世界的觀點）。

相較之下，我們可以把勢比喻成由許多步驟組成的一段旅程，跨越了景深，從這一步到下一步逐漸前進。勢會逐漸推進展開，就像道教的「捲軸一樣，捲軸上有一條路徑，沿著一座山向上延伸（因而具有一致性），接著消失在山的邊緣，為的是在更高的地方重新出現」[30]。

勢的戰略家看的是前方，他們會選擇迂迴的道路，通往極不明顯、甚至看不見的中間步驟，而力的戰略家則專注於當下的步驟、可見的力量、直接且明顯的路線，依靠力量來決定每場戰鬥的輸贏，藉此實現有形的預期成果。簡而言之，**力追求的是立即的成效，勢則會先尋求布局的位置優勢**。前者是與時間賽跑的侵略者，他的直接策略可能會帶來風險，使局勢過度擴張、緊繃到過度薄弱，因而容易遭到反擊。後者則是非侵略者，他不急不躁，不那麼重視時間，甚至會放棄當下不重要的衝突，以便未來變得更強大。

棋盤上的「勢」與「力」

在勢與力的策略差異中，最清楚易懂、也最具教學意義的例子或許是圍棋，英文通常稱之為「igo」或「go」（源自圍棋的日文名稱）。圍棋起源於四千年前的中國，是世上所有現存棋盤遊戲中最古老的一個，我們可以透過圍棋學習戰略和地緣政治外交（據傳，圍棋是一位皇帝為了啟發兒子而發明的）。《孫子兵法》主張以勢的策略克敵，不以一戰而勝，而是以柔克剛，圍棋也有效運用了同樣的方法。我們可以藉由圍棋來講授和實踐《孫子兵法》的特定戰略和運作理念，並深入了解其哲學、謀略和戰術。

圍棋的開局方式具體展現了勢與力的不同思維，圍棋甚至能在無意間於哲學、戰爭和外交等方面建立「東、西方」的對比。作家暨圍棋專家彼得・夏特威爾（Peter Shotwell）認為，在一般用語中，力「可以代表一種直接、利益導向的陽策略」，這種策略能「完成任務」，而勢則是一種陰策略，這種策略傾向於為了獲得勢力而犧牲立即的利益或優勢[31]。勢是跨時間的，力則是短視的。

棋盤上繪製了十九乘十九的網格（稱為十九路，初學者使用的棋盤較小，可能是九路或十三路）。

表 2.1　勢 VS. 力

勢	力
迂迴、跨時間	直接、不受時間影響
強調手段	強調結果
有耐心、不具攻擊性	沒有耐心、具攻擊性
透過眼前目標，確保未來能占據優勢	聚焦於立即結果，而非可累積優勢的手段
反擊的力量（counterforce）	力量（force）
不明顯的、無形的	激烈的、有形的
多數戰鬥的結果不重要	勝負具決定性、每場戰鬥都具決定性
進展持續且不間斷	進展保持著相繼次序
聚焦於原因	聚焦於影響
齊爾（中間目標）、米特（手段）	茲維克（最終目的）
「無為」	「為」

在創造圍棋這個遊戲時，人們還認為地球是平的，因此棋盤的平整代表了大地，棋盤的方形意味著穩定，四個邊角則象徵四季。下圍棋時使用的是棋子，一組黑色，一組白色；棋子的圓形代表了流動性，而棋子的統一尺寸則表示每顆棋子都具有平等的力量，彼此沒有區別[32]（圍棋與西洋棋在各方面都大相徑庭，西洋棋具有複雜的階級結構，還有徹底殲滅所有敵方棋子、相對直接的目標）。

本質上來說，圍棋是一種非常單純的遊戲，但正是從這種單純之中，衍生出無比龐大的複雜縝密結構。事實上，圍棋可以說是所有競賽遊戲中最需要計算的一種。由於在圍棋的「預測樹狀結構」中，落子位置與棋局排列的可能組合會呈現指數型爆炸增長，組合數量多到連電腦也難以靠計算來戰勝最傑出的人類——圍棋在這方面與西洋棋截然不同。**在圍棋比賽中，最好的策略不**

是按照順序考慮未來的無數個落子位置，而是透過回溯，從終局的決定性優勢布局反推，找出從當下局勢抵達終局的中間手段。

圍棋比賽的目標是包圍棋盤上最大的面積。在一開始，棋盤是空的，由持有黑子的玩家先下，將棋子放在棋盤上任意兩條線的任意交叉點上。接著，兩名棋手輪流在空的交叉點上落子。如果棋手設法占據了對手棋子周圍所有的「氣」，也就是所有空著的交叉點，就可以吃掉被包圍的棋子。比賽結束時，棋手要把吃掉的棋子放回棋盤上被對手包圍的交叉點中，相抵計算後，由包圍的交叉點較多的那一方獲勝。

既然目標是占地，最顯而易見的開局策略就是深入棋盤的四角，這是棋手能以最快速度包圍的區域（因為角落的兩條側邊已經為棋手提供了一半的包圍之勢）。然而，在圍棋中，追求穩定且立即的效益往往只是次佳的做法。更好的做法是勢的策略，也就是耐心累積有影響力的落子位置，藉此創造未來的潛力和相對優勢[33]，雖然一開始優勢並不明顯，但隨著時間推移，優勢終將慢慢浮現。

圖3.1描繪了圍棋比賽中的頭十一步，圖片中的黑子（第一步與第三步）和白子（第二步）都採取了非常標準的「星位」開局。接著，白子（第四步）的落子位置沒有對應黑子，而是下在棋盤的空地，這時雙方的策略便出現了分歧；白子保持在單一角部，希望能立刻獲益。接下來（第六、八、十步），白子封鎖了該角，但這麼做卻放任黑子（第五、七、九、十一步）創造了巨大的潛力，最終包圍了棋盤中間大部分空地。黑子採取間接又迂迴的勢之策略，尋求機會主義的未來潛力。兩位棋手其實是在進行截然不同的兩種比賽，甚至根本沒有在互相對抗。黑子競爭的並不是白子當下的位置，而白子未來的位置。

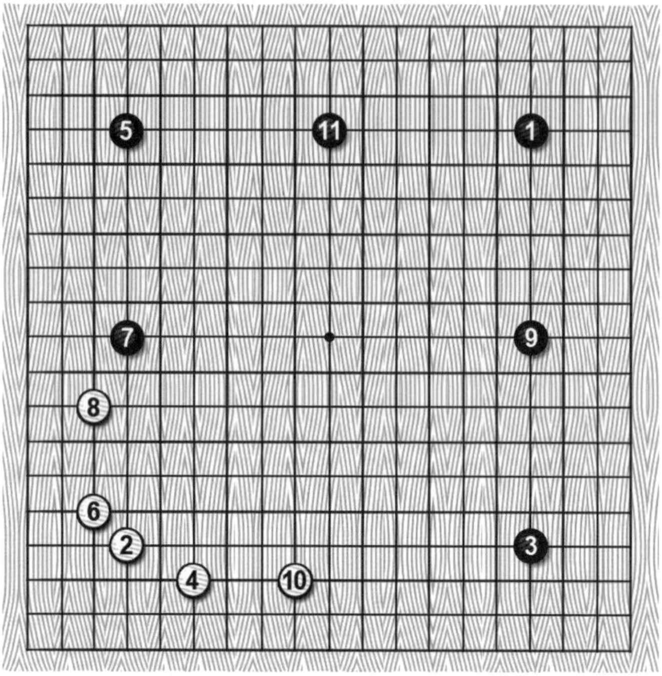

圖 3.1　棋盤上的勢（黑子）與力（白子）

然而，這種優勢一開始並不明顯。從更長遠的眼光來看，這其實是一個極其困難的跨時期取捨：一開始，黑子似乎根本沒有占領任何領土，事實上，在圖中這段對弈結束時，黑子沒有明確獲得任何分數，而白子卻有三十個無懈可擊的交叉點，這似乎證明了力的方法是有效的——但這種吸引力只限於直接、有形的益處。

依黑子目前的局面來看，最後可能會取得五十個交叉點，這是一個非常驚人的領先優勢（在競爭激烈的圍棋比賽中，雙方的差距通常會低至個位數）。雖然白子的領地較有保障，但黑子的領土比較大。這就是黑子為了領先而付出的成本：交出當下的益處，換取未來的優勢。本質上來說，黑子是在節省使用自己的資源，他撤回這些資源，是為了在往後更有把握地占據領地——屆時黑子在棋盤中央的落子將會得到有力支持。這是一種跨時間的取捨手段，此手段旨在實現更大的目標，而不是直接達到最終成果——這是一種迂迴之道。

我們還可以看到，在這場圍棋比賽中，黑子為了獲得位置優勢而使用的手段，使其有機會施展決定性的最後一擊（對於只看記分板的人來說，這可能是非常令人驚訝的「尾部事件」——詳見本書第九章）。事實上，這就是使用勢的宗旨，也就是克服困難犧牲眼前利益的宗旨。在勢之中，也存在著力（勢這個中文字裡就包含了力）。在弩上裝好箭並拉緊弦之後，還必須發射才有意義（如果不發射，這就不是勢了）。

在圖3.1的開局中，我們在棋盤上看到的對弈，可能是我能想像的勢的範例中，最純粹的一個——這就是完美的勢。雖然在現實世界的例子無所不在，卻隱晦得多。我們可以在這個理想範例中清楚看到，勢其實需要與之相對的力才能發揮作用；後者的急迫性和立即性，為前者提供了優勢（就像第一章提到的投手盧．柏戴特）。若在圍棋比賽中，兩位棋手採用了相同策略，那就會變成一場截然不同的比賽了（這場比賽對黑子來說會更加困難）。

自東而西的共通主題

接下來，我們要將焦點從古中國文化和哲學，轉移到拿破崙時期的歐洲，當時的歐洲就像戰國時代一樣，經歷了爭奪統治地位的激烈戰鬥，並在軍事技藝和軍事科技有所進步。此外，歐洲的這個時代也和古代中國類似，在軍事方面出現了一位無與倫比的學者暨作家：卡爾・菲利浦・葛利布・馮・克勞塞維茲（Carl Philipp Gottlieb von Clausewitz，如今人們對於克勞塞維茲的拼法莫衷一是，我們在此遵循他墓碑上的拼法）。克勞塞維茲是戰爭時代的孩子，他出生於一七八〇年，當時的革命重塑了歐洲和北美的政治格局，催生了拿破崙・波拿巴（Napoléon Bonaparte）的專制權力。

十三歲時，克勞塞維茲以軍校學生（Fahnenjunker）的身分加入普魯士陸軍，在一七九三年至一七九四年，於普魯士軍隊中參與第一次反法同盟，對抗拿破崙統治的法國（普魯士的統治者腓特烈大帝〔Frederick the Great〕不允許平民加入軍官的隊伍，因此克勞塞維茲和他的兄弟一直到國王於一七八六年去世後，才成為軍官學員。雖然他們出生於中產階級家庭，而不是普魯士貴族〔Junker〕，但他們最後仍成為了將軍，並因此順理成章地獲得了他們的父親在姓氏中添加的貴族字首「馮」〔von〕，這麼做的目的可能是想冒充他們與古老的貴族世家有關連。一八二六年，克勞塞維茲家的貴族權力獲得了認可[34]）。一八〇一年，克勞塞維茲考進了柏林的一間戰爭學院，在一八〇四年以全班第一的成績畢業，並被任命為普魯士奧古斯都親王（Prince Augustus of Prussia）的副官。他也正是在這段期間遇到了未來的妻子，瑪莉・馮・布魯爾女伯爵（Marie von Brühl），在他人眼中，這名貴族女性的地位遠高於克勞塞維茲。

克勞塞維茲一生擔任軍官，他追隨父親佛瑞德里克・蓋布瑞爾・克勞塞維茲（Friedrich Gabriel Clausewitz）的腳步，後者於一七五九年以軍校學生的身分進入普魯士軍隊，並參加了七年戰爭（一七五六年至一七六三年），這場戰爭的其中一方是普魯士、大不列顛與其盟友，另一邊則是法國、西班牙及其盟友。戰爭蔓延到歐洲、非洲、印度、北美（也就是英法北美戰爭〔French and Indian War〕）、南美和菲律賓的部分地區。

七年戰爭後的動亂和革命，使歐洲原本的穩固強國突然變得容易受攻擊影響。美洲殖民地脫離了大不列顛，因而推動了法國大革命；法國君主制的瓦解是個重要的轉捩點，歐洲就此改變。法國的街頭血流成河，君主及其支持者在群眾的圍觀下被送上斷頭臺（La Guillotine）處死。混亂又嗜血的群眾創造出了真空的狀態，這時一名法國軍官大步走來，他是科西嘉人，父母具有義大利貴族的血統，曾帶領軍隊為法國打過勝仗——他就是拿破崙．波拿巴。一七九九年，拿破崙在政變（coup d'état）後自封為第一執政，而後在一八〇四年稱帝。

儘管克勞塞維茲憎恨拿破崙，但他還是對拿破崙加以研究，且十分欽佩他的軍事戰術。而後，拿破崙戰役甚至成了克勞塞維茲的著作《戰爭論》的核心，而拿破崙的失敗無疑是克勞塞維茲的畢生心血之作（諷刺的是，我們可以假設他從沒有讀過《孫子兵法》——要是他有，肯定能為他省去許多麻煩——因為克勞塞維茲鄙視法國的一切事物，也拒絕說法語，而當時《孫子兵法》在歐洲只有法語譯本）。

在政治方面，由於拿破崙意圖在歐洲多數領土插上法國旗幟，於是各個聯盟和帝國應運而起。在一八〇四年，人們為了對抗拿破崙而成立奧地利帝國（Austrian Empire，前身是哈布斯堡王朝〔Habsburg〕的神聖羅馬帝國〔Holy Roman Empire〕），奧地利帝國包括了如今的奧地利、克羅埃西亞、捷克共和國、匈牙利、義大利、波蘭、羅馬尼亞、塞爾維亞、斯洛伐克、斯洛維尼亞和烏克蘭的全部或部分地區。

針對哪一方的德語使用者能被視為主力，奧地利和普魯士長期的衝突總算緩解。儘管奧地利和普魯士在七年戰爭期間相互對立，但兩國改善了彼此的關係，足以在拿破崙戰爭期間合作（兩國都對拿破崙侵略歐洲的十分反感，這種反感體現在一位曾經無比崇拜拿破崙者的人身上：獨一無二的路德維希·范·貝多芬〔Ludwig van Beethoven〕，他來自普魯士，但住在奧地利，一開始，他將第三號交響曲取名為《波拿巴》〔*Bonaparte*〕，但拿破崙自封為王的舉動激怒了貝多芬，他憤然劃掉樂譜首頁的取名，將之重新命名為《英雄》〔*Eroica*〕）。

對作風果斷的拿破崙來說，在每一次的征服中，最重要的就是時機，正如他曾指出：「我有可能會在戰役中失利敗北，但我永遠不會錯失任何一分鐘。」[35]拿破崙的基本策略之一就是破壞敵人的平衡，一旦打破了平衡，對手就變得容易戰勝。他把這個策略使用在堅決反對法國的對手奧地利身上，把義大利（所謂的「次要合夥人」）北部視為通往奧地利（「重要合夥人」）的通道，隨後他又對西班牙和義大利施展了同樣的策略。他的計畫奏效了：「他吸引奧地利軍隊進入義大利對他進行連續攻擊，並在那裡擊敗了奧地利，十二個月後，他開創了能夠暢通無阻地進入奧地利的路線。」[36]

克勞塞維茲在一八〇六年與法國軍隊的戰鬥中，親眼目睹了拿破崙的戰略。普魯士軍隊被徹底擊潰，克勞塞維茲和奧古斯都親王遭俘虜。克勞塞維茲被囚禁在法國和瑞士，他趁著這段時間寫作，對法國和普魯士軍隊在作戰過程中的本質差異有了更深的理解。他甚至也對自己的國家及軍事領導階層提出尖銳批評，同時承認普魯士面對的拿破崙軍隊非常強大，是難以應付的對手。不過，克勞塞維茲也不得不做出此一結論：法國的勝利「與其說是現代化或兵力的影響所導致，不如說是拿破崙的才能促成的，而他的反對者則因為『智識不足』與道德怯懦，更加助長了拿破崙的才能」[37]。（當時人們認為克勞塞維茲對普魯士軍隊的批評極具煽動性，以致此言論在往後近七十年都無法在德國出版。）

克勞塞維茲一直被囚禁到一八〇八年，出獄後他回到普魯士軍隊中，擔任葛哈德・馮・沙恩霍斯特將軍（Gerhard von Scharnhorst）的助手，沙恩霍斯特被譽為現代參謀制度的創始者，他曾稱讚過克勞塞維茲，認為其對軍隊的結構和領導的尖銳批評，有助於重新整編軍隊。一八一〇年，克勞塞維茲被任命為柏林一間戰爭學院的教授，此外，他也在這一年和瑪麗結婚，顯然已克服了瑪麗的母親對這門親事的異議。我們可以從克勞塞維茲與瑪麗在戀愛時的魚雁往返，看見他的另一面，這一面與人們時常見到的冷酷軍事戰略家截然不同。克勞塞維茲在愛情中化身為詩人，顯然受到浪漫主義時代的影響，浪漫主義重視的是美感經驗、直覺和情感，而不是理性——理性是與法國大革命相關的啟蒙時代重視的特質。

不過，克勞塞維茲在戰爭中變得沉迷於軍事行動（他稱之為Feldzug）的技藝和科學，他不僅在研究過程中應用自身的才智，也應用了他的哲學思想。他顯然受到當時的德國哲學家影響，尤其是著名的康德，他從康德那裡學到了兩種真理：形式真理和實質真理。在《戰爭論》中，他將兩者結合在一起，用邏輯製造抽象概念，同時仍然非常反對從歷史中學習——他很清楚沒有任何環境或事件發展，會完全符合過往經歷，尤其是在戰場上。因此，我們可以認為克勞塞維茲提出的是康德式哲學思想（雖然本質上來說，或許我們該說他更像威廉・弗里德里希・黑格爾〔Wilhelm Friedrich Hegel〕，黑格爾在德國唯心主義〔German Idealism〕的建立過程中扮演關鍵角色）[38]。傳記作家彼得・帕雷特（Peter Paret）在論及克勞塞維茲時表示：「德國哲學為他提供了方法，使他得以對戰爭進行邏輯探究。」[39]

克勞塞維茲是個行動派，他堅信人們必須阻止拿破崙征服歐洲。普魯士因曾和法國有過短期聯盟，拒絕與法國作戰，克勞塞維茲對此感到不滿，於是在一八一二年加入俄羅斯軍隊（列夫．托爾斯泰〔Leo Tolstoy〕因此在《戰爭與和平》〔*War and Peace*〕中簡短提及了克勞塞維茲，該書講述的是法國入侵俄國的故事）。然而，他的行為也使他永遠失去普魯士國王腓特烈．威廉三世（Friedrich Wilhelm III）的青睞，在這之後，普魯士國王便視他為叛亂者和革命分子，即使在普魯士結束了與法國的聯盟、克勞塞維茲於一八一四年回到普魯士軍隊之後亦然。

普魯士對拿破崙發動戰爭時，克勞塞維茲在約翰．馮．提勒曼將軍（Johann von Thielmann）的指揮下，參與了一八一五年的瓦夫爾之戰（Battle of Wavre），這是百日戰役（Hundred Days' Campaign）和拿破崙戰爭中的最後一次重大軍事行動，普魯士軍隊在這場戰役中重擊了拿破崙的軍隊，因而阻止了更多法國士兵加入滑鐵盧之戰。

拿破崙在滑鐵盧戰敗，最終被流放到南大西洋的聖赫勒拿島（St. Helena），於一八二一年去世。至於克勞塞維茲，儘管他在一八一八年晉升為少將，但由於他沒有奉承國王，所以也面臨了某種程度上的流放：他被分配到戰爭學院做文書工作，在接下來的十二年都擔任行政職務，國王明確禁止他對學院課程做任何更動。因此，正如一位歷史學家所描述的：「克勞塞維茲是屬於火的人，而後卻淪落至照看餘燼。」[40]（若有足夠的財產，他最樂意做的事是立刻退休，在鄉村農場平靜地寫作。）不過，在戰爭學院度過的漫長歲月使克勞塞維茲得以每天花上幾數小時的時間，思考他在前線寫下的無數筆記，並將它們整理成詳盡、有時可能不一致的彙編（許多筆記經過不只一次整理）。

一八三〇年，克勞塞維茲終於再次親眼見證軍事行動，當時普魯士軍隊動員至波蘭邊境，目的是應對波蘭的危機和歐洲其他地方的動亂，這些狀況使人們開始擔心歐洲將會陷入另一場重大衝突，而克勞塞維茲被指派為軍隊幕僚長。一八三一年，克勞塞維茲所在地區爆發霍亂，他指揮軍隊建造防疫帶，希望能控制這種致命疾病的擴散，但他很快就淪為霍亂的受害者。克勞塞維茲回到家後，身心狀況在短時間內出現好轉，他和妻子一起度過了八天，但到了第九日，疾病再次發作，他出現霍亂症狀，於五十一歲時因心臟病發作去世。克勞塞維茲去世後，瑪麗在她弟弟和克勞塞維茲兩位朋友的協助下，安排了克勞塞維茲著作的出版時程，第一批手稿於一八三二年出版，直到瑪麗於一八三六年去世的這段期間，又出版了更多手稿（不幸的是，儘管瑪麗為了丈夫及其工作全心付出，她並不是專業編輯，我們可以從參差不齊、前後不連貫且不完整的手稿中得知這一點）。瑪麗過世後，克勞塞維茲的最後一部分著作也分成兩次順利出版。

遭誤解的《戰爭論》

儘管克勞塞維茲的觀點十分傑出（軍事歷史學家拉爾夫．彼得斯（Ralph Peters）稱《戰爭論》為「該時代的不朽之作，僅次於歌德的《浮士德》」[41]），但由於這些文本都處於未完成的狀態，使他的著作成了過去兩世紀以來最容易被誤解的書籍之一。許多人引用過《戰爭論》，但鮮少有人讀完全文，這本書一直都是誤解和攻擊的目標。在批判克勞塞維茲的評論者中，最著名也最直言不諱的便是李德哈特；他在自己的著作《戰略論：間接路線》（*Strategy: The Indirect Approach*，首次出版於一九五四年，也就是克勞塞維茲去世的一百零一年後）中對《戰爭論》展開了口水戰。李德哈特是一名英國步兵軍官，在第一次世界大戰期間吸入毒氣，於一九二七年以上尉的身份退役，以軍事作家的職業身份度過餘生（他一度為了成功而針對諾曼第登陸計畫撰寫了一篇評論，拿去分發給軍官和政界人士，溫斯頓．邱吉爾〔Winston Churchill〕因此呼籲國家以叛國罪和涉嫌同情納粹的罪名逮捕他。李德哈特並沒有因此被逮捕，只是受到監視，而後被證明無罪，並於一九六六年被封為爵士）。

李德哈特在《戰略論》一書中，將克勞塞維茲塑造成「全面開戰的傳教士」[42]，將西方戰線的屠殺歸咎於克勞塞維茲與其理想，並聲稱有多位歐洲指揮官在第一次世界大戰期間遵循克勞塞維茲的主張，造成超過一千六百萬名軍人和平民喪生，成為人類史上死亡人數最多的事件之一。之所以會出現這種批判，是因為克勞塞維茲使用了「Gewalt」一詞，也就是德語中的「力」，看起來像是他認為軍隊應該在激烈的戰鬥中使用直接攻擊。李德哈特指出：「他們把普魯士的戰爭哲學家克勞塞維茲視為導師，囫圇吞棗地盲目接受他的格言，例如——『戰爭的第一個孩子是解決危機的血腥策略、是為了消滅敵軍而付出的努力。』、『只有偉大的整體戰鬥才能產生偉大的成果。』、『鮮血是勝利的代價。』」[43]

李德哈特為了反駁克勞塞維茲，提出了「間接路線」軍事戰略，他認為這種戰略遠勝過直接攻擊，因為直接攻擊會耗盡攻擊者的力量，增強被攻擊者的抵抗力。他說，對戰略關鍵據點進行間接攻擊可以削弱對手，同時減少全面進攻那些難以攻占的敵人據點所帶來的高傷亡率。他提出間接路線的目的是誆毀克勞塞維茲，他指出克勞塞維茲提倡的是「在戰爭中對軍隊展開直接猛烈的致死攻擊」[44]。然而，李德哈特的觀點已經偏頗到不準確的地步了——恕我直說，他根本徹底誤解了克勞塞維茲的看法。克勞塞維茲在《戰爭論》的〈一八二七年七月十九日通知〉（Notice of 19 July 1827）中描述了兩種戰爭：一種戰爭的目標是推翻敵人，另一種是占領部分邊境地區進行併吞，或利用這些地區在和平談判時討價還價。李德哈特也沒有理解到《戰爭論》中提到的「戰爭雙重性質」，其中一個性質是暴力傾向中的「絕對性」，另一個性質是把戰爭當作政治工具的人，在政治目標方面的「限制性」。

這種相互連結卻又不同的二元概念——策略／戰術、絕對性／有限性、攻擊／防禦等——是克勞塞維茲那個時代的哲學論證之一[45]。

由此可知，我們可以支持克勞塞維茲的捍衛者和他們最近做出的分析：我們不該把一次世界大戰的大規模武裝衝突和屠殺（甚至那些同樣尊敬克勞塞維茲的卑鄙納粹分子）歸咎於克勞塞維茲，反而更應該把這些事件的責任歸咎在那些擅自解釋、並為了自身目標而使用這些理論的將軍和指揮官（若說克勞塞維茲有犯下任何錯誤，大概就是他的文本讓人難以理解）。

作戰，似松柏撤退之勢

克勞塞維茲的《戰爭論》是一種針對戰爭的辯證思考，該書從最基本的前提開始，第一章的標題是

〈什麼是戰爭？〉。他在書中拒絕使用「政論家對戰爭的深奧定義」，與之相對的，他要讀者想像兩名摔角手：「雙方都想用體力迫使對方屈服於自己的意志：他們的首要目標是使對手因摔倒而無法進一步反抗。」[46]（克勞塞維茲是否也使用推手作為核心隱喻呢？）而後，他在書中透過「handeln」（德文，如今指的是交換或貿易）把軍事交戰描述為初期程序，目的是獲得有利位置：

> 這些舉動不會徹底消滅敵方軍力，而是一種迂迴戰術，目的是為了達到消滅敵方的最終目標，且這種迂迴戰術的效果更好。舉例來說，占據省分、城鎮、要塞、道路、橋梁、彈藥庫等行為，或許會是單一戰役的直接目的，但不會是整場戰爭的最終目標。我們只能把上述事物視為一種獲取更大優勢的手段，並在最後藉此以一種敵人絕對無法接受的方式，對敵人發動攻擊。因此，我們必須把這些事物當作通往卓有成效之準則的中間環節、中間步驟，但絕不能把它們當作準則本身。[47]

Handeln是戰爭的「基石」，既是立即目的，也是通往最終目標的「跳板」。[48]因此，要進行戰爭，就必須透過戰術和策略的互相作用（在閱讀克勞塞維茲時，我們往往很難分辨他的戰術在何處停止，策略於何處開始。有鑑於這本書時常出現嚴重的不連貫性——克勞塞維茲使用一種偏好過去時態的德語，他寫的句子冗長又令人困惑——所以對我們來說，分辨戰術與策略是不可能的事，甚至可能無關緊要）。在克勞塞維茲對戰略軍事史的研究中，他得出此一結論：在一六一八年至一六四八年參與三十年戰爭（Thirty Years' War）的瑞典國王古斯塔夫·阿道夫（Gustavus Adolphus），是第一個在作戰時區分策略和戰術的人，因此他可說是軍事戰略之父（這個論點當然錯誤，畢竟克勞塞維茲從未讀過《孫子兵法》）[49]。

對克勞塞維茲來說，戰爭方法指的是為了達成預定目標而採取可用手段[50]，他把齊爾（中間目標）放在亞里斯多德式目的論框架上，使之變成了克勞塞維茲式目的論框架。我們可以從克勞塞維茲的齊爾明確看出，戰役的真正宗旨不是達到最終勝利或取得成功的報償，它是一種用來實現最終目標的手段。因此，**發起戰爭的目的既不是絕對的勝利，也不是最終的和平結局，而是提供手段，使作戰者能夠達成最終目標**。由於這些手段在時間和空間上往往與最終目標相距甚遠，因此它們通常極為間接——也就是《孫子兵法》中非常矛盾的「間接成效」[51]——在克勞塞維茲的論述中，想要在戰爭中取得決定性勝利的道路，是漫長又迂迴的路徑。他明白什麼叫做「向右走，是為了更果斷地向左走」（此時我們當然會回想起，松柏之所以撤退到布滿岩石的偏僻地區，是為了在未來可以占領它們撤退時離開的沃土）。

即使是克勞塞維茲認定的最終目標，也具有互相套合的關係，「贏得戰爭」這個茲維克（目標或結果，也可稱之為「目的」）從屬於「維持和平」這個更高的茲維克（道家將這種更高階的結果稱為「大勢」）。克勞塞維茲在論及絕對戰爭時，並不是在鼓吹屠殺式的血腥征服。相反的，他提出警告，指出我們必須時時刻刻都把最終和平放在心中，從此一目標往回推演，把焦點放在能夠實現目標的中間步驟，也就是米特（「手段」，也可稱作「方法」）——正如《孫子兵法》中的指示，我們要「回到」更早之前的「隱晦」步驟，確保我們能「更容易贏得勝利」[52]（許多語言在翻譯齊爾和茲維克時，對兩者間的差異不夠嚴格，將這兩者稱為宗旨、標的、目的和目標。因此，譯者在翻譯這兩個詞語時呈現出來的模糊性，並非克勞塞維茲的本意）。

克勞塞維茲的迂迴法中，另一個同樣被嚴重誤解的概念是**重心**（Schwerpunkt）。理解重心的最好方式，是以機械術語的角度來理解，若使用物理學的比喻來說（克勞塞維茲本就如此打算），重心就是「焦點」（focal point）。這種關鍵焦點會變成平衡點，正如許多現代軍事戰略家所描述的：「提供一種向心或尋求中心的力量」，進而發揮「將權力系統聚集在一起的集權功能，並在某些情況下賦予它們目的與方向」[53]。重心策略需要我們把力量集中在時間和空間上，集中在「正確的地點和正確的時間」，集中在「關鍵點」[54]——這是克勞塞維茲提出的其中一個主要的跨時間主題（如同孫子提出的：「同時，他在遠處安排好成功的條件。」[55]）。這就是克勞塞維茲的最終戰略目標（通往和平），不斷累積與壓抑的軍事潛力，最終會以洪流的形式釋放出來（或者更好的狀況是，根本不釋放）。他非常反對將兵力分散在大面積的交戰區域，與之相對的，他認為應該要集中兵力，把目標放在分散敵方軍力，以此作為打擊敵方重心的關鍵優勢。這個方法的勢是顯而易見的。

人們之所以會對於克勞塞維茲的重心概念感到混淆，是因為他們將這些重心視為力量的來源。然而我們應該注意到，克勞塞維茲在德文原文中並沒有提到力量的來源（Quelle），相反的，他描寫了敵軍的「全部重量」（Gewicht），我軍應該盡可能地找出少量的敵軍重心，並在敵人的軍隊配置中，找到不同部分之間的相互依存之處（Zusammenhang）[56]。對重心進行決定性打擊，能在表面上導致敵人的整個結構崩潰，進而減少、甚或消除進一步攻擊的需要。因此，克勞塞維茲（像孫子一樣）傾向於在最佳化配置後攻擊，這些攻擊必須果斷（或具有足夠的威脅性）到能夠使暴力變得毫無必要。

另一個類似的概念，是克勞塞維茲的「權力平衡」（balance of power），這種平衡會自發地出現，像自然法則一樣運作。克勞塞維茲觀察到，在權力平衡中，戰爭與政治會產生相互作用：侵略國打破權力平衡，消耗各種資源，並在攻擊防禦嚴密的對手時使資源變得過度分散。因此，侵略實際上是一種劣勢，另一方面，非侵略方則會取得決定性優勢，正如克勞塞維茲所寫的，防禦方可以「無須播種就收穫」，暗指《聖經》馬太福音中的「才能寓言」（Parable of the Talents）。「只要侵略方暫停進攻行動，無論是因為觀點錯誤、恐懼還是懶惰，對防禦方來說都是有利的。」[57]

從侵略者到非侵略者，從進攻到防禦，戰爭不是一場持續不斷的圍攻，而是張力與「休止狀態」（克勞塞維茲使用的詞語，一字不差地預示了米塞斯的用語）之間的一系列交替行動。在充滿張力的期間，侵略者會試著立即採取行動，非侵略者則會透過等待而獲益，兩者的立即性截然不同。在侵略者用盡所有行動後，隨之而來的是休止狀態，也就是暫停或平衡，這將會導致新的張力——「在多數情況下，新張力的方向是相反的」[58]。

克勞塞維茲很強調跨時間戰略，尤其是軍隊部署更應該為了以時間和空間為焦點的最終「關鍵點」做好重要準備。他建議將軍在戰役開始時，應該先以造成傷亡為目標，進行「消耗性交火」，並設法盡量降低早期損傷，「保留實力」，等到平衡產生變化，再提高作戰強度[59]。克勞塞維茲舉例說明，假設現在有兩支軍隊，各有一千名士兵。一方先留下五百人，要等到戰役後期再派出這些人，同時派出剩下的五百人，立刻與一千人作戰。假設雙方的傷亡人數都是兩百人（一千人的軍隊是較大的目標，不過他們的開火次數也比較多）。但是，等到人數較少的一方「調配」五百名新兵進入戰線後，他們面對的是疲憊不堪、不堪重負的對手，於是原本人數較少的軍隊也就獲得了優勢。雖然現在雙方兵力相等（雙方各有八百人），但卻出現了強弱差距，先前人數較少、較有彈性的軍隊如今占了優勢。到了後期，非侵略方變成了侵略方，非侵略方勝過了侵略方：柔弱勝剛強。克勞塞維茲的策略其實是透過「延遲還擊」取得優勢，以便在後期更有效地作戰。重點在於以跨時間的觀點把戰役分為打擊和反擊兩個階段：「等待打擊，然後閃避（Abwehr）。」[60]他將之簡化為「擁有者有福了」（Beati sunt possidentes）[61]。

克勞塞維茲用一個非常實際的論點總結了跨時間取捨，也就是於現在（上游）培植資源——就算需要撤退也沒關係——藉此往後（下游）的戰略優勢：「如此一來，我們就能顯而易見地看出，在戰鬥中使用過多的兵力有可能是不利的；就算率先採取行動在一開始真的帶來好處，也可能在這之後付出高昂代價。」[62]

這正是拿破崙在一八一二年入侵俄國時犯下的嚴重錯誤：部署大量兵力，只有力，沒有勢。於是拿破崙的大軍團（Grande Armée）非但沒有取得勝利，反而慘遭擊敗。

走上名為迂迴的這條路

我們從戰場上的兩位大師，孫子和克勞塞維茲那裡學到了這件事：**勝利位於迂迴道路的盡頭**。他們兩人所說的中文與德文彼此交纏，首先把目標放在勢的優勢上，這是初期的齊爾，是為了達成最終茲維克的米特。

我們也同樣可以在這裡找到奧地利學派的思想，他們格外聚焦在為了實現遙遠目標而採用的迂迴手段（或稱「資本」）。正如米塞斯提出的發現：「行動所尋求的結果被稱為其成果、目標或目的。人們在日常對話中使用這些詞語表示中期的成果、目標或目的；行動者之所以想要達到這些中間點，是因為他相信自己可以通過它們達到最終成果、目標或目的。」[63]若不從手段和目標的角度看待事物，我們可能會遇到的風險是，會錯估連鎖事件的單一環節有多高的價值。如果我們把每件事物都視為獨立個體——本質上來說，就是將齊爾誤認為茲維克——那就會只專注在眼前可見的事物上，失去景深，因此無法評價那些目前還看不到的事物。

現在，我們對勢、齊爾、米特和茲維克已經有所理解，也準備好要離開這兩千年的跨時間連結，以及代表這兩個時代的兩位偉大戰略家了，我們要從普魯士轉移到正在興起的十九世紀末奧地利維也納（途中會繞道法國），跨越一箭之遙與短短數十年，我們會看見一個偉大的思想流派，奧地利學派投資法便是由此形成。

第四章

奧地利學派的根源

首先，有一些事物是可見的，這些是最容易掌握的事物。接著，還有一些事物是未看見的，也就是可見事物在之後帶來的後果、未來才會實現的事物——而這些，其實可以成為可預見的事物。

首先，有一些事物是可見的，也就是你現在就看得見的，這些是最容易掌握的事物。接著，還有一些事物是**未看見的**，也就是可見事物在之後帶來的後果、未來才會實現的事物——而這些，其實可以成為**可預見的**事物（foreseen，又稱「預見」）。我們會發現，這其實有某種時間順序，一種可見和未看見的順序——切莫混淆，它們有別於同時存在的可見和不可見，也就是顯露在外的事物與隱藏起來的事物。為了強調這一點，我們會把重點放在時間上，聚焦在延伸至未來的景深上，從當下延伸到跨時間，甚至延伸到更遠的未來。

預見是原型奧地利學派經濟學家巴斯夏提出的重要概念，他是本章的關鍵人物。若我們能夠預見，就能夠從近端走向遠端，未來會變得更加清楚，甚或顯而易見，但這並不是因為你能預測，預測只是數據分析和數學模型帶來的結果。人們無法從歷史中學習，歷史是從事實推斷原因的後驗式經歷，我們的感官會藏起真正的因果關係（這種錯誤被不當地取名為「目的論謬誤」〔teleological fallacy〕）。在許多狀況下，預見來自嚴格的邏輯推演，而推演的基礎是我們身為能夠感知的人類，所具有的知識（從某種程度上來說，這也包括了我們過往的觀察與經歷）。

若想要果決地跨越可見與預見之間的橋梁，我們必須踏上由手段與最終目標組成的目的論路徑——把齊爾視為米特，藉此達成茲維克，也就是克勞塞維茲戰略中的共同主題。手段的根據是目標；也就是說，手段是一種工具，使用這個工具是為了抵達終點（telos）、成果或目標。手段和最終目標之間的差異越大，你走的路徑就越是迂迴曲折，越是遠離直接路徑，往往也越有效——這就是本書的基本信念與投資主題。在這種可見與未見的思想典範中，在為了達成有意義之成果的手段方法論中，我們會看到奧地利經濟學派及其獨特的方法論，該方法論立基於推演、先驗論和人類偏好的主觀性。十九世紀晚期，門格爾建立的奧地利學派傳統，永遠改變了經濟思想的地圖，而此學派的智識震央位於維也納大學（University of Vienna，在奧地利經濟學家離開奧地利後，暫時接下這個位置的是紐約大學（New York University），我們將在第七章進一步討論）。

然而，早在門格爾出現之前，就已有先驅存在，他們是「前奧地利學派支持者」，他們雖然在思想上（與國籍上）都不完全符合「奧地利」這個標籤，但他們確實幫助奧地利學派奠定了基礎的目的論根源。這些先驅者和早期意見領袖包括A．R．J．杜爾哥（A. R. J. Turgot）和尚－巴普蒂斯特．薩伊（**Jean-Baptiste Say**），杜爾哥在亞當．斯密的《國富論》問世之前，就發表了對於自由市場的觀點，以清楚易懂的文筆詳細講解了斯密的概念，他的著作因此大受歡迎，湯瑪斯．傑佛遜（Thomas Jefferson）在一八二一年初次把他的書籍翻譯成英文。

然而，薩伊不僅是解釋了斯密的思想，他們的觀點之間其實存在顯著差異，薩伊批評斯密，並指出了他的思想前後不一致之處。舉例來說，賽伊將創業家帶到了經濟思想的聚光燈下（據說「entrepreneur」（創業家）這個詞就是他發明的，其字面意思是「undertaker」（承擔者）——奧地利人稱之為**烏特內默**（Unternehmer）——含義是承擔冒險的人[1]），但在斯密的論述中則沒有創業家（儘管奧地利學派普遍承認斯密在自由市場論述中的立場，但也有些人拒絕接受他，尤其是莫瑞．羅斯巴德，他認為斯密在無意中為馬克思主義者提供了戰鬥手段，此外，馬克思主義者也把斯密譽為馬克斯主義的創立者。對許多奧地利學派研究者來說，自由市場的譜系始於杜爾哥和薩伊）。

薩伊也與我們先前提到的歷史時間線相交，讓我們回到了第三章提過的拿破崙時代歐洲。薩伊曾是拿破崙的百人議會中的成員，而後他因為批判政府政策而被革職，所有著作都被查禁，這是拿破崙鎮壓意識形態擁護者的因應措施之一，而拿破崙過去曾全心歡迎這些意識形態擁護者。儘管如此，薩伊的傑出經濟學著作《政治經濟學論》（*Traité d'économie politique*）還是在一八〇三年出版，甚至在拿破崙下令禁止的狀況下，這本書仍於薩伊在世期間出到第四版。在此處的討論中，特別值得注意的是，身兼薩伊的繼任者與擁護者的法國經濟學家暨作家——巴斯夏，他是奧地利學派的重要先驅，主因在於他對政府干預主義的攻擊和任何擁有將軍頭銜的將領一樣成效斐然。

在我們把軍事戰略拋諸腦後之前，可以花一點時間思考，為什麼我會認為在人類戰略研究的「手段與結果」框架中，軍事戰略是一種開創性的思想。我不會妄稱戰爭能用來比喻創業競爭（克勞塞維茲便是這麼做的），推手也一樣不能用來比喻。要說起來，戰爭和創業探索其實是對立的。巴斯夏親自提醒我們，要注意戰爭與商業之間的矛盾：「停止把工業競爭拿來與戰爭做比較的幼稚行為吧；就算我們能從這種錯誤比喻中找到合理要素，這些要素在確定競爭帶來的影響之前，都會先把兩個彼此競爭的行業徹底隔離。一旦我們把競爭對整體社會福祉造成的影響放進計算中，這個比喻就不再成立。」[2]（雖然巴斯夏和克勞塞維茲是同時代的人，且擁有共同的目的論方法，但由於他們分別懷抱著反軍國主義和仇視法國的情緒，所以他們必定對彼此感到反感。）

創業競爭能使世界變得更好（不過矛盾的是，創業競爭必須以犧牲多數競爭對手為代價）；戰爭則會摧毀世界（同樣以犧牲大多數、甚至所有競爭對手為代價）。但我們正在追尋的戰略思想歷史發展，特別是目的論思想，將會引導我們去探索奧地利投資法本身的核心，也就是「手段與結果」的二元性。我們已經理解間接手段的通用功效了，也知道時間會在其中扮演主導角色。有鑑於間接手段的通用性，我們無須費心區分各個實際例子的細節。令人難過的是，戰爭在人類歷史中屢見不鮮。或許先進資本主義制度的出現能降低戰爭的頻率，也或許這只是個天真的想法。儘管如此，我們之所以能理解資本主義制度、理解隨機數據帶來的混亂中那些不可觀察之因果關係，並最終能理解有效資本投資，在很大程度上應該歸功於——甚至不可缺少——我們對可見和可預見、手段和成果的目的論思維。

必須預見的事物

巴斯夏一生絕大部分時間都體弱多病，離世時未滿五十歲，乍看之下，似乎不可能是奧地利學派這種悠久經濟運動的先驅。然而，他的生活經歷使他獲得了強大的優勢，能撰寫出普世通用的不朽經濟著作。巴斯夏出生於一八〇一年，在九歲時成為孤兒，由爺爺撫養長大。他在十七歲於法國貝雲（Bayonne）的家族出口企業工作，在那裡見證了法國政府的保護主義無法帶來繁榮的清楚證據，事實正好相反，保護主義帶來的是失業和貧困，在這個以貿易為命脈的城市中，這是再清楚不過的事實。正如巴斯夏所預見的，如果消除了限制的話，各方貿易將會蓬勃發展，此一觀點將會成為基石，構成他最有說服、最使人信服的經濟論點。

二十歲時，巴斯夏繼承了祖父的家族財產，因而得以追求地方鄉紳和學者的生活（一八三〇年，波旁王朝〔Bourbons〕被驅逐出法國時，巴斯夏帶領一支由六百名年輕法國人組成的軍隊來到其中一座皇家堡壘外。他們沒有為了榮耀而戰，堡壘裡的人立刻投降，邀請巴斯夏進去吃晚餐[3]）。他以鄉紳的身分嘗試了科學農業，例如輪作以保持土壤肥沃，並僱用佃農來經營農場。但巴斯夏並不關心金錢，很快就退出了農場的日常工作，深深地沉浸在思想和書籍的世界中。然而巴斯夏的居住地區是鄉村莊園，所以他仍十分貼近土地，這使他的視角變得較為清晰。農民觀看新播種的田地時，只會看到表面上的貧瘠——孫子再次呼籲「在種子成長之前，先看見它的存在」[4]。難道他不會像克里普一樣，更傾向於看見未經雕琢的土壤，並預先看見他尚未看見的農作物持續生長時能帶來的優勢嗎？難道他不會理解與欣賞農民的工具，將之視為真實的、有形的手段，能幫助他們實現未來多年的理想收成目標？難道他不會知道這些收成的種子正是來年作物的「原料」？

巴斯夏在大自然中辨認出了一種秩序，它告訴巴斯夏應該如何允許人與人之間的交易與市場自由運作，這就是滿足個人需求的上等機制。即使這種機制表面上看來不平等，但滿足需求的方法也會違反直覺地使這個機制變得平等，這個方法就是透過中間手段追求更高等的目標成果——這一切利益都會歸於資本主義的受益者，也就是消費者。正如巴斯夏在《經濟和諧論》（*Economic Harmonies*）一書中所寫：「競爭必然會介入，競爭正是因這些不平等的事實而產生。勞動力本能地前往能獲得最佳回報的方向，因而終結了它享有的異常優勢。如此一來，不平等便只是一種刺激，推動我們不由自主地走向平等。在社會機器（social machine）中，這是其中一個最傑出的目的論範例。」[5]

巴斯夏：一名鄉紳與學者。

巴斯夏在描述經濟學時，進一步展現了他的原型奧地利本質，他顯然使用了人類行為學術語（人類行為學指的是對人類行為的研究），將經濟學描述社會中的人們「互相幫助、替彼此工作、提供互惠服務，並將我們的能力或能力帶來的成果交由他人支配，以換取回報」。個人和國家一樣，都不是孤立的，事實上個人與國家的生存皆仰賴相互作用。巴斯夏用普世通用的邏輯反對保護主義者（protectionists）[i]，認為他們「像對待蝸牛一樣，把人類限縮至絕對孤立的狀態」[6]。

巴斯夏早年透過一對一談話表達了深刻的思想，這是他最喜歡用來溝通和說服的方式。他最親密的朋友是菲利克斯．庫德羅伊（Felix Coudroy），一位來自鄰近莊園的年輕知識分子暨鄉紳。庫德羅伊剛從法國西南部城市土魯斯（Toulouse）的法學院畢業，是一位社會主義者，深受讓—雅克．盧梭（Jean-Jacques Rousseau）影響，盧梭的政治哲學也影響了法國大革命。我們很難想像有誰的思想能比他們更兩極了，然而隨著時間推移，巴斯夏終究把庫德羅伊轉變成了古典自由主義者。

巴斯夏對於「國家掌握權力是為了所有人好」這樣的論點感到惱火，他嘲笑這種論點的方法，是以諷刺的方式設想出一個充滿善意的國家，這個國家「為所有人口提供麵包，為所有勞動力提供工作，為所有企業提供資本，為所有計畫提供貸款，為所有傷口提供藥劑，為所有痛苦提供止痛藥膏，為所有困惑提供建議，為所有疑慮提供解決方案，為所有智識提供真理，為所有需要轉移注意力的人提供消遣，為所有嬰兒提供牛奶，為所有老年人提供酒——它供應了我們的所有需求，滿足了我們的所有好奇心，糾正了我們的所有錯誤，修復了我們的所有過失，使我們從此不再需要遠見、審慎、判斷、明智、經驗、秩序、省儉、節制和積極」[7]。光是這個觀念的荒謬程度之高，就已經徹底毀掉了這個概念本身。

巴斯夏花了許多年發展論述，把這些觀點帶給更廣泛的讀者，並於一八三四年四月發表了第一篇文章——內容是要求國家廢除所有關稅——隨後又發表了第二篇文章，反對國家對葡萄酒徵稅，第三篇文章則反對國家對土地徵稅（他理直氣壯地提出了這個無疑對他有利的論點），也反對貿易限制。巴斯夏主動寫下關於法國和英國關稅的文章，發表在著名的《經濟學人雜誌》（*Journal des Économistes*）上，藉此確立了他的身分：他是自由貿易和經濟自由的堅定支持者，也是抵禦保護主義浪潮的壁壘。巴斯夏創作頗豐，在第一本書《經濟詭辯》（*Economic Sophisms*）中匯集了多篇文章，該書至今仍被視為自由貿易辯護的最佳文學作品。第二本出版書籍是真正的巨著《經濟和諧論》，他在其中提出，如果私有財產權受到尊重，社會中所有成員的利益就會趨於和諧。在他看來，政府的主要角色是維護生存、自由和財產的權利，並防止不正義現象。

巴斯夏在法國撰寫捍衛自由貿易的經濟專題時，卡爾．馬克思（Karl Marx）則在倫敦撰寫《共產黨宣言》（*Communist Manifesto*）和《資本論》（*Das Kapital*），傳播資本主義社會中有關階級鬥爭和剝削工人的社會主義理論（馬克思認為巴斯夏是「『世俗經濟學』最『膚淺』的辯護者」[8]——這樣的評論對巴斯夏而言無異於讚美，畢竟馬克斯是巴斯夏最著名的批判者，巴斯夏也同樣蔑視馬克思）。巴斯夏帶頭對馬克思提出指控（奧地利派學者是馬克斯主義者的頭號敵人，也是以最有效率的方式批判馬克斯主義的學者），在《經濟和諧論》中詳盡解釋了資本家（企業家）和工人能如何從自由企業中獲益。

i 編按：指政府為了維護本國貿易或工業而對進口產品設定關稅的舉措。

「因此，我們可以這樣描述此種『經濟和諧』：透過勞動，人的行為與自然的行為結合在一起。這種合作帶來的結果就是效用（utility）。每個人所獲得的綜合效用比例，會和他們創造的價值（也就是他提供的服務）成正比。換句話說，每個人獲得的效用都是自己生產出來的。」[9]巴斯夏認為人們可以透過更高的生產率、更高的薪水與更廉價的商品累積資本，使勞工與工廠擁有者越來越富裕（巴斯夏的這些論述將會在工業化的經濟體中實現），這樣的思想也切實符合後來出現的奧地利學派資本論。他也重重打擊了追求人為組織架構的社會主義者，這些社會主義者相信自然形成的社會組織架構會因為資本與勞工、製造者與消費者之間的「拮抗現象」而有所缺乏或不足。巴斯夏認為，真正的拮抗作用只會出現在「兩個永遠無法調和的原則之間，那就是自由與約束之間」[10]。他認為「勞工與雇主之間的利益和諧」是「顯而易見的推演結果」[11]。

一八四八年，法國再次爆發革命，結束了重建的後拿破崙君主制，法蘭西第二共和國（Second Republic）成立。巴斯夏當選國民議會（National Assembly）議員，成為財務委員會副主席。他在擔任副主席期間留給人的印象是「一名削瘦的駝子，總是坐在左側，位於在自由派和基進派之間，與右側的保守派相對」（此處的左右便是政治中右派和左派的起源）[12]。儘管他強烈反對社會主義者和共產主義者，但在論及反對政府干預時，他仍然更傾向左派而非右派（巴斯夏準確地預見，第二共和國最後是因經濟政策而結束，他相信保護主義會使資源變得缺乏，而非變得豐富）。

巴斯夏最著名的出版品，是他在一八五〇年撰寫的著作，題目為《看得見的與看不見的》（這本書差點無法付梓。巴斯夏在搬家時遺失手稿，不得不重寫一遍。他對第二次重寫不甚滿意，將書稿燒毀，最後在四十九歲因肺結核去世前幾個月完成了新的草稿[13]。若他沒有重新寫出這篇著作，那這個世界上不復存在的經濟思想典籍將會是兩本，而非一本：巴斯夏的這本書，以及亨利・赫茲利特以巴斯夏的著作為基礎延伸撰寫的《一課經濟學》——我和許多人都是因為這本書才認識巴斯夏，而後認識了奧地利學派）。

巴斯夏透過多篇經濟寓言，利用反事實的手法比較自由貿易和干預主義，將讀者的注意力從看得到的事物轉向尚未看到但可預見的事物。正如巴斯夏所寫：「在經濟這門學科中，單一行為、單一習慣、單一制度、單一法律不會只產生單一影響，而且是會產生一系列影響。在這些影響中，首先出現的是直接影響；這種影響會與其成因同時出現——這是可見的影響。接著其他的影響會接二連三地出現——這些是看不見的影響：如果我們能預見這些影響的話，將會對我們有益。」[14]巴斯夏在此準確指出一項事實：**在有利或不利的結果出現之前，若我們忽略造成此結果的直接手段（以及其自然時間因素），那我們就無法預見結果，導致兩難的困境**。

在巴斯夏看來，真正能造成差異化的因素，其實是超越眼前顯而易見的事實，並預見後續結果的能力。「這種差異是非常巨大的，這是因為幾乎每次在直接成果有利的狀況下，最終成果都是致命的，反之亦然。因此，糟糕的經濟學家在追求當下的微小益處時，往往會帶來未來的巨大禍害，而真正的經濟學家在追求更大的益處時，則必須冒著風險面對當下的微小損害。」[15]巴斯夏的用語包括「一系列影響」和「當下的微小益處」，接著又使用了「未來的巨大禍害」，在語言方面強調了時間性的重要，以及對立即性與非時間性的蔑視。同時出現的還有推演式遠見的重要性，相較於手法較粗糙的歸納式經驗，推演式遠見是「較溫和的老師」，能夠「以成功但殘酷的方式教學」。關鍵在於擺脫初步成果的束縛，也就是避免因為過度重視先發生的事物，而導致未來發生不可避免的憾事。正如巴斯夏提出的警告：「習慣的果實越甜美，後果就越苦澀。」[16]我們稍後會在本書中，以此一觀點逐漸理解奧地利投資法的本質。

巴斯夏透過這些論述贏得了許多同代人的尊重，成為十九世紀最具影響力的經濟學家之一，我們可以確認這一點，因為不僅《經濟學人雜誌》邀請他進一步撰稿，許多人都在努力幫助他成為法國第一位政治經濟學的大學講座教授。在他逝世兩年後，也就是一八五二年出版的《經濟政治辭典》（*Dictionnaire d'Économie Politique*）便以獻詞對他致敬（如果巴斯夏能活得更久，誰知道他會對經濟思想做出多大的貢獻？此外，他還能澄清他早期提出的構想）。儘管巴斯夏具有絕佳的洞察力，但他身為作家的寫作技巧卻導致部分人士終究無法認真看待他的觀點；甚至有一些對他抱持較正向態度的人，也會認為巴斯夏不過是彙整了過去的某些思想，而不是新概念的開創者。（經濟學家熊彼得說他是「才華洋溢的記者，但不是個理論家。」[17]）對那些把浮誇和愚鈍當作真正才華的人來說，巴斯夏的文章太容易理解、太過簡潔。他的命運提醒了我們：「**任何先知都無法預知其國家的未來，就算是國際經濟學家協會中的先知也一樣。**」[18]（我們稍後會討論到，這一點對奧地利學派而言同樣屬實。）無論如何，晚近開始有其他傑出的奧地利學派經濟學家，稱讚巴斯夏是有史以來最重要的經濟學家之一，也是對價值理論做出許多貢獻的「重要理論家」[19]。

巴斯夏在解釋與捍衛自己的寫作風格時說：「我們總是想為最簡單的事實提出複雜的解釋，我們認為聰明的做法，是在沒有困難的地方找出困難之處。」他認為簡單才是「真相的試金石」[20]。然而，隨著時間推移，巴斯夏逐漸變得沒沒無聞，成為凱因斯主義土崩瓦解的受害者之一，該主義的潰敗對許多自由市場倡導者造成了徹底消失的危機，而巴斯夏則從多數經濟學文字中消失了，只剩下簡略的幾次提及。然而，巴斯夏在奧地利學派中確實占有一席之地，他在許多方面預見了奧地利學派的先驗論和人類行為學的核心要素（他的名字在巴斯夏圈〔The Circle Bastiat〕的奧地利人中廣為流傳，巴斯夏圈是莫瑞・羅斯巴德和其密友們在一九五三年成立的組織，是一個知識分子一起討論和培養情誼的聚會，一直持續到一九五九年止）。儘管巴斯夏當年可能沒有得到應有的賞識，但人們普遍認為他的著作是「一座智識的橋梁，連接了前奧地利經濟學家的思想」，和正式來說始於門格爾的奧地利學派傳統[21]。

如今多數人都認為巴斯夏是前奧地利學派的學者；然而，**門格爾並沒有接受他，他不認同巴斯夏的規範性方法**。儘管門格爾的態度確實在奧地利經濟學派的論述中造成了一些不安的張力，但米塞斯認為，經濟科學是中立和客觀的，不過，他同時也是個喜歡爭辯的人（或許這也是可以理解的，畢竟他親眼目睹了最極端的國家干預主義帶來的恐怖作為：納粹主義）。儘管如此，在門格爾看來，巴斯夏和其他社會主義者一樣是理論家，這些理論家從先入為主的價值判斷出發，透過經濟分析來倒推。米塞斯指出，門格爾「由衷反對奧地利政府採取的干預主義政策——那個年代幾乎所有政府都是如此。不過他認為，除了在他的書籍、文章以及大學任教中詳細講解何謂好的經濟學之外，他無法以其他方式幫助政府恢復良好的政策」[22]。門格爾主張經濟學是「wertfrei」（不受價值觀影響的），因此是中立且客觀的。這種實證（positive）與規範（normative）的二分法帶來的陰影，至今仍存在於奧地利學派中。（門格爾對巴斯夏的判斷也可能錯誤，他認為巴斯夏沒有維持 wertfrei；要說起來，我們是否應該因為一名醫師熱衷於資助癌症研究，就認定他肯定會遵循主觀醫學理論呢？）

一般認為巴斯夏如同杜爾哥和薩伊，對奧地利學派傳統的方法論做出重大貢獻，特別是他極端的先驗主義方法（和米塞斯十分類似）[23]。因此，巴斯夏協助奧地利學派奠定了世界觀（Weltanschauung）的基石，此世界觀強調主體性和「行動者」（acting man，米塞斯在人類行為學中使用的語彙）做出何種選擇的重要性。巴斯夏是一位原型奧地利學派研究者，也是「一位超前時代的人類行為學家」[24]，他觀察到：「我們形成理論的依據，是觀察普世事實、普世觀點、計算和普世常有的行事方式；我們會分類這些事物，將它們變得相互協調，而我們這麼做是為了使它們顯得更容易理解。」[25]巴斯夏在可見和不可見中留下的貢獻，是把經濟視為一系列的跨時間交易，視為近期手段和最終成果之間的目的論連結，如此一來，我們在上游的作為與使用的工具（齊爾，戰略位置優勢）會在未來於下游帶給我們更好的效力（用來實現茲維克的米特）。於是，我們的迂迴之路仍在繼續延伸，帶領我們抵達了經濟思想的樞紐：十九世紀的維也納，這裡有一位富有魅力、野心勃勃的年輕經濟學家暨記者，他的著作將在該領域留下不可磨滅的印記，此外，他還在無意中以他的祖國為名，創立了一個學派。

未來，正在塑造當下

維也納長期以來一直是「東、西方之間的岔路」（在本書的地理旅程中，這個名字恰到好處），商人和十字軍都曾沿著景色壯觀的多瑙河經過維也納[26]。到了十九世紀，在拿破崙的征戰過程中，哈布斯堡王朝因維也納而進入黃金年代——在法國戰敗投降後，各國聚集於此，召開了重新劃定邊界和重建歐洲的會議。

當時維也納在歐洲是僅次於倫敦和巴黎的第三大城市，已經成為自由的中心，自由進一步使之成為文化、音樂、藝術、政治和知識追求的中心。環城大道（Ringstrasse）是一條環繞內城區的優美街道，這個建設本身就代表了輝煌成就的新時代來臨[27]（在我看來，維也納至今仍是全世界最傑出的城市）。讓我們假想這樣的畫面：維也納宮廷劇院領導人暨有史以來最偉大的作曲家之一古斯塔夫．馬勒（Gustav Mahler），和同樣傑出的科學家、哲學家與經濟學家一起漫步在維也納的街道上——這些人也包括我們將在本章論及的奧地利學派創始人門格爾。

在那個年代，維也納的跨領域思想發展繁榮，奧地利學派因而在這個歷史上十分獨特的時間與地點，獲得肥沃的土壤得以播種，同時，目的論思想復興了，以「手段與結果」為重的思想框架自康德的哲學中出現。許多領域的思想家都提出了此思想框架，其中最著名的或許是德國生物學家卡爾．恩斯特．馮．貝爾（Karl Ernst von Baer）。不過，貝爾和同事沒有在康德的哲學中找到能用來研究自然科學的規範性方法；取而代之的，他們找到的是一套清楚明瞭的原則合成法，可以將目的論與力學結合起來。

康德、克勞塞維茲、貝爾與我們現在談到的門格爾，他們帶來的知識相關事件全都可以歸納在同一個「手段與結果」的框架之內，正如門格爾所寫，在這個框架中，「所有事物都遵循因果法則」[28]。因此我們也不難想像（確實也有人如此想像），這種共通性從某部分來說出自德語，德語清楚表達了近期目標「齊爾」與最終目標「茲維克」之間的差異（貝爾堅定不移地把康德著作中的這兩種目標區分開來，顯然他已讀過克勞塞維茲在數個世紀前提出的論述），在其他「貧乏」的西方語言中，這種區別或許根本不存在[29]。

目的論從自然科學領域開始復興，當時有一群德國生物學家認為，各種生命形式都具有目的，並全心接納了定量研究與實驗科學（這兩者並不相斥）。目的論思想始於亞里斯多德，到了中世紀則受到基督教神學及其教義對大自然的神聖計畫觀點所影響，如今又在維也納有了最新的變革。然而，康德卻把這種思想排除在他的哲學之外。目的論有兩種形式：第一種是有神論，認為有一個至高的存在正在管理大自然；第二種是機械論，認為單一有機體與物種之間有「模控論」（cybermetic，我們會在第八章論及此科學方法）在運作。

雖然查爾斯．達爾文（Charles Darwin）在一八五九年的著作《物種起源》（*On the Origin of Species*）中，並沒有明確地試著反駁目的論（要說起來，那個年代的人其實痛批達爾文是個目的論學家，當今的目的論卻變得較偏向有神論），但他在演化論中提出的天擇卻削弱了目的論的影響力。事實上，在達爾文看來，天擇的概念非但沒有反向證明亞里斯多德和康德的目的論是虛假的，反倒支持了目的論。目的論不僅將其他力量引入大自然中，也引入了我們熟悉的各種物理定律[30]。

另一方面，貝爾同樣拒絕相信偏向有神論的、擬人的、以某種至高存在為基礎的自然科學論點，不過，他也提出了一個絕非達爾文視角的演化論點，這個論點的基礎是康德的「目的－機械論」框架。對貝爾來說，在探討有機體與大自然的型態與功能之間有何因果關係時，應該把目的論關係視為基礎[31]（例如，達西・湯普森〔D'Arcy Thompson〕在他一九一七年出版的卓越著作《論生長與形態》（*On Growth and For*）中也提到了這一點，他在該書中指出，他觀察到生物學的成長和演化，在數量方面符合物理和機械的法則）。

德國生物學家從康德那裡認識到的是，原始狀態對較後期階段會產生決定性作用，是一件非常重要的事。

因此，正如康德的主張，組織的較高階型態並不是從較低階型態中產生的，事實上，較高階形態一開始就已經編寫在較低階形態之中（此觀點讓人想起史蒂芬・沃夫朗〔Stephen Wolfram〕的現代科學方法，該方法假設程序式的複雜系統具有「明確的演化規則」，而不是依照天擇隨機突變而成[32]）。儘管低階形態中的這些目標對我們來說是隱藏起來的，但康德仍十分強調這些目標的預設性——相較於在生物系統中，這種預設性在人類行動中其實較容易想像得出來。

此思想在貝爾的胚胎學研究中扮演很重要的角色，貝爾認為胚胎是動物成體最重要的基本面向，「動物的發育模式是從最普遍、最基本的特徵，逐漸發展出較特化、較個別的特徵」[33]。事實上，直接引導往後發育和個體化的是普遍的特徵，而不是新添加的部分：「簡而言之，未來正在塑造當下。」[34]（我們在第二章討論過松柏目的論，這一章也會短暫提及生物學的另一個面向，不過，我們在此進行迂迴討論有一個明確目標，採取這個手段是為了展現一個非常重要的結果：康德的目的論再次描繪各個發展階段中的普遍策略——那就是透過早期階段的劣勢獲取後期階段的優勢——這個策略徹底超出了任何單一學科或思想流派的範疇。許多學科應用此策略的方式都能讓我們看出其重要性，經濟學也包括在內。）

貝爾的蝴蝶目的論

在說明未來的需求如何影響當下時，最有說服力的例子或許是蝴蝶的變態（或者說是產出），蝴蝶先是毛蟲，而後才蛻變成蝴蝶，蝴蝶的結構與行為也全都源自毛蟲（以最具體的方式來說，是源自毛蟲的貪婪食慾）。又一次的，緩慢前進的松柏加速衝刺，我們的烏龜變成了飛快的兔子。

首先，是毛蟲的肥胖身體，對從未訓練過雙眼的人來說，毛蟲一點也不像牠未來將會成為的輕盈蝴蝶。然而，即使在這種低階的原始形態中，毛蟲也具有能夠在未來變成蝴蝶的獨特天賦。舉例來說，毛蟲與大多數吸收所需營養後，就排出多餘營養的生物不同，毛蟲會把部分營養儲存在消化道中，以便日後在結蛹階段使用。毛蟲在發育完畢後，會失去貪婪的食慾，尋找適合的位置結蛹，開始變態的過程，牠會改變神經系統，並長出翅膀、觸角、細長的腳和其他蝴蝶特有、與毛蟲無關的生理結構。

毛蟲的手段是保留當下的資源，到了未來再把這些資源當作原料，產出具有明確目標的最終生理結構。換句話說，蝴蝶這個未來形態影響了毛蟲的外型與發育過程。毛蟲消耗掉肥胖的身軀，提供必要原料，打造出在毛蟲階段只是初步存在的生理結構。正如貝爾所觀察：「在考慮到未來的需求時，我們怎麼可能會錯誤地認為，一切發展過程都是按順序出現？一切發展過程之所以會出現，是為了轉變成即將出現的事物。這種關係被拉丁哲學家稱為 *causa Finalis*，也就是『存在於結果或答案中』的成因。」[35]

如果貝爾沒有博物學家、生物學家等身分的話，必定會成為備受讚譽的奧地利經濟學家。毛蟲具有傑出的「目的—機械論」——就像《魯賓遜漂流記》一樣，在魯賓遜建造船和漁網的過程中，這些工具對生存毫無用處，只有在往後的階段才有用——這種機制正是奧地利學派在資本、生產與投資上採用的模式，我們將會在「奧地利投資法二」（第十章）聚焦於此。

貝爾在胚胎學的研究中辨識出這些生物現象：若要發展出晚期階段必定會存在的結構（例如成人的結構），那麼發展該結構的手段，必定會先存在於先驅者細胞（胚胎）中。這代表的是，在生物有機體內，有一種目的—機械論的框架，這種「大自然的和諧」具有雙向調節的功能，不能用偶然來解釋（貝爾認為偶然只會導致毀滅）。這種機制已被重新命名為目的性（teleonomy）[i]，也就是偽裝成「由至高存在選擇的合理目標」的中期必要目標——再次將齊爾和茲維克混為一談（我們在此再次看到巴斯夏無意中提出的「社會機器中的目的論例子」，也看到美國應用數學家諾伯特・維納〔Norbert Wiener〕後來在模控論中探討的主題，我們將會在第八章論及此事）。這種和諧狀態可能會讓人想起「巴哈賦格曲或貝多芬奏鳴曲」，貝爾指出，這種和諧狀態能表現出「重要的、個人的、能以某種方式鼓舞人心的本質」[36]。在這個比喻中，最終結果會影響近期狀態，成果能決定與引導中期的各種手段，我們可以在這裡看到奧地利學派企業家精心策劃的管弦樂編曲，這些企業家之所以取得並分配資源，是為了使這些資源變得和諧，組合成他們想要的最終結果，滿足消費者的需求和渴望。

---

i 譯註：與目的論（teleology）不同，目的論指的是受到目的驅動的行為，目的性指的是因為特定原理或機制而受到目的驅動的行為。

奧地利學派的正式誕生

門格爾從不曾刻意和古典經濟學家分裂，徑自建立獨特的經濟思想流派。然而，門格爾的傑出學術成就帶來的正是這樣的結果。門格爾的學術旅程十分奇妙，他原本是記者，而後成為維也納大學的全職經濟學家暨教授，逐漸變得越加穩健。**羅斯巴德指出，門格爾的成就並非發現全新的思想流派，而是進一步發展了早期的原初奧地利學派思想**（甚至包括了亞里斯多德學派，但我比較支持老子學派的論點），此思想並沒有存活下來並成為古典經濟學派之一，這就是人類探索的本質之一：持續累積。

門格爾在一八四一年出生於奧地利帝國加利西亞（Galicia，位於如今的波蘭）的一個古老家族，原名卡爾·門格爾·艾德勒·馮·沃爾夫斯岡（Carl Menger Edler von Wolfesgrün）。他的祖先包括音樂家、軍官、工匠和政府人員，外祖父是波西米亞商人，在拿破崙戰爭期間賺了很多錢，把這些錢投資在家族莊園中，而門格爾在那座莊園中度過了大部分的童年時光（門格爾後來去掉了名字中代表貴族的「馮」字，並大幅縮短了名字）。他在一八五九年至一八六三年進入布拉格大學（University of Prague）與維也納大學研究經濟學，而後成為記者。一八六六年，他離開了《維也納日報》（*Wiener Zeitung*）的市場分析師崗位，開始準備法學博士口試，在一八六七年成為見習律師——他在同年取得克拉科夫大學（University of Krakow）[i]的法學博士學位。不久後，門格爾重返財經新聞業，協助《維也納新聞報》（*Wiener Tagblatt*，《新維也納新聞報》〔*Neues Wiener Tagblatt*〕前身）的成立，該報後來成為了維也納最有影響力的報紙之一[37]。

他在一八七一年出版第一本書《經濟學原理》（*Grundsätze der Volkswirtschaftslehre*），這本輕薄的小冊子徹底改變了經濟學界。這本書是他在維也納擔任財經記者的心血結晶，他在這段期間發現了主觀需求對價格決定來說有多重要。更確切來說，正如奧地利學派經濟學家海耶克後來提出的觀察，門格爾當時震驚地注意到「在傳統價格理論與資深業界人士的實際經驗裡，對價格產生具有決定性作用的事件具有極大差異」[38]。他多次試圖找出兩者間的差異，並因此出版了《經濟學原理》一書，但門格爾出於完美主義的個性，對內文進行了無數次修改，以致本書難以廣泛流傳。

他的寫作風格反映出他曾擔任記者的經歷，這並不是多數人預期會讀到的德國學者文風。話又說回來，門格爾並不是德國人，而是奧地利人，而且他不只是名普通的奧地利人，而是維也納居民[39]。門格爾的《經濟學原理》和過去的德國經濟學書籍不同，不帶有道德或宗教框架傾向的形上學存在主義。事實上，這是第一本不帶有宗教傾向的德語經濟學教科書[40]。

門格爾的《經濟學原理》符合經濟學家威廉．傑文斯（William Jevons）和萊昂．瓦爾拉斯（Léon Walras）在同一時期發現、但各自分開研究的邊際效用原則（簡單來說，也就是人們會依據自身的優先順序，決定要使用何種手段來達成不同的最終目標）。門格爾的研究目標是提出具有一致性的價格理論，用它來解釋所有價格現象，特別是利息、薪水和租金[41]。正如門格爾在《經濟學原理》的序言中所寫：

---

i 編按：現更名為亞捷隆大學（Uniwersytet Jagielloński）。

「我努力將人類經濟活動的複雜現象，簡化為仍可準確觀察的最簡單要素，依據這些要素的性質進行相對應的應用，持續使用這種衡量方法，去研究更複雜的經濟現象如何根據絕對的原則，從該現象的基本要素演變而成。」[42]

門格爾不同於與傑文斯和瓦爾拉斯的地方在於，門格爾偏好的方法是演繹性、目的論的，從根本上來說，是一種人文主義方法。雖然門格爾和同時代的人一樣偏好抽象推理，但他主要的興趣其實是解釋真實人類在現實世界中的行為，而不是創造出一套人造、格式化的代表性現實。門格爾注意到，在人類的選擇中，手段與最終目標之間原本就有關聯，這件事進一步證明了他的目的論思想。然而，傑文斯與瓦爾拉斯卻拒絕接受因果關係，而後因果關係成為經濟學的標準之一，但門格爾學派和奧地利學派卻是例外。傑文斯和瓦爾拉斯選擇運用「同步決定法」找出經濟均衡。

門格爾在撰寫《經濟學原理》時，對經濟學進行了開創性研究，特別是在價值決定的相關領域，在他看來，若要做出不錯的價值決定，那就必定要不假思索地考慮到事物的有用性（效用）。如同門格爾的觀察：「在任意時間點，我們的福祉都取決於需求的滿足程度，如果我們可以取得使他人獲得直接滿足的必需品，那就等同確定可以過上安適的生活。」[43]

我們可以在門格爾的早期筆記中找到目的論思想的證據，他在筆記本中記錄了人生各時期的活動和思想，包括他造成的許多影響。門格爾的兒子把父親的部分文件捐贈給杜克大學（Duke University），其中一本筆記本裡畫了一個關鍵詞表，構建出一個獨特的「手段與目標」（米特與茲維克）框架，以經濟學為中心，組織出一套思想（請見表4.1）。舉例來說，此處的表格（垂直閱讀與水平閱讀）顯示了若

表 4.1 門格爾的「手段與目標」框架（德中對照）

ZWECK（茲維克）	MITTEL（米特）	VERWIRKLICHUNG
目的或目標	手段	成就
MENSCH	AUBENWELT	LEBENSERHALTUNG
人類	環境	生存
BEDÜRFNIS	GUT	BEFRIEDIGUNG
欲望或需求	商品	滿足

要使欲望或需求（Bedürfnis）得到滿足（Befriedig-ung），其中一個手段（米特）就是商品（Gut）[44]。

門格爾設立了四個確切標準，唯有當一件事物同時擁有這四個標準時，才能被視為商品，或者用他的話來說，「具有商品的特性」：人類的需求；其特性能夠為了滿足需求而「被帶入偶然連結中」；人類對該連結的理解；人類「對此事物的控制」足以滿足需求[45]。由此可知，我們實現人類福祉的其中一個方式，是透過可以支配的商品直接滿足需求，此論述強調了目的論思想，也就是需求（最終目標）對於商品來說必不可少。

然而，這些能夠直接滿足我們需求的商品——也就是門格爾所說的「一階商品」——並不是唯一具有「商品特性」的事物。以麵包這種「一階商品」為例，除了麵包之外，還有其他商品可以滿足消費者的需求，尤其是用來製作麵包的麵粉和鹽，以及用來加熱烤箱的燃料。「我們發現，生產麵包時使用的方法、工具與技術性勞動力服務，都是經常被拿來交易的事物。這些事物，或者說至少其中大部分事物，是無法以直接方式滿足人類需求的——畢竟，有什麼人類需求，可以單單靠一位熟練麵包師傅提供的特定勞動服務，或一組烘焙用具，甚或一定重量的普通麵粉滿足呢？然而，我們仍認為這些東西在人類經濟應該被視為商品，就像一階商品一樣，原因在於它們的用途是生產麵包和其他一階商品，因此就算不能直接滿足人類需求，也能靠間接方式達到目標。」[46]

此外，正如門格爾所論述的，這些原料，也就是生產要素（用於製造最終產品）的價值，始終源自於消費者的價值，而非原料本身（舉例來說，一瓶葡萄酒之所以有價值，並不是因為生產方投入了土地和勞動力。事實正好相反，是因為消費者重視葡萄酒的價值，所以投資在釀酒上的土地和勞動力才具有價值[47]）。

門格爾也進一步增強了亞當．斯密的論點：「普遍富裕」（universal opulence）的核心驅動力是文明的經濟進步與繁榮的擴張。斯密認為這種不斷進步的勞動分工就是驅動力。然而，門格爾很清楚，這「不過是人類福祉進步的其中一個原因」——也就是近因——而更高階層的最終原因是「隨著人類能消費的商品（一階商品）數量增加，高階商品的使用也增加了」[48]。這個簡單的邏輯將成為奧地利投資法的必要論述之一。

門格爾的影響力逐漸擴大的原因，除了寫作之外，另一個重要因素是擔任教師（他最著名的學生是奧地利學派經濟學家龐巴維克，龐巴維克的學生則是米塞斯——奧地利學派思想就是如此依序發展出來的）。在維也納大學，門格爾是法律與政治學系的成員（奧地利的法律課程包含了經濟學），他先是擔任無固定公司的兼職講師（當時的慣例是學生直接支付講師費用），在一八七三年成為一名有薪的全職教授。在他主持的研討會中，他會找數位傑出的研究生一起討論其中一位成員精心準備的論文，其中也有些學生已經獲得博士學位。這些討論大部分由學生主導，不過門格爾在論文方面提供了大力協助，包括開放學生使用他的個人藏書室，書籍數量超過兩萬（現藏於東京一橋大學圖書館）。他的指導範圍廣及論文整理與重點討論，甚至還教導學生演講時的呼吸技巧[49]。

聰明的頭腦和教學天賦很快為門格爾的地位帶來了益處，他引起了哈布斯堡王室的注意，在一八七六年接下了他生涯中最負盛名、也最具影響力的教學職位：王儲魯道夫．馮．哈布斯堡（Rudolf von Habsburg）的導師。魯道夫是奧地利皇帝法蘭茲．約瑟夫一世（Franz Josef I）和伊莉莎白皇后（Empress Elisabeth）的獨生子，也是奧匈帝國的繼承人。

擔任王室教師

一八七六年的頭三個月，門格爾為十八歲的魯道夫王子上了經濟學速成課，以斯密的《國富論》作為主要文本（門格爾認為斯密的著作已足夠用來教授王子**經濟政策**，王子沒有必要對經濟理論有更深入的了解）[50]。門格爾要求魯道夫在每次課程結束後寫下大量筆記，而且這些筆記全都只能憑記憶寫下來，由門格爾檢查和編輯。在這套正式的私人課程結束後，門格爾在接下來的兩年跟著魯道夫遊歷歐洲，兩人的交流將徹底改變歷史的進程。

從門格爾的個人觀點來看，他是堅定的反社會主義者，他認為普魯士的多間大學正藉由極具破壞性的知識潮流向全世界大量噴灑毒藥，並努力做出反擊[51]。不過，這是一場徒勞的戰鬥，正如米塞斯談到這位奧地利學派創始人時所說的，門格爾心中逐漸充滿了「黑暗的悲觀主義」。門格爾預見了歐洲列強奉行的政策將導致「一場可怕的戰爭，最後以可怕的革命作為結尾，歐洲文化將滅絕，各國人民的繁榮生活會被破壞殆盡」[52]。他將這種陰沉的恐懼感傳遞給魯道夫，最終導致的悲劇不只影響到個人，而是影響整個世界，這個悲劇被稱為「梅耶林慘案」（Mayerling Incident）。

一八八九年一月三十日早上，在著名的維也納森林中，人們在梅耶林村（Mayerling）的王室狩獵小屋裡，發現已婚且年屆三十歲的魯道夫與他十七歲的情人瑪麗．亞歷山大．馮．維塞拉女爵（Marie Alexandrine von Vetsera）的屍體，兩人是自殺身亡。王儲去世後，哈布斯堡王朝的直系繼承就此中斷，繼承權落到了法蘭茲．約瑟夫的弟弟卡爾．路德維希（Karl Ludwig）身上。路德維希很快就宣布放棄王位，並在不久後死於傷寒，王位的法定繼承人於是成了他的兒子，法蘭茲．斐迪南大公（Archduke Franz Ferdinand）。這一系列的權力變化打破了帝國內部的平衡，一九一四年六月，一名塞爾維亞民族主義者在塞拉耶佛（Sarajevo）暗殺了法蘭茲．斐迪南和他的妻子蘇菲（Sophie），使得奧地利和匈牙利的派系陷入混亂鬥爭——本質上來說，這場鬥爭是一次世界大戰的第一聲槍響。

米塞斯在回憶錄中對魯道夫的死亡事件提出了令人震驚的觀點：這位門格爾的學生之所以會自殺，是為了經濟，而非愛情（米塞斯的祖父曾與門格爾的兄弟馬克斯〔Max〕交談過）。「王儲自殺是因為對哈布斯王朝和歐洲文明的未來感到絕望，而不是因為女人。那名年輕的女孩本就想死了，他只是帶著她一起死去。他並不是為了她而自殺。」米塞斯指出，魯道夫預見了他所重視的一切終將會毀滅，這使

卡爾·門格爾是奧地利學派創始人，預見了「歐洲文化將滅絕」。

他陷入了絕望和抑鬱中。對於四十八歲的門格爾來說，儘管「前半生才剛剛過完」，但他已經預見到「他自身的特洛伊必定會步入滅亡」，這種悲觀主義「吞噬了所有觀察力敏銳的奧地利人」[53]。

那麼，門格爾究竟教了魯道夫什麼？一直到魯道夫的筆記本在多年後出版，眾人才終於親眼見到證據，從筆記本的內容來看，魯道夫幾乎靠著記憶把所有教材都寫下來了，更重要的是，我們可以從中看見門格爾對政府政策的偏見（他一直把這種觀點小心意義地藏在出版品中），其中包括一些基進的不干預主義論述，直接對法蘭茲·喬瑟夫治理奧匈帝國時的政策提出反對。魯道夫全心接納了這些教學，並以化名撰寫文章批評父親的政策[54]。奧地利皇帝顯然沒有注意到這篇文章的作者是誰，以及門格爾帶來的影響。

同時，法蘭茲·約瑟夫十分讚賞門格爾在擔任王室教師時的表現，批准門格爾成為維也納大學法律和政治經濟學系的系主任，此職位聲望極高，這可能代表了約瑟夫想要把門格爾培養成首相（不過在王儲死亡後，這個可能性也就徹底消失了）。儘管如此，門格爾身為教授仍廣受喜愛且收入豐厚，他在一九〇三年時突然以六十三歲的年齡退休（教授常見的退休年齡是七十歲），隱居至自己的藏書室寫作，也常在那裡和大學學生們見面。儘管他給出的退休原因是不明疾病，但他離開的真正理由很可能是在他的私生子卡爾（Karl）在他退休前的一年半之前出生。雖然門格爾從未正式結婚，不過他與卡爾的母親赫米恩·安德曼（Hermine Andermann）處於「普通法婚姻」[i]狀態，後者在他去世後繼承了藏書室（據推測，天主教徒門格爾不能和安德曼結婚有兩個可能原因，一是她是猶太人，二是她曾離婚。在那個年代，所有婚姻都是宗教儀式[55]）。

門格爾隱居在書山中，全心投入《經濟學原理》的系統式全面修訂，不過，在研究範圍和閱讀文本擴展到哲學、心理學、社會學、民族誌等領域時，他顯然迷失了方向。他對自己的修訂並不滿意，不斷延後修訂版的出版時間，與此同時，最初的《經濟學原理》也絕版了。門格爾生前從未允許出版社重印或翻譯此書，他認為內容尚不完整；《經濟學原理》直到一九五〇年才出了英語版，這大大削弱了門格爾的思想傳播範圍。幸運的是，他的追隨者在十九世紀晚期就已經出版書籍，並翻譯成英文，特別是龐巴維克的《資本實證理論》（*The Positive Theory of Capital*），我們將在第五章中討論到，此書推進了門格爾的理論。若非如此，奧地利學派的創始人可能會就此消失。幸而門格爾留下的遺產遠不只一本書，而是使奧地利學派傳統變得與眾不同的一整套方法論。

方法學論戰：與德國歷史學派之爭

門格爾在《經濟學原理》的序言中向德國經濟學者致敬，並稱這本書為「來自奧地利學派合作者的友好問候」[56]，但並非每個人回以善意。德國歷史學家的著名特質是過度依賴數據，他們大量保存與分類各種經濟數據紀錄，而門格爾拒絕接受這種方法，採取截然不同的方式，全心接納他用手段與最終結

i 編按：非正式婚姻，指在部分司法區，一對夫妻無需正式註冊民事或宗教婚姻，依然在法律被承認婚姻有效的法律框架。

果的邏輯，從因果法則中推導出來的通用經濟法則。門格爾是一位反實證主義者，不過，當時的人可能尚未理解他的立場背後的完整意義。他藉此確立了奧地利學派的基本原則：經濟學不是源自數據的科學，而是使用先驗法的方法論，基礎是對於人類行為的觀察和演繹（這也為米塞斯打開了人類行為學的大門）。從本質上來說，我們可以把門格爾的《經濟學原理》視為「純理論的實踐」[57]。

對批評者來說，門格爾和其他奧地利學派學者都是反經驗主義者，因此他們是不科學的人（這當然不是針對奧地利學派的批評）。羅斯巴德在一次講座中提到門格爾和龐巴維克，他強調，這兩人對數學的厭惡並非因為缺乏理解，事實上，這兩人都曾接受數學方面的訓練。羅斯巴德說：「他們太了解數學了，這才是他們拒絕的原因。」他指的是兩人拒絕在經濟理論中應用數學（他們當然沒有拒絕數學本身）。因此，「奧地利學派書籍的讀法、外觀、氣味都不同於古老的典籍。其中一個重要差別是，奧地利學派的書裡面沒有數學，就算有也非常少。這些書籍清楚易懂、依照邏輯、按部就班，以實際的個人行動為基礎，不會突然飛出各種抽象的幻想。」[58]後來替奧地利經濟學派定義知識論基礎的，正是門格爾主義者，其中最著名的便是米塞斯。

門格爾與追隨者其實不反對人們用實證法理解經濟。正如米塞斯所說，他們的目標是「在穩固的基礎上建立經濟理論，而且他們已經準備好要為此竭盡心力」。然而，古斯塔夫·施莫樂（Gustav Schmoller）帶領的德國歷史學派卻對於理論分析感到非常懷疑，該學派的擁護者「強烈否認這種普遍有效的經濟理論存在」[59]。

儘管施莫樂可能沒有明確表示他接納實證主義，不過他對門格爾經濟學——不依賴經驗證據和科學歸納，使用演繹法推導出通用規律——的攻擊態度表明了他站在實證主義那一邊。門格爾對標準實證主義做出了回應，有效地摧毀了施莫樂的微妙立場。

施莫樂從未親自提出實證主義的定義。從歷史經驗中進行歸納這件事本身就存在缺陷，此外，我們還能依循米塞斯在《人的行為》中所寫的：「歷史經驗是一種複雜現象帶來的經驗，這種經驗帶來的事實，不能成為自然科學在實驗測試中所需要的獨立事件。歷史經驗傳達的訊息不是我們用來形塑理論和預測未來事件的建材。每一種歷史經驗都是開放的，可以有多種不同的解讀方式，人們也確實會以多種不同的方式解讀。」在米塞斯看來，「實證主義的假設」是「虛幻的」；我們在研究人類行為的科學時，不能使用那些應用在物理與自然科學上的方法。「沒有任何辦法能建立人類行為和社會事件的後驗理論。歷史不能像自然科學那樣，以實驗室中的實驗來證明或反證我們該不該接受某個概要陳述。在這個領域裡，我們不可能對一般命題進行實驗證實和實驗證偽。」[60]

門格爾學派和德國歷史學派之間的衝突，被稱作方法學論戰（Methodenstreit），而門格爾出版的第二本書使衝突變得更加激烈，該書名為《社會科學方法論探究，特別提及經濟學》（*Untersuchungen über die Methode der Socialwissenschaften und der Politischen Oekonomie Insbesondere*）。該書出版於一八八三年，德國經濟學家或多或少會覺得該書在進行一場「方法論大掃除」，旨在擺脫歷史學派的反理論立場[61]。

《經濟學原理》對德國歷史學派提出友好問候，《社會科學方法論探究》則不同，後者無異於這兩支游擊隊[62]在社會科學對戰中使用的武器，也是門格爾為不受時間空間影響的通用法律和理論所提出的辯護。正如門格爾所寫：「然而，對實際社會現象的歷史理解，絕不是科學研究能帶給我們的唯一事物。事實上，我們對社會現象的理論式理解，也具有完全同等的價值和同等的重要性。」[63]

人們的反應褒貶不一，從全心接納到激烈拒絕，其中態度最尖銳的是施莫樂，他寫了一篇嚴厲的批判來反駁《社會科學方法論探究》（「我們已經讀完這本書了！」），並聲稱門格爾缺乏「哲學和歷史的通用教育，也缺少天生就該有的廣闊視野」，這就是為什麼他無法理解歷史主義者的觀點[64]。門格爾則以的輕蔑言辭回應，說「施莫樂是個方法論者」，他「在斯普雷河（Spree）河岸上宛如獅子般出擊」（施莫樂在柏林的大學任教，斯普雷河是柏林的一條河），「以認識論的手法甩動鬃毛、揮舞爪子和打哈欠；此後只有小孩和傻瓜才會認真對待他的方法論姿態」[65]。

這場經濟之爭重燃了往日舊怨，不禁令人回想起奧地利在一八六六年於對法戰爭中擊敗普魯士的情景。奧地利和普魯士的分歧，甚至導致德國和奧地利的學生在維也納大學大打出手[66]（門格爾和施莫樂的鬥爭也有喜劇性的一面：門格爾在晚年養成了奇妙的嗜好，一心一意地蒐集其他經濟學家的照片，想知道誰的鬍子最長。門格爾在即將邁入七十歲之前，要求世界各地的每位經濟學家都拍攝一張正式的人像寄給他，如此一來他才能確定誰的鬍子最多。他堅信鬍子多寡是衡量教授尊嚴的真正標準，而且他有可能會勝出。可想而知，施莫樂和德國歷史學家法蘭茲·布倫塔諾〔Franz Brentano〕顯然仍對於三十多年前的方法學論戰耿耿於懷，拒絕配合[67]）。

門格爾與德國歷史學家的決裂引發眾人開始批判「門格爾學派」，接下來受到批評的則是「奧地利學派」，又稱「維也納學派」——這是施莫樂使用的貶義標籤，目的是把門格爾及追隨者描述成一群孤僻又默默無聞的人。奧地利學派逐漸接受了這個稱呼，門格爾也在一八八九年的一篇報紙文章中提到了奧地利學派（Österreichische Schule）[68]，對於奧地利出生的經濟學家來說，這是一種榮譽，儘管這麼長的時間以來，他們的祖國從未接納過他們，但他們卻從未離棄祖國（諷刺的是，從經濟學角度來說，奧地利學派顯然並不那麼奧地利。正如米塞斯所說：「在奧地利的大學裡，那些被稱為『奧地利學派經濟學家』的人，其實只是當地人勉強忍受的外來者。」[69]）。多年後，米塞斯在他的著作《理論與歷史》（*Theory and History*）中挑戰歷史主義者，說他們的各個經濟定理都是無效觀點，原因在於這些定理都依賴先驗推論，而且歷史主義者認為只有歷史經驗才有根據。他寫道：「這種歷史經驗提供給觀察者的並不是事實，實驗室中的自然科學實驗帶來的結果才能稱為事實。」他進一步批評有些人「把他們的辦公室、研究室和圖書館稱為經濟學、統計學或社會科學研究的『實驗室』」，並說他們「糊塗得無可救藥」。米塞斯指出：「詮釋歷史事實時，我們的根據應是該事實發生前已存在的定理。」[70]

然而，德國歷史主義者從本質上否認這種經濟理論的存在。米塞斯認為，他們的觀點「無異於徹底否定了經濟學本身」[71]。相較之下，門格爾則致力於提煉出具有通用性質的經濟理論，這些理論可以適用於所有國家、文化和時代。這種理論需要的是以手段和最終目標為主的框架，而門格爾在許多方面都是此框架的開創者。這種想法對德國歷史主義者來說，必然完全不可接受，因為他們拒絕因果關係（因此也拒絕手段和最終目標）。

施莫樂帶領的歷史主義者和門格爾帶領的理論主義者之間的爭論，產生了很大的影響，甚至大過了數據使用與經濟理論應用之間的爭議。在戰前的德意志帝國中，德國歷史學派是由頂尖的德國經濟學家、歷史學家和政治學家組成，他們支持社會主義者，堅信若自由市場不受監管，會使工人遭到剝削，違反國家的利益。然而，儘管社會主義者認為革命有其必要，但歷史主義者不這麼認為，他們提出了「國家社會主義」作為解決方案，進行社會改革，例如首相奧托・馮・俾斯麥（Otto von Bismarck，綽號「鐵血宰相」）在一八八〇年代與一八九〇年代推行的現代福利制度。米塞斯在其一九五二年首次出版的著作《自由規劃》（*Planning for Freedom*）中，指出「當今的干預進步主義」可以一路追溯至「德意志帝國的最高智囊」，尤其是施莫樂，這使得「俾斯麥的正統理論與傑佛遜的正統理論之間爆發了衝突」[72]。還有些人建立了更強烈、更偏向陰謀的聯想，將社會主義納粹的崛起與「俾斯麥及其同代人播下的種子」連結在一起[73]。雖然奧地利學派的追隨者將此學派視為自由的堡壘（正如榮・保羅在本書的前言中所說），可是他們並沒有誇大這些觀點。

強調人類行為的經濟學派

門格爾果敢地將經濟學引向一條不同的理論之路，承認個人選擇的卓越地位和人類行為的主觀性，藉此遠離經驗主義者和歷史主義者。經濟的主體是個體，尤其是作為消費者的個體，因此研究應該聚焦在個體上（奧地利學派的通用分析方法根植於主觀論，不過分析方法論的確切內容會因不同經濟學家而有所差異）。因此，門格爾也認為高階生產（手段）和低階生產（消費者需求這個最終目標）之間具有目的論的連結——這樣的看法與實證主義者相反，實證主義者認為目的論研究沒有價值，堅信科學主義（如今批判性科學日益興起——如同我們將在第八章提到，批判性科學在類比方面大有用處——同樣逐漸崛起的還有乏味的一般均衡理論與現代投資組合理論，這些事物進一步忽略了具有目的性的市場過程）。奧地利學派是本體論的一種，研究的是人類行為本身：人類所感知的世界是必然的因果事實。奧地利學派以目標為根基，以消費者為目標，其背後的經濟現實一直以來都是可演變、目的論的——也就是說，經濟現實具有明確的手段與最終目標。

一九二一年，奧地利學派創始人去世，熊彼得在悼詞中總結了門格爾對經濟學的貢獻：門格爾「不是任何人的學生，他創造的理論經得起考驗」。門格爾發現的不只是人們會購買、出售與生產商品，也不只是人們能藉由這些商品滿足需求。門格爾的發現承載了更大的重量，同時也是個更簡單的事實：人類需求法則本身就足以解釋「現代交換經濟的複雜現象」[74]。

奧地利學派把人類互動視為理論中最重要的一部分，這個獨特的觀點使奧地利學派遭到拒絕與批判，甚至引來某些人的激烈攻擊，而且這種事不只發生在經濟學界的同行之中，甚至在政治圈也是如此，原因在於奧地利學派否認許多經濟政策的合法性與有效性。儘管奧地利學派一直以來都不乏政治左派和右派反對者，但這種疏遠也為此學派帶來了獨特的客觀性和獨立見解。

隨著時間推移，開始有許多人追隨門格爾，其中有些人逐漸對門格爾的理論進行了改善、修撰，並做出了許多實質貢獻，例如龐巴維克和米塞斯。但門格爾無疑是奧地利學派的開端，他在荒野中插下旗子，使人們理解奧地利學派以及此學派獨特的先驗論、演繹法，還有人類的主觀選擇和行動有多重要段才能達成目標。

——這一切都建立在企業家的方法論框架之內，為了滿足消費者的渴望與需求，企業家必須蒐集各種手

奧地利學派的方法論依循一條跨時間的道路，這路徑超越了可見的界限，到達了尚未看見的、甚至是可預見的地點，在這段過程中，齊爾將會變成米特，藉此實現茲維克。在奧地利學派中，我們使用目的論來分析最終目標與手段，這種做法始於門格爾，不只是一種思考資本的方式，更允許我們將商品與資本區分成高階與低階——這件事本身就是一連串跨時間程序。奧地利學派的基石由巴斯夏和前奧地利學派組成，而門格爾與其後繼者將之形式化，建立了奧地利學派資本理論，他們意識到，用更加迂迴的結構來聚集資本是很重要的事，這麼做不是為了迂迴，而是為了在滿足消費者需求時提高效率與效能。因此，我們接著要在第五章論及的主題便是龐巴維克，他在門格爾創立奧地利學派早期就成為追隨者，最終使此學派名聲大噪。

第五章

烏維格：迂迴生產的藝術

在奧地利學派的敘事中，主角是企業家，龐巴維克在文本中把企業家稱為烏特內默（Unternehmer），意思是「承擔者」。

現在你應該已經清楚知道本書的信條了，那就是在「間接手段與環境」和「最終目標與後果」之間，透過迂迴道路取得戰略位置優勢——換句話說，若想要更有效率地向左走，我們該做的不是走上筆直的路徑（「錯誤的捷徑」[1]），而是有意識地（並且違反直覺地）向右走。目前為止，我們在策略思想的歷史基礎中接觸到許多類似迂迴的概念，從道家的勢到普魯士的齊爾、米特和茲維克；這些思想最終累積成了傑出的奧地利經濟學派傳統的核心原則：烏維格。

烏維格就像勢一樣，是平庸世俗的用語，藏起了它所蘊含的哲學意義與實用性。烏維格的字面意思是「繞道」、「間接」或「迂迴路線」，它在經濟學中的意義源自奧地利學派的支柱人物：龐巴維克，他和門格爾是奧地利學派的聯合創始人。龐巴維克以門格爾的理論為基礎，先是闡明和普及這些理論，接著逐漸提出了更多他自己的概念——這些概念對於價值、資本和利潤的研究而言至關重要。要說起來，如果把這件事交給門格爾負責，讓他躲在藏書室裡不斷修改過去作品的話，奧地利學派傳統必定會胎死腹中。龐巴維克絕不只是追隨者而已，奧地利學派在他的領導下變得嚴謹，足以被視為自成一格的經濟學思想流派。

龐巴維克帶來了巨大的影響，特別是在資本理論和理解經濟成長這兩方面，很可能是二十世紀之交在非英國地區最著名的一位經濟學家（這也使我們不禁疑惑，如今除了奧地利學派之外，幾乎無人知曉他的名字）。龐巴維克的所有重大成就都匯集在烏維格，烏維格利用圓環道路使交通有效合併（真正的先往右走才能在最終往左走），不需要正面交叉。在其他策略左轉時，烏維格這個策略卻選擇右轉，目的是在未來往左超越那些左轉的策略。本書的路徑也是如此，我們的敘述橫越數千里與數千年，遍及軍國主義者和經濟學家、松柏和企業家，以迂迴但經過縝密計算的路線朝著我們想去的方向前進。我們探索了通用的策略性思考，從多個源頭獲取知識，建立出一套理解結構，並藉此模擬出資本家區分工具與生產中期階段的方式。我們將會在最後幾章中探討到這一點：奧地利學派投資法採用了同樣的迂迴資本主義方法，超越了可見的最初直接後果，朝著看不見的最終結果前進。我們在使用這個方法時，是為了在下游達到完整部署而決定上游的位置分布，也就是「在事情還容易達成的時間與地點」執行計畫，並且「在種子成長之前先看見它的存在」[2]。

在奧地利學派的敘事中，主角是企業家，龐巴維克在文本中把其稱為烏特內默（Unternehmer），意思是「承擔者」（直譯自薩伊創造的法語詞彙），承擔者會分配必要的投入與生產要素，打造出暫時的資本結構。正如龐巴維克所描述的，資本累積是一個分階段完成的連續生產過程，旨在更有效率地生產出最終消費品，並根據需求來安排時間——不斷追求戰略優勢，以達到「滿足消費者」這個最終目標。為了實現此目標，烏特內默必須把目光投得更遠，超越市場中的此刻，展望未來，不僅要預測消費者會想要什麼商品，更重要的是預測他們何時會想要這些商品。我們可以在滿足現在與滿足未來之間，看見跨時間選擇與權衡，烏特內默放棄了「現在的立即性」，轉而追求「未來的立即性」。

對奧地利學派來說，資本家與企業家的觀點是獨一無二的，他們了解經濟中的不平衡動態，我們可以把這種不平衡動態視為透過投資資本結構來獲利的機會（主流經濟學家鮮少討論到不經濟平衡，這是因為不平衡對他們的數學模型來說太混亂了）。率先描述這種結構的是門格爾，但是此結構一直到龐巴維克的出現才發展得更完整，不平衡是由不斷累積且分層配置的資本所組成——最高階層是原物料（土地、地下開採的礦石、來自森林的木材），接下來這些原物料在過程中逐漸轉變成中間商品，進入較低階層，最後到達消費者手上（你也可以把此過程想像成一種聚合模型〔aggregate model〕，不過奧地利學派通常不那麼喜歡聚合，更偏向於關注個人行為）。企業家會為了使生產過程更加烏維格而權衡各種機會（資本結構也會同時變得更加烏維格），在這個過程中，資本結構會不斷進步與發展，依循迂迴道路前進，而這條迂迴道路正是物質社會的發展進程。

當代資本理論的推手

龐巴維克的綽號是「龐巴」（Böhm），他的事業生涯橫跨學界與政界，因此能從這兩個有利角度觀察經濟學的運作，並提出假設。他在一八五一年出生於奧地利布魯諾（Bruno），是家中的么兒，父親是奧地利貴族政府官員暨副省長。龐巴維克在維也納大學接受教育，於一八七五年取得法學博士學位，整個一八八〇年代都在因斯布魯克大學（University of Innsbruck）任教，在這段期間寫下了他最著名的著作，隨後進入政府就職，於一九八〇年代成為奧地利財政部長。他在任職財政部長的期間，因幫助國家清算財政並穩定貨幣，因此獲得美名，此外他也是奧地利稅法改革的領導人（在一九八四年至二〇〇二年，他因擔任財政部長而成為奧地利一百元先令紙幣上的肖像）。

龐巴維克以《資本與利息》（*Capital & Interest*）為題出版了著作的前兩集，就此聲名大噪。他的第一集著作《利息理論的歷史與批判》（*History and Critique of Interest Theories*）出版於一八八四年（當時龐巴維克年僅三十三歲），內文廣泛討論利息和相關理論，揭露其中謬誤，並證明利息的概念並非源自人造或高利貸，而是原本就合理地存在於市場中。龐巴維克以門格爾的思想為基礎，尤其是有關時間偏好的概念（不過龐巴維克也對這些思想提出了嚴厲的批判，並將之歸功於經濟學家約翰·雷〔John Rae〕），他在這些基礎上證明了，即使有兩個商品在品質、數量與形式等各方面的條件都相同，但當下商品的價值總是會高於未來商品。

他的第二集著作《資本實證理論》在一八八九年出版，是他最重要的作品，在出版後立刻被翻譯成英文出版——這對龐巴維克和奧地利學派來說是十分驚人的成就（值得注意的是，書名中的實證（Positive）一詞絕不代表龐巴維克是實證主義者。這個詞表示該書中的理論是他的，而第一集的目標則是「負面的」——他在其中暴露了現有理論的缺陷）。第三集著作《資本與利息進一步論文》（*Further Essays on Capital and Interest*）由第二卷的附錄組成，出版年分是一九二一年，當時龐巴維克已經去世。

進入二十世紀不久，龐巴維克從政府退休，回到學術界，在維也納大學任教。他舉辦了一些有關資本理論的講座和私人研討會，吸引了許多學生，其中包括了米塞斯。

根據其他人的描述，龐巴維克是個典型的奧地利人，個性文靜、謙虛又深情。他的妻子是他最好的朋友，奧地利學派經濟學家弗里德里希·馮·維塞爾（Friedrich von Wieser）的妹妹，而維塞爾可以算得上是此學派的第三位聯合創始人。龐巴維克的興趣包括音樂（他是一位才華橫溢的大提琴家，此興趣也和他對跨時間的關注相符）、自行越野車，以及夏季每天去多洛米蒂山（Dolomites）爬山[3]。儘管龐

歐根・馮・龐巴維克，他的筆比劍更鋒利。

巴維克的戶外生活很充實，但他還是在一戰爆發與奧匈帝國垮臺前去世，享壽六十二歲。儘管龐巴維克的生命短得令人悲傷（他的許多同事都活到八十多歲），但他的成就比他更長壽，他在經濟學方面帶來了重要進展，因此在論及當今的資本理論時，所有人都必定要理解他闡述的生產概念。此外，奧地利學派投資法的各種理念核心也都匯聚在他身上。

迂迴生產：在當下捕捉較少的魚

為了解釋他的經濟理論，龐巴維克借鑑於日常經驗，從我們在第一章中提及的「孤獨交換」到更廣泛的**方法論個人主義**——此原則來自門格爾的研究與概念，他認為在研究與解釋社會和經濟的相互作用時，最好的方法是透過個體行動，而非團體或集體的行動，因為團體或集體其實也只能透過個體行動來「行動」。我們也可以將這種簡化至個體的互動視為一種還原主義（reductionism）——不過這種想法帶有奧地利學派的傾向。關注個人行為是奧地利經濟學派的核心概念之一，正如門格爾所解釋：「我們必定能在執行經濟行為的個體身上，以及此個體的經濟思考中，找到每一種經濟現象的起源與衡量標準。」[4]奧地利學派不會避免研究複雜的「宏觀」現象，但此處的重點在於，他們在解釋宏觀事件時，會努力試著追溯個體涉及的行為和動機。

龐巴維克常在他對個體的研究中使用寓言，這是他最有效的教學工具之一。此外，這些寓言也展現了典型的奧地利經驗主義風格，也就是經驗可以幫助我們理解通用原則（例如使用工具能帶來優勢），但不能幫助我們理解嚴謹的經濟法則。我們追隨龐巴維克的例子，提供一些插圖，將他的概念有效地帶進生活中，展示**迂迴生產**（Produktionsumweg）的實際應用方式。重要的是，我們要理解，迂迴生產不只是拉長生產時間而已，也不只是為了迂迴而使用間接方法；並不是只要花比較多時間就可以算是迂迴。在沒有理由的狀況下拖遲、延後、耽擱或偏離路徑，是不會帶來任何好處的，也不是美德。在迂迴生產中，我們要累積交易時使用的工具，也就是中間產品，這些產品將會增加我們追求最後目標的熟練度和效率，直到未來我們才會實現追求的結果。正如龐巴維克所觀察到的：「**相較於直接方法，迂迴方法能產生更好的成果，這是整個生產理論中最重要也最基本的命題之一。**」（投資中的迂迴方法也是同樣的道理。）隨著時間推移，我們把投入的東西全都匯集在一起（投入也就是中間產品和其他生產要素），如此一來，我們「期望的結果與想要的產品將隨之出現」[5]。

為了說明這一點，且讓我們回到《魯賓遜漂流記》的海難寓言。奧地利學派在相關論述中善用了魯賓遜的例子（他的姓氏「克魯索」〔Crusoe〕源自德國姓氏「克魯茲納」〔Kreutznaer〕），簡單說明了個人經濟的演變：魯賓遜能生存下來的關鍵因素，在於他超越了勉強糊口的方法，不再直接滿足需求，反倒改採更迂迴的方式。

魯賓遜漂流到作者狄福稱為「絕望之島」的偏遠島嶼上（其地理位置與委內瑞拉北方的多巴哥島〔Tobago〕重合，距離千里達〔Trinidad〕不遠），他的最優先任務就是維持生命的基本需求。為了獲取食物，他首先採用了最原始的方法：用手捕捉需要的事物——或者用龐巴維克的話來說，就是「mit der nackten Faust」，字面意思是「赤手空拳」[6]（狄福為魯賓遜準備了狩獵、種植基本作物和飼養山羊的方法；在此，且讓我們把滿足立即需求的方法聚焦在捕魚上）。魯賓遜站在水中，試圖抓住游過他身旁的魚，但這些快速移動的滑溜生物很難捕捉。所以，他決定升級自己的捕魚方法，使用原始工具（也就是對中間產品的初次嘗試）：把一根樹枝製成矛。儘管他經常失手，不過至少在這天抓到了五條魚。可是，在他吃乾淨最後一根魚骨頭之後，他必須好好休息，接著迎來隔天的勞動。因此，魯賓遜的困境在於，如何在付出更少時間與勞力的前提下，捕獲相同數量的魚，或在相同的時間內捕獲更多條魚。想要解決這個困境，就得使用更迂迴的手段。

然而，此處的問題在於，即使他有了矛，也要花費非常多時間，才能在一天內捕獲五條魚，所以，如果他要投資更好的工具（也就是改良後的中間產品），唯一的方法就是減少一天的捕魚數量。換句話說，他必須「節省」一些精力，而不是把精力全都花在捕魚上。他得為此減少釣魚的時間，一天可能只會釣到三條（代表他得餓肚子餓），如此一來，他才有多出來的時間可以用空心原木製作簡單的漁船，用藤蔓編織漁網。這段過程需要好幾週，魯賓遜在期間放棄滿足當下的所有需求（因漁獲量不足以吃飽），就是為了利用船和漁網等中間商品，替自己奠定未來的優勢。他忍著飢餓在上游勞動，為的是能在下游捕獲更多魚。從經濟學的角度來說，他是在當下利用僅存不多的剩餘時間，替未來創造更多生產手段。

這就是**烏維格：**魯賓遜**透過捕捉較少的魚，在未來捕捉到更多的魚，**他在當下把努力集中在間接手段，而非最終目標上。

最重要的是，我們可以從魯賓遜的故事中看到，光是放棄或匱乏並不能稱得上是儲蓄。事實上，儲蓄具有高度戰略性，是在當下讓步或「失去」，藉此實現未來的優勢，儲蓄者會希望這種優勢帶來的回報能高過原本的失去，耐心等待他的勞動與投資帶來成果（不過儲蓄並非總是有回報；就像企業創投一樣，沒人能保證投資必定具有可行性或獲利能力）。我們在這裡再次目睹跨時間的交換：當下的損失是為了能在未來獲得更多收益。因此，正如龐巴維克所指出，儲蓄不是一種負數，而是遞延消費，儲蓄替未來的更高額消費提供了生產資源。

魯賓遜終於準備好船和漁網了。飢腸轆轆的他馬上出海，在兩小時內就釣到五條魚。現在，他已經滿足了日常需求，便可以開始投資其他迂迴生產，舉例來說，除了修理他的船和漁網之外，他還可以製作架子，把魚晾乾、使海水蒸發，並利用鹽來保存魚肉。魯賓遜很快就發展出了極高效的捕魚方法：他捕獲的魚遠多過消耗量，為日常飲食積累了大量的蛋白質——同樣的，也讓他積累「儲備時間」（a stockpile of time），能更換、創造更多資本財貨。

有了船和漁網，魯賓遜便能採取更迂迴的行動，他可以吃先前儲存起來的乾燥鹹魚果腹，預先製作第二張漁網，以便第一張漁網壞掉時立即更換。我們必須把資本必須被視為一種會持續減少的時間結構。此外，我們在今天實現的優勢和收益，都是源自於先前投入的資本。我們在第二章提及的松柏也經歷了同樣的過程，它們在岩石多又不適居住的地方播種，一開始大幅落後——生長緩慢、缺乏渴望營養——但到了後來，它們卻因此長得更好，實踐機會主義，這都要感謝它們一開始就為此建立了有利的效率、位置和優勢。

但是，如果魯賓遜和松柏在發展過程中遇到不一樣的狀況，會怎麼樣？魯賓遜製作漁網和簡易船隻的過程中，必須把食物減少到每天兩條魚（從本來的每天五條減去三條），故事中魯賓遜花了數週準備好漁網和船隻，但如果這件事需要他花上兩個月才能完成，會怎麼樣？同樣的道理，對松柏來說，如果它們需要更長的時間才能進入較快的生長階段，又或者，如果能夠燒出空地的火災減少了，導致肥沃地區的轉換速度變慢的話，會怎麼樣？如果因為時間成本實在太高，導致迂迴的過程對我們而言太久的話，該怎麼辦？

對魯賓遜來說，重點在於他利用漁網和船獲得的生產力，是否能夠抵消他花費的時間成本，他可以用減少的漁獲數量來計算（兩條魚乘以六十，也就是一百二十條魚）。在熱量不足的期間，他的體重會減輕多少？若有人免費送他一艘船和一張漁網，他當然會拿來使用，但他是否願意花費一百二十條魚的成本，投入時間和精力來製作這兩項工具呢？提高的生產率能否抵消他的支出？在魯賓遜的現實中，回報能否彌補他花了整整兩個月挨餓，在生理與心理方面承受的痛苦？（人類對熱量攝取具有持續需求，這種需求自然而然地妨礙了資本主義生產方式的直接匱乏。）我們在此又一次看到經濟生產力發揮作用：**光是提高物理生產力是不夠的，這個生產力必須具有經濟意義**。

再次強調，若我們認為只要流程比較迂迴，結果就會自動變得比較有利，那就太天真了。讓我們舉一個愚蠢的例子，魯賓遜也可以採用這個「步驟」：每次要釣一條魚之前，都要先爬上一棵樹。相較於比較直接的方法，這個爬樹法顯然不會帶來任何優勢。無論如何，龐巴維克在此得出的結論是，人們花費較長時間進行迂迴生產只有一個原因，那就是為了在創造出他們真正想要的事物時，獲得未來的生產力優勢（製作品質更精良，或付出較少的勞動力、能量或原物料）——而且能讓他們在想要時取得這些事物。有些時候，迂迴法的物理優勢在於用同樣單位的輸入，換來較高單位的輸出。不過，除了上述狀況外，迂迴過程產出的成果不但是人們渴望的事物，而且也是其他費時較短、較直接的過程都不可能產出的事物。因此，龐巴維克指出，我們會在使用「明智的迂迴方法」時發現，「間接方法的優勢在於，它往往是取得特定事物的唯一方式。恕我直言：間接方法之所以好得多，就是因為間接方法往往是唯一能獲取特定事物的方法！」[7]

我們可以從魯賓遜的例子看到，企業家在採用迂迴生產時必須考慮一些基本因素：耗時多久、成本多少、必須如何投入資源才能增加產量，以及需要等待多長時間才能獲得回報（稍後我們會討論到，這些因素全都會受到利率高低影響）。

我們可以藉由魯賓遜的一人經濟「闡明最簡單、最基本的因素，學習經濟過程的完整結構框架」。龐巴維克指出：「若我們的目標是清楚呈現出最簡單的典型原則——給出經濟程序的框架——那麼使用魯賓遜式冒險故事和原始環境的樣貌就非常適當。」然而，我們終究會在未來的某個時刻需要利用「現代經濟社會的實際狀況」，把基本框架變得更充實，在框架上添加「源自生命的解釋與描繪所構成的抽象算式」。因此，迂迴生產的研究必定得「離開魯賓遜的孤獨海岸，前往人口達到數百萬的偉大國家，觀察國內的工業行為」[8]。

在所有經濟體中，無論規模大小，資本的生產與配置選擇終究都會被區分成兩種：直接方法與迂迴方法。正如龐巴維克所寫：

> 我們只有兩個選擇，一是在即將達成目標前付出努力，二是蓄意走上迂迴道路。也就是說，我們可以用這種方式投入勞動力，這種方式能馬上完成我們期望的條件循環，使我們渴望的**商品**出現，因此，在勞力支出之後，商品便會**立刻**出現；又或者，我們可以先把勞動力連結至較遙遠的商品製作動機，連結至我們獲得商品想達成的目標，我們想要的不是商品本身，而是商品的近因；這個近因也必定會連結到其他相對應的材料與能力上——或許過程中會經歷大量的中間階段——直到我們最終獲得成品，這成品就是使人類獲得滿足的工具。[9]

在各種解釋策略與目的論過程的敘述中——從中國的戰國時代，到歐洲的戰場，再到烏特內默與投資人——從沒有比這段文字更清晰、更簡潔的描述。

我們可以把中間資本貨品的迂迴結構視為「自催化過程」（autocatalytic process）。我所說的自催化過程，指的是某一個反應製造出來的產物，變成了進一步反應的催化劑，又或者換句話說，這是個會自我催化的過程，能夠使成長等同於資本累積和再投資（自催化的「自」〔auto〕，不代表此過程中的每一步都缺乏人為決策。消費者的選擇仍然至關重要，企業家必須採取行動，回應當下和未來的消費者需求）。因此，生產有了自催化和自再製的能力，高階資本貨品的生產促進低階消費品的生產，同時，資本透過創新不斷進步，創造出更優良的低階商品。我們從這些角度看待生產過程，就可以將技術、創新和生產視為適應性學習，是先前的步驟產生了漸進的步驟，接著再導向接下來的其他步驟——從目的性的角度來看，每一個步驟都像生物學家馮．貝爾所說，是毛蟲的手段，它會利用這些手段，轉變成尚未被發現的目標：蝴蝶。儘管每一個步驟都只是先前步驟的複合結果，但我們仍能看出明顯的計畫性目的。技術進步深植於現有技術中，兩者彼此混和，使過去不可能做到的其他技術或消費品有機會成真（至少過去在經濟上是無法製造的）。

然而，迂迴生產也有其限制與阻礙：好的時間偏好和利率數字。龐巴維克用他的「價差理論」來解釋利息，他指出利息出現的理由，是因為人們普遍認為當下商品的估算價值較高，未來商品的估算價值較低（舉例來說，大多數人會想在今天拿到商品，而不是明天或一年才後拿到）。一般而言，這個理論適用於所有商品，這就是正利率存在的原因。這種把市場上的利率現象歸結為主觀偏好結果的行為，是典型的奧地利觀點，也是讓龐巴維克贏得讚譽的理論核心。

龐巴維克，資產階級的馬克思

目前為止，我們已經論及大範圍的日耳曼領土了，可能會有些人因此想要指責我在文化方面具有偏見（無論出於何種原因，都沒有任何人能誇大德語界的貢獻——其中當然也包括猶太德語區）。但是，接下來我們要提到的人和我們迄今為止討論的所有人截然不同：馬克思。

馬克思在一八六七年出版的《資本論》中，提出了勞動價值論，也就是勞動在決定價值的過程中扮演主導角色，此論點挑戰了古典經濟學思想。馬克思的核心論述信念是，唯有勞動才能創造價值。因此，從馬克思的觀點看來，產品的價值應該等於投入其中的勞動時間（然而，我們可以從門格爾的主觀價值理論得知，最終產品決定了中間投入的價值——舉例來說，為葡萄和葡萄種植者付出的努力賦予價值的，是葡萄酒本身）。然而，按照馬克思的錯誤思考方式，商品的市場價值完全取決於生產該商品所需的（「社會必要」）勞動量。同時，由於勞工有能力生產超過維生所需的產品，所以資本家可以用完整價格出售產品（也就是符合產品累積多少勞動時間的價格），而他們付給勞工的薪水只要能維持生計就算得上適當了。在馬克思看來，這兩個金額之間的差距就是「剩餘價值」，但這個差距其實是宛如寄生蟲的剝削者，從工人製造的產品中榨取並奪走的事物。

馬克斯首次公開這些基進的理論時，古典經濟學家沒有做出回應。乍看之下，馬克斯似乎成功證明了自己的觀點：資本主義創造出了階級鬥爭。正如我們在第四章描述的，儘管巴斯夏勇敢反抗馬克思主義者和社會主義者，但真正成功擊敗他們的，是龐巴維克的經濟理論和批判，因此馬克斯主義在經濟學中扎根的程度遠不及其他專業領域，例如社會學和歷史學[10]。

龐巴維克運用無可挑剔的邏輯指出，正確計算出包含時間因素在內的「完整價值」（full value），企業家雇用的勞工就可以立即獲得勞動的完整價值作為酬勞。畢竟在大多數的生產過程中，勞動時間的投入不會立刻產生成品。即便如此，工人還是會立刻（或很快）獲得報酬，而企業家則必須耐心等待才能獲得潛在回報（或許要等待長達數年）。由此可知，規劃生產其實是一種借貸行為，企業家預先支付投入，是為了在遙遠的未來銷售產品。如果利潤超過等待成本的話，投入和產出之間就會出現**跨時間套**

利。於是，企業家會在生產過程中提供薪水給勞工，在勞工的貢獻帶來產出之前發放薪水。企業家想要實現的經濟利潤往往是十分遙遠的目標，而且有可能失敗，而勞動力只是企業家為了實現此目標，所採取的其中一種迂迴間接手段。

龐巴維克用另一個例子進一步說明，假設有一棟房子的市場價值是兩千英鎊，屋主也支付了恰好兩千英鎊的薪水給建造房子的勞工。龐巴維克認為這個例子裡「沒有任何利潤」可以構成剝削；根據馬克思主義的原則，工人拿到的錢等同於「勞動製造出來的完整產品」。然而，龐巴維克又進一步假設房主接下來會把房子出租給租戶，每年都可以獲得一百英鎊的收入。這下子屋主就可以持續從這項投資中獲得五%的回報了，這顯然也是一種利息。然而，按照馬克斯主義的約定，勞工在製造出商品後，得到的工資應該完全等同於商品的市場價值，龐巴維克在此提問：「我們要從哪找回這些一百英鎊被騙走或奪走的勞工？」[11]

勞工和企業家之間還有另一部分的區別：風險的概念，更確切來說，勞工的風險比企業家小得多。在勞工販售勞動時間換取薪水時，企業家承擔的風險往往是未來能否把勞工的產出銷售出去；勞工通常會在產品銷售出去之前就拿到薪水，企業家的計畫最終能否獲益不會影響到薪水。企業家必定要面對的不確定性則是投資是否會有好結果，以及鉅額債務帶來的不利風險，甚至有可能破產，同時，他們也得在最終消費者「付錢」之前，就先付錢給勞工。一旦我們考慮到現實世界的不確定性因素，就很難說清楚到底要怎麼做，才能運用馬克思主義的原則來支付勞動的「完整價值」。如果某間公司倒閉了，並且在事後發現先前支付給勞工的薪水顯然太高了，那這間公司是否有權收回過去多年來支付的工資？

於是，被熊彼特尊稱為「資產階級馬克思」的龐巴維克，用一套宏大又包羅萬象的理論體系，無情地對著馬克思主義者及其剝削理論給出致命一擊。他用主觀價值論推翻了馬克思的「辯證騙局」[12]。此外，龐巴維克在他的著名作品《卡爾・馬克思及其體系的終結》（*Zum Abschluss des Marxschen Systems*）中，強調了馬克思主義對利息的解釋具有重大的技術缺陷（當然，如今那些對馬克思抱持著謹慎喜愛態度的人並沒有意識到，他們已盲目接受了這些邏輯謬誤）。

龐巴維克還對利息提出另一種解釋，他的觀點與古人相悖，古人認為利息是一種虧損，亞里斯多德也抱持這種觀點，他認為金錢的本質是無法結出果實的，債權人想要獲得收益，就只能去欺騙借款人。早期的基督教會也有類似的想法，當時他們希望能保護借款的貧困者，免受富有的債權人侵害[13]。然而，在論及時間的利息時，又是另一回事了；若我們希望能較早獲得資本，而非較晚，那麼我們就得付出固有的代價，此一代價便是決定投資回報率和投資謹慎程度的門檻。龐巴維克的資本與利息理論，為資本家該如何做出迂迴決策指明了方向。

龐巴維克出生於十九世紀中葉，當時各種越來越好的中間工具與中間方法，正逐漸改變最高階商品的效用，這也推動了各種較低階商品隨之出現變化（包括鐵路運輸等）。事實上，世界各國的高速工業化顯然都採取了迂迴生產的路線，而且這也是人類史上最龐大的工業化過程，龐巴維克的命題與資本化的原則無疑都源自於此。由於歐洲大陸的工業化相對較晚，煤炭、鐵與鋼鐵等特定原物料一直到工業化之後才有所進展，終於取代了生產力較低的老舊生產要素，尤其是木材在能源方面的角色。在奧地利學派的理論研究發展出資本化之前（甚或可以說是引爆資本化），農業擴張付出的代價是林地的經濟可利用程度大幅降低，當時格外需要制訂一套方法，去比較在往後一段時間，用來當作採伐木材的林業用地能帶來較多未來收入，還是用作其他用途效益更佳。儘管龐巴維克也曾設法解決木材的金融完善程度、現金流量折現法和資本化的其他要素，但沒有證據表明他曾聽聞過名叫馬丁・福斯特曼（Martin Faustmann）的德國林業學者，福斯特曼在《資本實證理論》出版的四十年前左右，就撰寫了有關森林經濟學的開創性著作，並將機會成本和資本化的使用形式化。

福斯特曼的森林經濟

福斯特曼在二十四歲成為科學雜誌《林業和狩獵綜合誌》（*Allgemeine Forst- und Jagd-Zeitung*）的共同編輯；一八四九年，以二十七歲的年齡在該雜誌上發表了開創性的文章〈林地與未成熟林木結構對林業的價值計算〉（Berechnung des Werthes welchen Waldboden sowie noch nicht haubare Holzbestände für die Waldwirthschaft besitzen）。福斯特曼並不是第一個進行此類研究的人。

十九世紀早期，德國和奧地利就有少部分林業學者致力於計算土地資本的價值，從一八一三年的戈特洛布・柯尼希（Gottlob König）開始，他是第一個對有形資產進行現值折現的人——至少在林業中是如此，不過就算在其他領域，我們也很難找到比柯尼希更早這麼做的人。柯尼希的研究早於大衛・李嘉圖（David Ricardo）[i]於一八一七年提出的土地租論，不過這個研究沿襲了亞當・斯密在一七七六年提出的土地資本理論[14]。儘管如此，現今一般仍認為福斯特曼已為森林和土地的租金評估方式，發展出了一套明確、通用且嚴格的公式（雖然有些人將此公式稱為柯尼希—福斯特曼公式，但如今較廣為人知的公式名稱仍是「福斯特曼公式」）。

福斯特曼希望能正確回答一個簡單而迫切的問題：一塊林地具有多少經濟價值？具體來說，他想知道從當下的角度來看，要如何表達該土地的可預期未來林業經濟價值（福斯特曼稱之為Bodenerwartungswerte，也就是所謂的「土地期望價值」〔land expectation value，簡稱LEV〕），以及如何用同樣方式表達該土地變成裸露地時的當下市場價值（供林業使用之林地的「土地重置價值」〔land replacement value，簡稱LRV〕）？也就是說，這塊可用土地的價值，是否值得直接當作林業地使用，或轉變為林業使用地？還是說，把這塊地用做其他用途會更好？本質上來說，福斯特曼在做的，就是計算出林地的預估資本化現值之溢價或折價，再計算出這塊可用土地保持不活躍狀態（例如當作農業用地）的市場現值，並把這兩個數字拿來比較。

我們可以把這個計算方式視為兩個預估價值的比率——我們稱之為福斯特曼比率，LEV／LRV。這個比率傳達的訊息很明確：在福斯特曼比率大於一時（也就是LEV大於LRV，或總數大於各部分之總合），應把土地投資在林業上（至少你可以把這塊土地當作林業用地賣掉）。如果該比率小於一（LEV小於LRV，或總數小於各部分之總和），則不要投資該裸露地，至少不要在這塊

i 編按：英國政治經濟學家，被視為最有影響力的古典經濟學家。

土地上投資林業。我們可以運用福斯特曼比率，在德國和奧地利的廣大松柏樹林中，找到本書其餘部分不可或缺的核心經濟概念。

福斯特曼提出的算式之所以如此特別，是因為此算式可以量化林業漫長而迂迴的生產週期，以及多年後才能賺回的複雜支出。本質上來說，林業是一項長期事業，關係到未來的遠期市場。我們已在第二章了解到，許多樹種（尤其是松柏）的生長模式於初期較緩慢，這些樹木會積累資源，配置「資產」——例如長出強健的根系和厚實的樹皮——在後期變得更有效率，成長得更快，直到這些樹木達到在野外生長所能及的最高點，或另一種比較諷刺的狀況是，在林場生長到被採伐為止。唯有等待，才能讓這些樹木加速成長（舉例來說，在十五年的期間內，相較於每五年砍倒一棵五歲的樹、總共砍三棵樹，直接砍倒一顆十五歲的樹才能收穫較多木材；不過，若選擇前者，你每隔五年就能有一次進帳，若選擇後者，你要等到最後才能拿到全部的進帳）。在林業中，森林可能要花上十五年才能成熟到足以製造出紙漿，二十五年或更久的時間才能產出木材，因此，在我們把土地當作林業用地之前，必須理解一件事：未來獲得的利益所帶來的價值，會低於當下獲得的利益。林業是能夠放進教科書裡的典型迂迴產業。

福斯特曼為ＬＥＶ設計了一個公式，我們可以使用此公式來比較林業的長期生產與時間短得多的農業短期生產（例如乾草或大麥）。在福斯特曼的時代，這是一個非常急迫的問題，當時許多林地都漸漸變成了利潤較高的農業生產用地，這種轉變除了帶來價格上的差異外，也對生產的時間跨距造成影響。以乾草和松樹為例，這兩種植物在生產時期處於相反的極端，前者每年有多次收穫，後者可能在一整個世紀裡，只有屈指可數的收穫次數；假設有一塊適合這兩種植物的土地，那我們就需要在這塊特定大小的土地上，把這兩種植物拿來做比較，因此，我們要運用經濟學的基礎，才能面對正在橫掃歐洲大陸的土地用途轉變。福斯特曼的公式是絕對必要的，正是因為有了這個公式，資本化的正式構想與後來經濟學家稱作「設算」（imputation）的概念才應運而生。

承受當下的緩慢成長帶來的痛苦是一種手段，為的是實踐快速生長的未來目標，不過，林業工作者首先必須克服對耐心的外部限制：資本的**機會成本**。值得德國林業工作者讚揚的是，巴斯夏曾簡單提及機會成本的想法，但一直到門格爾才發現或正式化此構想，最後是門格爾的學生維塞爾在一九一四年正式奠定了這個概念。在論及機會成本時，奧地利學派很清楚這不只是人們必須支付的代價，也包括了他們**放棄的機會**，也就是把相同額度的資本投資到其他風險相似的地方能帶來的機會。舉例來說，企業家把一筆錢投資在土地上時，他不僅得考慮他將在該土地上建造或種植的事物中獲得什麼收益，也要考慮把這筆錢用在其他選擇上能帶來什麼收益——包括將其存入銀行。因此，在決定迂迴生產的真正經濟成本時，利率變成了一種客觀方法。

福斯特曼的土地期望價值公式（簡化形式）：

$$LEV = \frac{B}{(1+i)^r} + \frac{B}{(1+i)^{2r}} + \frac{B}{(1+i)^{3r}} + \ldots + \frac{B}{(1+i)^{\infty}} = \frac{B}{(1+i)^r - 1}$$

在算式中，B是每次不連續採伐時的木材現金價值，減掉疏伐的現值和過程中的所有持續成本（為方便讀者理解，我已在此簡化）；i是適當利率，資本的機會成本；r是輪作期，也就是每次靠收穫取得收入要相隔多少年的時間。福斯特曼在此把未來土地「地租」（Bodenrente，指的是能夠永續發展的一系列森林輪作所帶來的週期性年金）的無限金流轉換成現值，這是個永遠不會結束的幾何級數，能帶給我們便利又簡單的結果。由此可知，福斯特曼的貢獻是創造了一種嚴格的方法，能用來算出林業工作者需要的土地期望價值，打從那時起，這個方法「一直是古典森林經濟學的支柱」[15]。事實上，福斯特曼可能是第一個以使用「折線現金流」計算出現值的經濟學家[16]，如今我們理所當然地運用這種方式，來計算收入流的價值（無論收入流的金額是否確切），尤其是計算債務和股權的價值（人們將之稱為現代金融理論的「股利折現模型」）。土地資本化價值的基礎是，以我們從中獲得的淨租金（福斯特曼公式中的B），去比較我們為了獲得這些租金而放棄的機會，也就是資本的機會成本（福斯特曼公式中的折現率i）。

這種方法自然有些過於簡化，它沒有考慮到價值更高的土地或許能有其他用途（例如農作物可能會較快進入成熟收穫階段，且輪作週期可能會更頻繁），也沒有考慮到我們隨時都可以因條件因素改變而砍伐林地。在土地這方面，有些更換選項已經接受過深入研究。而福斯特曼關心的土地只有林地而已。

此處唯一不尋常的就是r，輪作週期。事實上，在福斯特曼的公式中，另一個主要重點就是決定r。即使我們假設樹的生長是恆定的，但如果我們從零開始，然後增加輪作週期的話，它會先提高LEV，最終再降低LEV；所以，LEV的最大值會對應到最佳輪作週期（請注意，在福斯特曼的公式中，每次採伐後木材出售現金價值B會受到輪作週期的影響，這是因為樹木會在較長的輪作週期間繼續成長）。福斯特曼的公式當然也承認利率的重要性——外行人可能會以為利率與森林管理無關。接下來出現的是斧頭原則：如果森林的實際成長與木材的預期未來價格帶來的回報高於市場利率的話，那麼砍伐木材再以現貨價格賣掉的機會成本就太高了，林地工作者應該停住他的斧頭。然而，若實際成長和預期未來價格帶來的回報低於利率，那麼當下的收入所帶來的益處就會大於砍伐的機會成本，林地工作者應該大刀闊斧地砍樹。很顯然的，在其他條件相同的情況下，利率上升會縮短最佳的 r 輪換週期——換句話說，提高利率就會縮短生產的獲利週期（這句話可以直接放進奧地利學派的教科書裡了）。我們就此解決了該在合時砍伐森林的跨時間決策：福斯特曼的公式讓林業工作者理解，只要依據木材價格和利率，以及輪作週期與「此週期中每次採伐所獲得的收入」之間的關係，就能找到最佳 r 來最大化 LEV。真正的經濟折現價值就此解決。

順帶一提，福斯特曼還證明了資本化土地價值，並非取決於樹木的種植方式是單一樹齡林木結構（間歇管理），還是多樣化樹齡林木結構（永續管理）。在一座森林的橫斷面內，每棵樹能代表的都只有其生命歷程的其中一個階段，而土地價值（森林價值減去成長蓄積〔growing stock〕價值）等同於這座森林的橫斷面，包括它的整個生命歷程。這代表的是，我們只需要在正生長中的整座森林裡觀察其中一部分（年度間伐）帶來的年租金，不需要為了測量整做森林而等待每個間歇輪作週期。輪作週期仍然很重要，它決定了每年的收穫量（B 的大小）和重新種植的量。不過，現在我們計算收入的頻率變成了每年（所以 r＝1）。

這個重要的數值允許我們比較每年收穫的木材現金價值與年度折現率，進而將土地期望價值簡化為更直觀的東西：

$$LEV = \frac{B}{i}$$

儘管龐巴維克在維也納森林上花了一些時間，也聚焦在生產的時間上（這是因為木材工業也許是典型案例），但他從未引用過福斯特曼的公式。然而，他確實重複了福斯特曼的結論（與他最著名的瑞典弟子約翰・古斯塔夫・克努特・維克塞爾〔Johan Gustav Knut Wicksell〕一起），也就是斧頭原則（the axiom of the axe）：只要樹木價值有新的成長，且這個新成長在當下的土地與土地價值中（投資資本回報，ROIC），占據的百分比超過擁有該土地與林地價值時的複合機會成本（資本機會成本，i），那木材交易在經濟上就是可行的（因此也是不成熟的）。

這讓我們回到了福斯特曼比率。我們可以說，土地的年經濟回報（也就是用土地重置價值百分比來表示的回報價值）是：

$$ROIC = \frac{B}{LRV}$$

因此，我們可以把土地期望值重述為：

$$LEV = \frac{LRV \times ROIC}{i}$$

所以，福斯特曼比率其實是：

$$\frac{LEV}{LRV}=\frac{ROIC}{i}$$

正如我們現在所看到的，該比率不僅描述了裸露土地的可利用度（土地重置價值），更具體來說，是描述了樹木價值產量（LRV的百分比）與此產量的折現率之間的關係本質上來說，這是投資資本衍生出的回報，與資本重置成本之間的比較。正如先前所說的，在ROIC超過資本機會成本（利率i）時，就應該種植木材。若沒有超過，那我們就不能因為利率而允許緩慢的樹木生長，這種狀況下的土壤太過昂貴，最好種植輪作較快的作物，如乾草（或根本不使用土地）。事實上，斧頭原則已成為如今的企業財務基本準則了。

那麼，如果植物的生長先慢後快的話——就像在松柏的龜兔賽跑寓言中那隻加速的烏龜一樣——又代表了什麼意義？理想的行動是在生長緩慢的幼樹出現生命跡象時就砍掉它嗎？我們該在烏龜的發展還不穩定時，就宣布比賽結束嗎？這就是迂迴悖論（我們稱之為克利普悖論）：你不能只衡量當下階段的經濟狀況，因為這會讓你成為巴斯夏所謂的「糟糕的經濟學家」。雖然眼前的狀況看起來像是會帶來損失，但這只是中間手段，旨在達成以後的較長生產週期，藉此進入利潤極高的階段。

福斯特曼比率是一種經驗法則，不但能用在樹木與土地上，也同樣適用於所有資本。因此我們可以看到，在福斯特曼於林業中發現的明顯事實，以及龐巴維克隨後提出的資本和利息理論之間，是有共通點的：較低的利率——或者更準確地說，較短的時間偏好（現在儲蓄，稍後消費）——能帶來更多的迂迴生產，無論在松樹林或其他資本貨物中都一樣。

把資本想成一棵樹

我們可以從資本的跨時間特質中看出來，時間是異質的（heterogeneous）——這是奧地利學派傳統已接受的事實（而其他經濟思想流派通常會把「資本」視為不定形的、同質的團塊，因而嚴重低估了資本重要性及變化程度）。這種異質性代表，並非所有資本配置都是相同的，它們也不會產生相同的回報。此外，資本結構的擴張並不代表其中的高階資本和低階資本，會同時出現等比例增加；事實上，在擴張時，不同階層的資本比例會出現重新分配。由於奧地利學派明確承認資本結構的異質性，所以他們能站在獨特的位置上，研究有哪些市場機制能使經濟的跨時間生產計畫，符合消費者的跨時間偏好。

龐巴維克在論及資本異質性時，有一個最喜歡的比喻。他說溪流「在各個區段的寬度是不同的」，「有些區段是水堤，有些區段是涓流」[17]，這段描述讓人想起孫武最喜歡的意象。不過最重要的是，龐巴維克也遵循著我們先前提到的松柏「主旋律」，描繪了樹木的生長，尤其是樹木的橫切面，本質上來說就是一根巨大的樹幹，以同心圓的形式展示年輪（「konzentrische Jahresringe」，請見下頁圖5.1）。

正如我在前面所說，跨時間、不斷累積的「手段與最終目標」過程，也正是生產性資本投資的過程，還有什麼意象能比這個更好？只要我們忽略這種跨時間結構——只要失去景深——我們就會失去生產力（或許我們應該把圖5.1貼在每個人的彭博終端機[i]螢幕上）。就算本書達成的唯一成就，只有闡明這一點，那也算是達到我所預期的茲維克了。

正如圖上的兩個同心圓所示，生產過程和價值生產從核心開始累積。隨著時間推移，這個過程會向外推動，在連續形成圓環的同時，把更多的生產要素添加到先前已投入的事物中，使這些事物變成中間產品。中間的圓環越多，生產就越迂迴。然後，到了最外圍的圓環時，我們把最終成品推入市場中（然而，產品製造與樹木的靜態圓環不同，環與環之間的距離會持續擴大與縮小）。

我們可以把每一圈同心年輪代表的事物稱為「成熟等級」。最外層圓環的其中一部分資本，會成為明年（下一個圓環）的製成消費品；第二外層圓環的其中一部分資本，則成長為明年的消費品，依此類推。這種結構也會有其他不同類型的變化，取決於經濟發達程度等因素。在低度開發的經濟體中，可能只有一個圓環，此圓環的組成基礎可能只有一種原料或商品，例如一種簡單的手動挖掘工具。另一方面，高度工業化的經濟體中則會有許多結構良好的圓環彼此嵌疊，圓環的寬度代表涉及的資產類別規模，將來還會有更多圓環，反映出更長時間和更迂迴的生產過程。正如龐巴維克所解釋：「在每個生產領域中，隨著成熟等級每進步一些，投資的資本額就會增加一點。」[18]

龐巴維克指出，資本結構是累積的（事實上，這就是一種自催化），先發生的事物會導致後發生的

i 編按：允許投資者訪問彭博數據服務的計算機系統，也可運用交易系統進行金融交易。

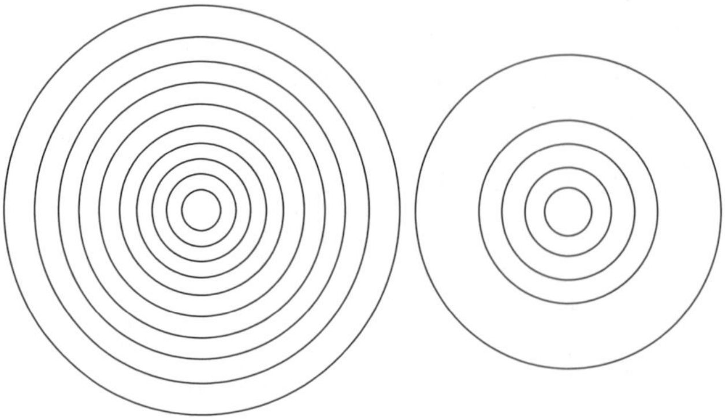

圖 5.1 龐巴維克年輪

圖中描繪了兩個不同經濟體的資本結構，其生產過程的「生命週期」先是從內環開始，隨著時間的推移向外移動。右側經濟體採用的方法較不迂迴（而且很可能較貧乏、生產力也較低），大部分價值附加在低階商品（靠外側圓環）上，這些商品最接近最終消費點。

資料來源：龐巴維克，《資本實證理論》，1930 年，G.E. Stechert & Co., NY。

事物，也會包含在後發生的事物之中。我們實際上可能會認為，較早出現的所有資本和投入，都會凝聚在下一個圓環中（也可以說是被封裝在下一個圓環中，這個用詞或許比較容易理解）。舉例來說，大約一萬年前，人類最基礎的資本是山羊，牠可以成為立刻拿來吃掉的肉，而母山羊則可以成為中間「工具」，生產可飲用的羊奶。另外，羊奶（若和山羊的胃及凝乳酶重新混合）可以變成起司的生產要素，而起司也可以變成一種原料，用來製作乳酪抹醬等產品。

每一個消費品中對於下一個後續消費品來說，都是連續中間產品（因此「包含」在下一個消費品中），此外，每一種消費品都會為越來越迂迴的生產過程多添加一環。若我們決定現在不要宰殺山羊——也就是留下金雞母——飢腸轆轆地等待數個月，希望能製作出大量精美的羊奶乳酪，這就是最簡易形式的資本主義跨時間權衡，人類正是靠著這種權衡，擺脫了古時候只能勉強糊口的生存狀態。

烏特內默的典範：亨利・福特

資本推動了研究與發展、工廠和流程的現代化、新產品的創造以及分銷系統的改良，為的就是把產品送到消費者手上。而所謂的資本只有一個來源：儲蓄。舉例來說，在十九世紀美國，儲蓄率從內戰前的一五％上升到了一八七〇年代的二四％和一八八〇年代的二八％[19]。在這段偉大的工業擴張時期，隨著利潤投資回卡內基鋼鐵（Carnegie Steel）和標準石油（Standard Oil）等企業中，資本逐漸深化。垂直整合創造出了巨大的工業公司，它們成功控制了從原料到成品的各個製造階段（生產過程中的每一個「圓環」），因而放大了迂迴生產的優勢。工人們也因為中間資本貨品而受益，他們的生產力變得更高，賺錢能力也增加了（此外，他們也變得有能力從更多消費品中受益）。測量裝置、切割工具、車床和機械工具大量增加，引爆了「連鎖反應，我們發展出的機械工具，製造了其他機械工具，這些機械工具又製造了更多工具」[20]。**工具能生產出更強大的工具，這就是資本主義生產的關鍵所在**（另一個關鍵是理解貨幣干預主義如何劣化這個過程，以及理解奧地利投資法）。自催化的「乘數效應」（multiplier effect）使每個地方的生產力大幅提升，從農場到工廠皆是如此。同時，工業發展催生了新的商業儲蓄銀行、人壽保險公司和投資公司，而股票市場則成為資本投資的主要來源[21]。

就邁入二十世紀之前，德國的發明家沿著他們的「鄰居」龐巴維克所規劃的烏特內默之路，引入了真正能改變世界的新交通方式，讓馬車正式退休，用汽油引擎驅動的車子取而代之。汽車的歷史可以追溯至一位在德國出生的奧地利發明家，齊格菲．馬庫斯（Siegfried Marcus），他在一八七〇年左右將內燃機裝在手推車上——這就是「馬庫斯車」（Marcus car）。這個傳奇般的德國工程延續至一八七六年，發明家尼古拉斯．奧圖（Nikolaus Otto）、格特列．戴姆勒（Gottlieb Daimler）和威廉．邁巴赫（Wilhelm Maybach）製造出第一臺四行程引擎，不過，真正受到官方認證的是卡爾．賓士（Karl Benz，後來以「梅賽德斯—賓士」〔Mercedes-Benz〕聞名），他在一八七九年獲得內燃引擎的專利；一八八六年，賓士為他的第一輛汽車申請專利。

一八七六年的夏天，在大西洋的另一邊，一位十三歲的密西根農場男孩看到一輛裝有簡陋蒸汽機的裝置在路上緩緩行駛，他徹底著了迷，這是他第一次見到由馬匹之外的事物驅動的車輛。這名男孩正是亨利．福特，他後來回憶道：「正是那臺引擎把我帶入了汽車運輸的世界。」[22]福特是為創業先驅，他讓普通美國人也能擁有汽車，建立了一家在歐洲開發業務的跨國企業，尤其在德國，他的傳奇性「大規模生產」在德國被稱作「Fordismus」，成為提高效率和生產力的一種工業理想，使他名流後世。一九二三年，福特的自傳《我的生活和工作》（*Mein Leben und Werk*）被翻譯成德文，德國人將福特譽為美國工業明星[23]（福特是一位反對戰爭的和平主義者，他認為戰爭會帶來嚴重耗損，不過在一九三〇年代早期卻獲得截然不同的榮譽——他的肖像被掛在阿道夫．希特勒〔Adolf Hitler〕的辦公桌後方牆上）。

福特並非完美無缺，他也有一些嚴重的缺點，例如他不信任金融業者，他將這種不信任具體轉化成對於猶太血統的厭惡（可悲的是，他並不是唯一這麼做的人，當時許多人都抱有這種偏見）。不過，我們在此先撇除他的這種觀點，將他視為迂迴企業家的化身，他創造了生產的新典範「生產線」（assembly line），這可謂垂直整合的頂點，清楚描繪出龐巴維克的跨時間年輪能帶來更高的效率與生產率，運用工廠和發電廠，把煤炭、鐵礦和鋼材轉變成汽車。

福特被譽為當代真正的傑出人物之一（《財富》〔*Fortune*〕在一九九九年將他評為「世紀傑出商人」），同時他也值得另一個稱號，雖然他這輩子都沒有這麼稱呼過自己：他是奧地利學派傳統的典型迂迴企業家。儘管福特可能從未讀過龐巴維克（但龐巴維克無疑認得這位美國烏特內默），但他在一九二六年的經典著作《世紀的展望》（*Today and Tomorrow*）中寫道：「在製造過程中，時間這個元素會不斷延展，打從原物料從土壤中分離的那一刻起，直到成品送到最終消費者的手上為止。」[24]奧地利學派描述的正是這位烏特內默的心聲（福特還有其他觀點與奧地利學派類似，例如認為利潤是生產資本的來源，企業家應該拿利潤再投資，以實現消費者的最終利益；此外，他也厭惡銀行和貨幣體系的實際運作方式，他的一句名言是，如果人們真的理解銀行與貨幣系統的話，「明天太陽升起前就會爆發革命了」）。

不過，在福特成為企業家前，他只是農民的兒子，他在一八六三年出生於美國中西部，當時那裡還是樹木繁茂的邊疆地帶，滿是茂密的橡樹、白蠟樹、楓樹，當然還有松柏。在福特還小的時候，親友都期望他能追隨父親威廉（William）的腳步，但他天生對各種機械著迷：他還小的時候就用釘子和束腰的金屬條為自己製作了一套工具，用來修理手錶（這也許預示了這位企業家將會投入大量的時間和精力來組裝生產工具，藉此提高製造過程的速度、效率和產量）。福特父子之間因為機械和農業而產生衝突，一八七九年，十六歲的亨利離家前往底特律，在機械工作間找到工作，而後又進入造船廠。一八八二年，他回到父親的農場幫忙收割，對農業設備產生了興趣，西屋電氣公司（Westinghouse）雇用他擔任機械演示員與修理工，他在一八八三年至一八八五年間出差至許多農場。一八八六年，福特因為木材而回到家裡的農場——更確切地說，是因為他父親提供了八十英畝的土地給他，交換條件是他要放棄機工的工作。福特同意了（當然只是暫時同意），就此進入木材行業（顯然這塊地的福斯特曼比率對福特有利）。一八八八年，他與克拉拉·簡·布萊恩特（Clara Jane Bryant）結婚，兩人生下了一名兒子，名叫艾德塞爾（Edsel），這個名字來自福特最親密的兒時朋友。

儘管福特與父親達成了協議，但他從未失去對引擎的興趣，在一八九〇年，他開始研究雙缸引擎。他和克拉拉搬到底特律後，福特進入愛迪生照明公司（Edison Illuminating Company）擔任工程師和機工（最後他成為了總工程師），他對「無馬馬車」的痴迷變得更加強烈，到了一八九二年，他製造出第一輛汽車，在一八九三年創造出能夠在路上測試行駛的模型。一八九五年，福特製造出第二輛汽車時，市場競爭已經變得十分激烈，他的競爭對手當時曾在紐約的梅西百貨（Macy's）展出德國賓士車[25]。一八九六年，福特賣掉了他的汽車（名叫「四輪車」〔Quadricycle〕），遵循他身為迂迴企業家的本性，將收益投資在研究與發展中。事實上，如果他沒有致力於長期投資在產品改良和迂迴生產上的話，他所創辦的福特汽車公司（Ford Motor Company）絕不可能有如此繁榮的發展。

儘管亨利・福特是有史以來最偉大的創業資本家之一，但他其實比較喜歡鄉村生活的簡單樂趣。

雖然福特的名字是汽車製造和創業成功的代名詞，但他的前兩次創業都慘敗（地方木材業主提供了部分資助；許多著名企業家都遇過這種挫折，有些人甚至宣告破產，例如福特的好朋友湯瑪斯・愛迪生〔Thomas Edison〕。這些經歷往往會為這些企業家鋪展一條迂迴道路，通往瘋狂又執著的目標）。福特汽車公司終於在一九〇三年成立，他們生產原型模型A型車（Model A）的地方，是一家長兩百五十英尺、寬五十英尺的組裝廠，使用的零件是從供應商那裡買來的。福特也熱衷於賽車，他認為賽車除了能為他帶來樂趣，也能宣傳他的汽車。一九〇四年，他準備要打破陸地速度的世界紀錄，改裝了一輛裝有 B 型車（Model B）引擎的賽車，開著它穿越結了冰的聖克萊爾湖（Lake St. Clair）。他在三十六秒內跑三英里，速度達到每小時一百英里，打破了之前每小時七十七英里的紀錄[26]。他的賽車特技宣傳手法顯然奏效了，福特公司不斷壯大，在該年搬進了一家更大的工廠；一九〇五年至一九〇六年，福特公司推出了四缸引擎的 N 型車（Model N，售價六百美元）和六缸引擎的 K 型車（Model K，售價兩千八百美元）。

福特有時會因為他的願景而和商業夥伴起爭執，他的願景不是為有錢人製造敞篷跑車，而是為收入較低的勞動階層製造樸素又可靠的高品質汽車，例如他發明的代表車款 T 型車（Model T），這輛車在一九〇八年推出，受到大眾熱烈歡迎，而在福特推出這輛車的短短幾年前，人們甚至連自己會想要買車都不知道（正如福特曾說：「如果當時我問人們想要什麼的話，他們只會回答我說，想要更快的馬。」）。福特憑藉 T 型車改變了公司，將美國社會大眾帶入了現代[27]。

福特的願景帶領公司在各個流程中，從組裝商迂迴轉型為製造商，藉此降低成本、加強對供應的控制、消除不必要的庫存，進而在效率和創新方面獲得巨大利益（當時的底特律宛如現在的矽谷）。這個決定是出於經濟考量：大規模生產零件，比從供應商那邊購買的成本更低，速度也更快[28]。福特的迂迴生產大本營是位於魯日河（River Rouge）的工廠，這個工廠包括了港口、造船廠、煉鋼廠、鑄造廠、車身製造廠、鋸木廠、橡膠加工廠、水泥廠、發電廠和裝配廠。這座工廠就是迂迴生產的縮影，用福特的話來說，工廠一開始確實消耗時間，也需要大量資本支出，這麼做帶來的利益能「回饋到公司，讓公司提供更好的服務，進一步回饋給購買者」[29]。此處的迂迴悖論在於，把製造過程變得迂迴需要花費大量時間，在這段期間的犧牲幾乎不會帶來可見的益處（宛如《魯賓遜漂流記》），但最終卻能節省大量時間。就像松柏一樣，正因為一開始生長得很慢，所以才能在最後加速。

福特在打造迂迴的生產過程時展現出無比耐心，生產過程到位後，他立刻改變方向，沉迷於調整汽車製造的生產流程時間，想知道怎麼做才能使生產流程變得更快。當時T型車的產量不斷上升，從一九一六年的五十八萬五千輛上升到一九二一年的一百萬輛，兩年後又多了一倍，達到兩百萬輛。速度和效率至關重要，主管們會拿著碼錶在工廠巡邏，計算生產時間。當時各家報紙紛紛報導福特公司製作車輛的驚人速度，一九一三年的一篇報導指出，公司的一個團隊在兩分半鐘內，就用預先組裝好的零件組裝出了一輛T型車。福特公司很快就開始誇耀他們每隔二十四秒就能製造出一輛新的福特汽車[30]。福特是平凡的創業英雄，他相信魯日河的產量增長將會「從各方面大幅降低我們所有產品的販售價格」，並進一步降低汽車和農用設備的價格。「重要的是，它應該要很便宜。」福特在談到拖拉機時說道：「否則農民就無法取得權力。」[31]福特希望農民能習慣汽車的舒適性和驅動力，把汽車轉變成機械化的農業設備，減輕農業的體力勞動，畢竟這是他再熟悉不過的苦差事。

若仔細檢視福特的生活和工作，我們會發現，對迂迴生產的追求是一條間接道路，走在這條道路上，需要一心一意、堅韌不屈的心。雖然福特在學習和探索的過程中確實經歷不少嘗試和錯誤，但他想要以高效率的方法為社會大眾生產汽車的使命從未動搖過。儘管在某些領域中，有關追隨天賦的討論十分盛行，人人都希望能靠著偶然獲利，就像矇住眼睛，沿著一條開滿雛菊的小路前進一樣（《迂迴的力量》〔*Obliquity*〕一書的作者約翰．凱〔John Kay〕或許能說服我們相信這件事，他在該書中以學者的身分解釋了何謂迂迴[32]），但這並不是現實世界運作和進步的方式。企業家不會用隨心所欲、毫無章法的心態去追逐幻想、捕捉蝴蝶或追趕現實世界中的無盡潛在選擇；他們知道達成明確目標需要什麼工具，這些工具需要付出難以克服的沉沒成本，因此他們會假設自己得陷入令人不安的處境。

即使他們採用的迂迴流程會使他們重新思考無數次，還要重新塑造製作最終產品所需的工具，但他們的目的仍然明確且堅定。企業家也不會因為機緣巧合、命運和偶然，就決定要沿著風景如畫的曲折道路追逐彩虹。企業家的間接方法必定經過計算，他們知道目的地是哪裡（不過他們當然無法知道自己是否真的能抵達），同時保持開放的心態，根據一路上學到的知識來評估和修改目標。他們以迂迴的方式從齊爾轉移到齊爾，但絕對不會忘記他們的目標是從米特前往茲維克。這就是市場的目的論發現過程，獨特且意義深遠。

對福特來說，提高效率和降低生產成本的齊爾，推動了為消費者提供較低的價格（並最終提高企業生產力）的茲維克，他相信最終受益者應該是社會公眾——此一基本假設將使他與奧地利學派發展出良好的關係（如果我有能力回到過去，去見想見的人，那我肯定會選擇福特、龐巴維克和米塞斯，他們曾生活在同一個時代）。福特支持「社會大眾自行消費」（buying public），也支持社會大眾有權以最低的可接受支出獲得商品和服務。他認為「以適當的低利潤銷售大量汽車，遠好過以極高的利潤銷售少量汽車」。從這樣的觀點出發，他把利潤視為「一種確保未來能進步的基金，而不是因為過去表現而獲得的報酬」[33]。若以股息的形式支付利潤的話，尤其是優先股的龐雜款項這部分，將會把利潤轉移到少數人手中，而不是回到更迂迴的生產中。正如福特所說：「業主和勞工將透過降低價格帶來的業務量增加而獲得回報。工業不可以只為單一階級而存在。」[34]（我們稍後會回過頭來討論，資本再投資若不足，其實是一種資本消耗，而不是迂迴。）用福特的話來說，如果業主關注的是利潤而非生產力、是結果而非手段，就是「試圖把馬車放在馬前面行進」[35]。

福特警告，不要犯下「把金錢和商業混淆在一起這種最常見的錯誤」，他將此歸咎於股市讓人們相信「如果企業在股市上的賭局熱鬧非凡，那就代表這個企業很棒，如果碰巧遇到賭徒迫使企業股價下跌的話，那就代表這個企業不好」。他能言善道地把股市視為一場「餘興表演」[36]，但他不知道的是，股市未來會變得多麼真實——這是因為如今占據了投資領域的大多都是「賭客」，而不是追求生產性資本的人。

對福特來說，股市和真正的投資是兩種不同的遊戲，前者只是後者的影子，就像在太極拳和圍棋中一樣。福特一生都對金融不屑一顧，且對銀行抱持懷疑態度（暫且不論他糟糕的刻板印象和偏見），他認為華爾街的「短視金融」是他的勁敵，也是「對企業的束縛」，徹底抵觸了他的迂迴方法：他相信企業應該把利潤重新投入運營中，而不是專注於立即的回報。「多數人對於充分利用機器太感興趣了，以至於他們沒有時間在機器運行時改善機器。」[37]福特引用了馬太福音的「才能的寓言」（值得注意的是，克勞塞維茲在第三章中也引用同樣的故事）：「多給誰，就向誰多取」，藉此告誡企業家絕不要為了積累個人財富而犧牲營運資金。他揭露道：「有一個謬論在許多涉及工業的問題上誤導了我國和其他國家，這個謬論就是：企業就是金錢，龐大的企業就是龐大的金錢。」[38]**福特無疑是一位真正的資本家，儘管他認為企業應該營利，但他並沒有消耗當前生產出來的資本，而是看出了跨時間再投資能獲得更大**

的戰略優勢，這麼做絕對聰明得多。

福特汽車公司逐漸擴張，他們支付成本的方法，是在最外圍的生產「圓環」以更快速的產出獲得效率更高的回報，並消滅掉前一個「圓環」裡的鐵、碳和鋼的庫存——福特認為所有非必要的庫存都是閒置的浪費。到了一九二〇年代中期，他誇口說：「我們連一間倉庫也沒有。」[39]此外，福特也不認為企業應該擁有過多勞動力，在他看來，僱用兩名工人來做一名工人的工作就是反社會的犯罪，不過，他也確實得考慮到裝配線工作的單調乏味會造成較高的流動率。一九一三年，福特公司的員工流動率達到了令人難以置信的三七〇％，福特為了維持大約一萬三千六百人的平均勞動力，僱用了超過五萬名員工[40]。

利潤上升後，他支付了豐厚的工資給勞工，把基本工資翻至每天五美元，引起了軒然大波，求職者蜂擁而至。在福特看來，為勞動力支付較高的工資並不是一種利他主義。此外，儘管福特在一九二九年股市的崩盤後，確實鼓吹過高工資的原則，但福特並不只是想支付勞工「足以回購產品」的工資而已。對福特來說，支付相對較高的工資其實是一個明智的商業策略。他認為高薪的技術勞工與優質的原料一樣重要。他藉由支付高薪給勞工，有效降低了支出成本，這是因為更高的工資減少了人員流動率，公司便不再需要持續培訓新員工（當時媒體認為福特加薪是展示善意的出色手段）。

同時，福特也藉由這項工資政策，向他強烈反對的羅斯福新政（Roosevelt's New Deal）提出警告，他認為真正能使國家受益的是提高工資和減少商業限制，而不是提高稅收。福特與其他汽車製造商不同，他拒絕配合羅斯福的「藍鷹運動」（Blue Eagle），當時的企業若支持政府的經濟與工資政策，商品就能放上藍鷹的徽章。憤怒的福特當時氣勢洶洶地說：「見鬼，羅斯福那禿鷹！我才不會把這東西放在我的車上！」他輕蔑地把全國復興總署（National Recovery Administration，簡稱ＮＲＡ）和羅斯福新政稱為「字母表計畫」，並鼓吹美國企業應該要「掌控自己所屬的行業，以良好、健全的美國商業意識執行營運」[41]。

福特或許比其他工業家都更有資格，用信心滿滿的態度對羅斯福新政表達這種公眾立場：沒有任何人能指責他躲在空泛的言論背後，畢竟他已在經濟大蕭條造成損害時，自動自發地提高勞工薪資。重點不在於他個人的貪婪，也不在於他對員工困境漠不關心，而是福特確實相信羅斯福政府已經超越了聯邦政府的適當界線。

福特將他的生產隱喻延伸到國家的「經濟機器」上，他認為明智的做法是在發展順利時改善，而不是等待到崩潰後才行動，他也警告政府不該「把經濟蕭條視為無法預防的流行病」（正如我們將在第七章讀到，米塞斯也是這麼認為）。如福特所觀察：「**不景氣的種子，其實正是我們在景氣好的日子犯下的錯誤**。然而，在景氣好的日子裡，沒有人想知道我們可能犯下了什麼錯誤。政府在景氣好的日子裡執行的政策，是『趁著情況還有利時取得好處』。」[42]福特認為，經濟機器之所以會崩潰，「是因為我們對控制經濟健康狀況的自然法則一無所知」，我們誤以為企業「維持運行而不崩壞的時間是有長度限制的」[43]（正如我們將在第八章中看到，確實有一套自然形成的內部控制原則會控制經濟機器，但這些原則卻因為人們忽略了干預主義而受到破壞，開始短路）。

福特警告通貨膨脹的弊端，認為通膨會使人們因為短缺的假象，而對購買力和投機產生幻想，這樣的論述聽起來確實符合奧地利學派的主題。在貨幣改革方面，福特大力支持穩健貨幣，但不幸的是，在朋友愛迪生的影響下，他所支持的貨幣制度不是以黃金為基礎，而是以美國農產品為基礎。該改革提案被稱為「福特—愛迪生貨幣制度」，旨在讓農民無須支付利息給銀行家——此制度忽視了龐巴維克的看法，也就是利率的「成因」是人們具有時間偏好的事實。雖然這個提案理所當然地受到農民青睞，但未能獲得廣泛支持，最後終究被放棄了。

不過，我們關注福特，並不是因為他在政治與貨幣方面的理念，而是因為他透過這些理念展現出了無與倫比的天賦，身為一位迂迴的企業家，他理所當然地把資本視為商業和經濟進步的命脈。他的理念本就是跨時間導向，他的景深也超越了單一年分或季節（就像他內心深處那名優秀農民一樣）。福特越是成功，他就越全心接納自己的農家出身，這並非巧合，事實上，他從未真正放棄農夫的身分。他在密西根州迪爾伯恩市（Dearborn）附近的格林菲德村（Greenfield Village）永遠保存了他理想中的鄉村樣貌，那裡有八十多座歷史建築，從萊特兄弟（Wright Brothers）的自行車店到愛迪生用來實驗電燈的門洛帕克實驗室（Menlo Park laboratory）。（在這片土地上漫步，你可以看見福特對於真實、簡單和耐心的決心——我們彷彿可以看見他晚年對於親手打穀有多著迷。而他這方面的個性，確實形成了他最大的優勢）。

不過，福特如此推崇的過往象徵，其實不只是塵土飛揚的古老建築而已。這些建築裡保存的是他們為未來播下的種子，以有形的實體提醒了我們，是**發現和創新的迂迴過程，帶來了資本主義的發展和文明的進步。**

比起全壘打，保送到一壘更好

許多人類活動都能受益於迂迴方法和明確的「手段—最終目標」框架，尤其是那些比較需要策略（我在此使用的是克勞塞維茲式的齊爾—茲維克定義，也就是「用來獲得更大優勢的手段」）或相對之下較高階的活動，特別會因此受益。儘管採用烏維格具有戰略優勢，但以這種方式思考和行動卻是極其困難的一件事（我們將在下一章中討論這一點），多數人就是做不到（如果迂迴很容易做到的話，那每個人都會這麼做，而由此產生的戰略優勢無疑也會徹底消失）。此外，迂迴的路線很可能會被忽視，這是因為我們很容易只看到最終產品、最終結果——同時，我們會忽略中間發生的事件，也就是為了達到該結果，而應該在較遙遠的未來採取的手段。

不過，生活中已經有足夠多的例子能證明迂迴的優勢了（就連在非軍事領域的應用上也是如此）。我們就像優秀的道家學者一樣，再次回歸大自然的角度。在擇偶的演化機制中，有一種常見的策略是把目標放在**間接利益**，為後代提供適應能力較高的遺傳特徵，而不是把目標放在配偶能立刻提供的直接利益。這個策略令我感到十分不可思議，就像生長在岩石中的松柏一樣，這是一種跨時間、跨世代的策略，在此時此刻發生的事只是為後代取得戰略優勢的一種手段。親代以子代的適應性為目標，做出選擇，正是藉由此一選擇塑造出的機制，使得這種迂迴過程能持續存在。

想尋找有關「手段—最終目標」的其他例子，在戰略的討論從理論轉向現實世界的應用時，我們不可避免地會想到體育。各種運動顯然都有不同層級的戰術（例如在球賽中執行單打戰術）和策略（例如將個人的比賽表現視為更大規模比賽的中間部分）。依照這樣的層級順序看來，籃球顯然是較需要戰術的運動，球員必須執行一系列能夠帶來兩分和三分的獨立動作（撇開假動作不談）。橄欖球和足球可能會處於中間層級，這兩種運動通常都需要戰術，較少會需要克勞塞維茲定義的策略。還有些脫穎而出的運動則是更加迂迴的高層級比賽。

舉例來說，二〇〇六年的英國高爾夫公開賽（The Open）有一個值得我們學習的教訓，老虎・伍茲（Tiger Woods）以當時看來違反直覺又只會產生反效果的策略贏得了冠軍。伍茲是當時巡迴賽上擊球距離最長的選手之一，他在一個難度極高的球場上，放棄了著名的遠距離開球，而是使用適合中距離的四號和五號鐵桿開球。作家安德亞斯・克魯斯（Andreas Kluth）在他的著作《漢尼拔與我》（*Hannibal and Me*）中指出，這是因為伍茲「**反轉**了普通高爾夫選手的**心理歷程**」。這不禁讓我們想起第三章中圍棋所需的反轉，以及十九世紀的德國數學家卡爾・古斯塔夫・雅各・雅各比（Carl Gustav Jacob Jacobi）的格言「Man muss immer umkehren」，這句話大致可以翻譯成「反轉，每次都要反轉」——意思是，我們往往必須用反轉的方式檢視困難的問題，才能找到解決方案。伍茲在那場比賽中「看見的事物超越了球道，他看見的是旗桿——不是果嶺，而是旗桿」。[44] 接著，他計算出球應該落在球道上的哪個位置，才能為他提供接近旗桿的最佳位置優勢。由此可知，他在開場時的擊球動作只是一種手段，為的是讓他在後期的擊球更有利，最終以輕鬆的推桿結束比賽。

這種反轉揭露了在這種迂迴比賽中，哪些方法是反直覺的最佳策略，或許這種反轉也是唯一能揭示最佳策略的方式。正如我們在第一章提到的推手策略，也如同擊劍、網球等運動中的佯攻，尤其是壁球這種紳士比賽中的佯攻，選手會引導對手一步步離開原本的位置，接著進行決定性的攻擊；在壁球比賽中（特別是「軟球」或「國際」比賽），人們通常認為選手必須（透過反轉）提前思考未來兩球或更長遠的擊球方式。

另一個更簡單的範例就是曲棍球，這種運動或許是最迂迴的一種運動（福特的家鄉是位於北方森林的「曲棍球城」，曲棍球正是那裡的傳統運動）：選手耐心地繞著進攻區來回傳球——貨真價實的迂迴行動——巧妙地運用時間引出防守的不平衡與漏洞，找到能夠得分的射門機會或傳球路線，而不是直接衝撞對手（曲棍球中最主要的防守施壓策略，也展現了迴避策略能如何發揮作用，只不過沒那麼顯而易見）。此處的重點也同樣是要提前計畫好未來的數次傳球，正是**勢**與**力**的對抗——曲棍球的策略就是從進球開始往後反轉的數個階段（著名曲棍球選手韋恩．格雷茲基〔Wayne Gretsky〕在說這句話時，想必就是在引述巴斯夏：「好的曲棍球員會在曲棍球現在所在的位置行動。傑出的曲棍球員則會在曲棍球未來所在的位置行動。」）。

我還小的時候，曾在密西根湖的一個小海灣參加小艇帆船比賽，這是我第一次與反直覺的迂迴方法相遇（體育運動絕對是讓孩子自行發現迂迴的最佳方式）。由於風向持續改變，因此，較有利的做法是讓船隻依循看似不直接的逆風路線，把最直接的路線保留到對自己最有利的時機。即使是在順風的路線上，雖然沿著賽船水道從一個浮標到另一個浮標的最直線路徑，顯然是最短路線，但最好的選擇其實是避開這條路，選擇迂迴路線。這個時候，應該先遠離浮標（稍微向外「延伸」），接著選擇更快速的航行方向，直接朝浮標駛去，這麼做創造出來的路線雖然比較遠，但令人意外的是，這樣其實比較快。

或許沒有任何運動，比棒球更能表現出齊爾與茲維克這兩個階段的細微跨時間變化了。史上最偉大的棒球教練之一、名人堂（Hall of Famer）成員厄爾・威佛（Earl Weaver）的訓練理念可說是最典型的例子之一。威佛——他在二〇一三年一月下旬去世，享壽八十二歲，當時我尚在為本章起草——在巴爾的摩金鶯隊（Baltimore Orioles，曾是我心愛的羅徹斯特紅翼隊〔Rochester Red Wings〕的二軍）擔任教練的十七個賽季中，贏得了四面美國聯盟（American League）的優勝錦旗，和一次美國職棒大聯盟（MLB）世界大賽（World Series）的冠軍。

威佛認為「棒球是簡單而古老的常識」——這句話令人想到克里普——在描述他的比賽方法時，最好的描述方式就是迂迴生產，迂迴生產，他很注重利用球員輪換來獲取最好的機會，進行機會主義式的最終揮棒——但他絕不會希望每一次揮棒都能取得最好的機會，更不會希望球員每次上場打擊都會遇到最佳機會：這就是勢和力的不同。正如威佛曾對球員說過的話：「等待你可以打出全壘打的球。如果這種球沒有出現的話，就保送到一壘，如此一來，等到下一個打者完成**他的**打擊時，你就可以得分。」[45]威佛的這段話很符合著名棒球選手泰德・威廉斯（Ted Williams）的建議，選手應該等待「好打的慢球」（fat pitch），這也是華倫・巴菲特（Warren Buffett）的著名模型之一，不過，威佛的方法更縝密，在應用景深時，我們需要的不只是耐心。關鍵在於看到比當下的球更遠的未來——切勿為了短打或試圖盜壘而浪費出局人數——並最大限度地發揮之後上場打擊的選手潛力（跑壘者甚至可以創造空隙，藉此為打者帶來優勢）。

威佛的策略得分成兩個部分來實施。第一個部分是上壘的齊爾，這個齊爾會成為米特，達成能夠得到許多分（也就是贏得比賽）的茲維克，通常這個方法會是多分全壘打。但如果各個打者都試圖直接得到一分，讓每一個打者、每一個跑壘者、每一局都獲得茲維克的話，最後的結果只會有一種：每次都只能勉強取得一分——這顯然是比較沒效率的方法。威佛的齊爾是把焦點放在壘上的跑壘者，也就是專注於較高的上壘率，他藉此提高了贏得比賽、實現茲維克的機會（此策略從過去到現在都備受爭議，現在這種策略被稱為「大球」〔big ball〕，出自麥可・路易士的精彩著作《魔球》（*Moneyball*）——不過，更恰當的名稱應該是威佛、勢或迂迴球）。我們可能會透過奧地利學派的觀點注意到，威佛其實是以壘上的跑者打造「中間產品」，藉此延長球隊在每一局球賽中的生產週期，若一切順利的話，等到比賽結束時，他們就會得到最終的「消費者產品」，烏特內默終於得到了回報——藉由一次打擊清空上壘者。從結果反轉至手段的路徑，再次成為一條迂迴的道路。

我們可以依據本能理解許多運動賽事中的迂迴方法——這或許就是我們會覺得運動如此有趣的原因。（那麼，為什麼我們會這麼頻繁地在投資時忽略迂迴方法？）迂迴很可能是一種超乎我們想像的優越策略，甚至也遍及了單調乏味的機率式比賽裡——從雙陸棋[i]中脆弱的「建設棋」（builder）到撲克牌中用來設圈套的詐唬（在撲克牌中，在早期因詐唬而輸牌是一種手段，牌手會在最後抓準最優勢的時

---

i 編按：Backgammon，又稱百家樂棋，兩人對弈的棋類遊戲，棋子根據擲骰子的點數移動，先把所有棋子移離棋盤的玩家勝利。

龐巴維克和福特都透過迂迴生產和敵手競爭。

機贏得大量彩金）。

最後，我們要回到人類歷史上最古老的終極戰略遊戲——圍棋上，圍棋提醒了我們，想要取得勝利，就不能採用孤注一擲的力之策略，直接追求目標，並讓圍棋比賽中的每次交戰（高爾夫的每次開局、棒球的每次上場打擊）都在追求該次的茲維克。勝利只屬於勢的策略家，他會先撤退（高爾夫中的短距離擊球至球道，以及棒球中的保送至一壘），為的是獲得更優勢位置的齊爾，藉此實現最終的茲維克。我們可以在這種多階段、間接、通往遙遠目標的手段中找到無為——儘管不是直接前往目標，但這麼做卻能更有效地抵達目標。圍棋的策略對奧地利學派的烏特內默來說也是很實用的道理，他們會為了未來優勢而進行跨時間交易。

奧地利學派定義了成功的創業家精神與美國人所實踐的迂迴方法，也接納並具體化了策略思想與決策的通用性、勢與烏維格的通用性，我們在了解這種通用性的同時，也走完了穿越奧地利及亞洲世界的道路，把這種通用性帶到新世界。

目前我們會停留在龐巴維克和烏特內默的領域內，對它們來說，機會和挑戰是一樣的事物：都是為了變得更加迂迴，為了克服我們與生俱來的立即式欲望——這一切都是為了消費者的最終利益，會在擴展後遍及整個物質社會。然而，正如我們接下來會看到的，追求這個目標其實完全違背了人類本性。

第六章

人如何看待時間

所有人類都是如此，我們在當下感到沒耐心，並深信自己可以在未來變得有耐心。

我們希望透過本書達到的目標，就是奧地利投資法，不過在論及奧地利投資法時，有一個十分麻煩又不幸的事實：奧地利投資法是一種幾乎不可能實現的方法。有一種真實且深植我們心中的行為打造出了一道自然形成的內在屏障——我們的人性。我們天生就不怎麼喜歡勢、迂迴、資本主義生產和投資。為了生存與適應，我們天生就偏好戰術性的力（立即、直接、果斷），而不是戰略性的勢（中間、間接、迂迴）。這也難怪擁有跨時間的觀點和感知能力，是一種常被低估和忽視的優勢，不過，這同時也是最具影響力、最獨特的智力之一，也是我們成功的關鍵。

我們感知時間的方式不但是本書核心，也是能否實現奧地利投資法的方法論核心（不能的機率往往較高）。事實上，迂迴方法和我們感知時間流動的方式互相衝突，更具體來說，迂迴方法每時每刻都在和時間流動互相衝突。正如我們即將看到的，我們對時間的感知，完全與我們理解和參與迂迴的能力相對立。

然而，由於人類天生就擁有直接的力之傾向，所以我們也天生就知道要如何在其他人身上利用力——但做到這一點的前提是，我們要克服看似不可能克服的事物。若要做到這一點，我們就必須違背常見的人類本性，轉向勢。我們需要完全反轉一種叫做「時間不一致」的行為模式（我們在數學領域中通常會用**雙曲線折現模型來表達**）。時間不一致指的是現在感到不耐煩，同時堅信自己能在未來保持耐心的自欺錯覺，所有人都擁有這種模式，在成癮的情況下，這種模式會扭曲到極端、甚至危險的程度（想當然耳，等到未來變成現在時，我們仍會感到相同的不耐煩）。我們預期的行為與真正做出來的行為會隨著時間推移而出現巨大的差異，這樣的差異很可能會破壞我們精心安排的計畫，尤其是那些比較迂迴的計畫。這種現象會在生活中的各個層面帶來困擾，不僅是財務決策方面，還包括減肥、學習外語、與老朋友聚會等。雖然我們總是希望自己能做到一些有點繁重、但能帶來長遠利益的事情，但我們總是**不想今天做**。除非我們能找到一種方式，可以有效處理這種扭曲的時間預期，否則我們截至目前為止討論的一切都只是空談——只是一種智識上的異想天開，沒有實現的機會。

在奧地利投資法中，首先我們要擬定計畫，儘管這些計畫與人們根深蒂固的時間預期傾向徹底相反，我們仍必須實際執行計畫；此外，我們也得從策略上保持耐心，但這麼做不是為了實踐某種美德，進而實現某種滿是陳腔濫調的未來，其實，我們保持耐心只有一個目的，就是在未來變得更貪婪而沒有耐性。這就是迂迴投資中難以察覺、目的論、具因果關係的**時間之箭**。此概念會讓我們回想到亨利・福特，他表現得極為耐心，能夠等待數月、甚至數年，同時把利潤投資在生產工廠和設備上，藉此變得更加迂迴；接著，他會在開始生產時，不耐煩地拿著碼錶站在一旁讀秒，看著每輛汽車成品離開裝配線。

這種迂迴的概念就像是時間的兩步舞，這種二元性舞蹈否定了我們順應時間推移去思考和行動的現實（問任何一位有在控制飲食的人，他們都會告訴你，就算他們現在輸給欲望、吞下一塊巧克力蛋糕，他們依然相信自己有能力明天重新開始控制飲食，並堅持下去）。**所有人類都是如此，我們在當下感到沒耐心，並深信自己可以在未來變得有耐心**。

因此，我們必須以截然不同的跨時間面向檢視時間。若想成功執行這種迂迴方法——在當下痛苦地做好定位，並為以後的優勢和回報付出代價——我們就得拿下擺在眼前、使我們過度專注於當下的有色眼鏡。只有這麼做，我們才能去追求那些帶來中間優勢的近期目標，藉此以更輕鬆、更有效的方式實現未來目標。就算把這件事說成「極具挑戰性」還是太過輕描淡寫。

迂迴方法之所以如此困難，在於我們與生俱來的天性。人類基因的演化全都源自生存，而忽視眼前的需求不但是魯莽之舉，還會危及生命。然而，同樣的演化之旅之所以可以繼續下去，是因為我們沿著迂迴的路徑，接連不斷地進步：製造簡單的工具；馴養動物；種植、收穫和貯藏穀物；冶煉礦物和金屬；接著，我們終於透過持續不斷的創業過程，累積出最錯綜複雜的資本結構（用龐巴維克描述的年輪概念，建立資本的「內環」），而工業革命和數位革命的大範圍影響正是源自於此。如果人類沒有能力為了將來的潛在進步（「勢」）而放棄當下的「力」，我們如今也不可能實現這麼多偉大的成就。若想遵循這條路徑、這條道，我們首先必須意識到人類與生俱來的**時間偏好**，並克服**時間不一致的短視行為**，這種不一致往往會使我們在當下非常沒耐心（對當下懷有較高的時間偏好），並預期我們會在未來充滿耐心（對未來懷有較低的時間偏好）。我們必須像道家哲人一樣，他們會先「表現出謙卑」，這麼做是為了在未來「占據更好的位置反擊」[1]，弓弩手也是同樣的道理，他們拉緊弓弦，找到適當位置，也就是勢，再藉此擊敗敵人。

理解迂迴方法與應用迂迴方法之間的鬧道，就是理解時間偏好與時間不一致。本章的唯一目標就是幫助讀者轉換思考方式。這兩個相連且互補的概念是本能性的習慣與行為的起點，我們必須堅定地偏離這個軌道。我們的目標是用跨時間工具武裝自己，若能做到這一點，我們就能隨著時間的推移，來累積和分配位置優勢，而不是把優勢集中在能夠決定未來的任意一個當下。

這也是奧地利學派，尤其是偉大的龐巴維克帶來的寶貴貢獻，龐巴維克在時間偏好方面的開創性研究，使人們把焦點放在這種行為的認知、情感和心理方面的源頭。因此，提供這種迂迴方法的人，也同時闡明了實施此方法的嚴重困境，並描繪出一份覺察的路線圖，幫助我們穿越自身的觀點與認知設下的陷阱。我們必須追隨龐巴維克，學著暫時擱置對立即性的渴望，完整探索景深，想達到這點，我們必須成為迂迴的龐巴維克式烏特內默，預先做好安排，我們在第一階段需要的是耐心，以便在後期得以沒耐心——為最終、貪婪的機會主義做好準備（正如龐巴維克的學生米塞斯所強調，永遠戒慾和永遠等待都沒有意義，個體終究必須下定決心去消費，在決定的那一刻，我們與生俱來的時間偏好——也就是在當下採取行動的欲望——便會自行浮現）。

我所說的奧地利投資法，採用的正是上述做法，這和較典型的投資方法形成了鮮明對比，後者只會在當下權衡同時間出現的機會，這些機會彼此衝突，此外，典型投資方法渴求收益，忽視了可能在下一個轉角出現、不斷改變的其他機會（對於這種非跨時間的正面衝突來說，每一個誇張的當下評估起來都是相同的，這和勢的方法不一樣）。我會在本書最後幾章指出，如果我們不藉由單一跨時間導向獲益，就等同在剝奪自身的資本投資機會，甚至錯過最好的機會。

正如我們在第一章中對自己的提醒，採用跨時間景深這件事，**絕對不只**和「耐心」有關，也不是許多投資人以當下為基準，反覆述說的陳腔濫調「長期來看」——其中最引人注目的就是巴菲特等價值投資人所倡導的時間框架：「永遠」。事實上，奧地利投資法恰恰與之相反。「長期」只是從現在到遙遠未來之間的一條軌道，根據定義，「長期」必定會使我們忽略許多中間的、一系列的成熟時機。

奧地利投資法的重點在於，把跨時間交易視為作利潤來源——當下的所作所為是為了達到預期的未來。這種交易正是芝加哥期貨交易所的老練穀物交易人克里普的智慧核心，在交易所中，人們對立即性的需求使能夠提供立即性的人獲得優勢——幾乎所有真正的投資優勢都以此為基礎。在面對這項任務時，我們全心接納無為、「藉由不做事而成事」和「透過損失獲得效益」（以及克里普的「熱愛輸」）的迂迴路徑。在這段過程中，我們要牢記在心中的是，無為的耐心和「虛假的謙遜」[2]既不是拖延，也不是被動等待。魯賓遜並不是因為想要整天躺在吊床上才放棄用矛抓魚。他離開水域，也放棄滿足自身的日常需求（拒絕較小且較快的獎勵），是為了重新分配時間和精力這兩種資源，去製造船隻和漁網，因而能在未來以更有效率的方式捕魚。他可以在未來貪婪地追求他能抓住的一切，也就是較大且較遲出現的獎勵；不過，首先他得極度渴求這種獎勵才行。因此，我們也必須心甘情願地執行一些令人感到不適的困難事件，以跨時間的方式重新分配注意力，改變對未來的感知，從望遠鏡式的粗略模糊觀點，轉變成明確而清晰的畫面。

本書的連貫主題是：把現在當作一種手段——一種機會主義者會在未來運用的手段；用龐巴維克的話來說：「我們的經濟行為鮮少參照現在，幾乎全都著眼於未來。」[3]但我們要如何為自己完成這麼艱難的任務呢？首先，我們要對自己的時間偏好有基礎的後設知識（我們會在後面的章節看到，人類的生物學時常被錯置，而我們因此付出了何種代價）。我們要認知到，時間偏好十分主觀，且容易受環境左右，不同個體的時間偏好各自相異（原因在於年齡與背景等因素），而且，單一個體的時間差異也會因為環境和一系列的特定選擇而隨著時間改變。但最重要的是，我們必須認知到，我們一直以來都抱持著時間偏誤。雖然這件事看似不合理，實則正好相反。正因為人類具有時間偏誤，才能走到這裡，時間偏誤是我們身為智人的身分特徵之一。正因為人類一路演化而來，才會恐懼「缺乏」，甚至恐懼自身的死亡，而我們必須抵抗這種恐懼。

光是靠著希望和渴望，是無法意識到時間偏好的，當然更無法克服。如果這件事這麼容易，那想必所有人都已經在這麼做了，若是如此，克服時間偏好帶來的任何優勢都會消失無蹤，我們曾在第五章論及迂迴生產時提過這個概念（如果那麼容易，你會看到一大堆亨利．福特，為了建造更多工具而放棄利潤）。重點在於人類大腦，以及我們對於大腦中的灰質有何種認識——灰質能控制我們的思想、衝動、欲望和行為。但在探索科學和實證研究之前，我們要再次遵循

我們要先覺察時間，才能面對時間的有限。

奧地利學派的引導，採取一種從個人開始的邏輯演繹方法。

龐巴維克對人性的觀察十分敏銳，他率先將時間偏好與時間不連續性（以及雙曲折現偏誤）連接起來，認為它們是迂迴生產所面臨的最嚴峻挑戰（與他一同探索此發現的是約翰·雷，一位沒沒無聞的十九世紀經濟學家，龐巴維克對他的貢獻表示謝意，而後遠遠超越了雷的成就）。龐巴維克預先料想到了行為經濟學和金融學的現代研究會是什麼，若想理解他的觀點，請參閱此段落：「在面對令人不快但又不可避免的探訪，或者遇到必須在特定時限內完成的雜務或工作時，所有人都曾在最適合完成這些事項的日子不斷把事情延後，最後只能被迫匆忙行事，我們之中有誰不是如此嗎……？」[4] 若要討論典型的拖延行為——也就是某個人真的想要做某件事，只是不想現在就做——那麼要涉及的將不只是未來享樂會被打折扣，還會包含更隱微的時間不連續性問題，也就是**人類以為當下做起來太過困難的事情，在未來會變得比較容易忍受**（舉例來說，雖然我們對當下懷有較高的時間偏好，比較可能消費，不過我們卻預期這種時間偏好會不知怎地在未來降低，讓我們在往後放棄消費並儲蓄）。

對人類而言，要反其道而行通常很困難：我們必須反轉與生俱來的趨動力和欲望，為了享受未來的優勢而忍受當下的劣勢。然而，龐巴維克定義的時間不連續性在金融界一直鮮為人知，直到幾十年前，行為心理學家（尤其是研究成癮的學者）發現了時間不連續性的實證結果；迄今為止，多數人仍未意識到時間不連續性會對資本投資和價格造成多大的金融影響。感謝龐巴維克讓我們得以建立此一認知與自知之明，進而把這些手段應用在奧地利投資法的預期目標上。接下來，為了應用這些手段，我們要把焦點放回龐巴維克這位身分認同的先驅身上，進一步了解如今稱為「時間偏好」的研究。

最可怕的生活態度：活在當下

龐巴維克認為經濟和時間有著密不可分的關係。就像時間之於音樂一樣（所有維也納人都深愛音樂），時間也是資本和經濟的畫布；它可以被拉伸、壓縮和扭曲，帶來戲劇性的影響。

龐巴維克對於現在與未來之間的跨時間取捨，抱持著開創性觀點，此觀點首開先河，超越了資本生產力和利息的理論，並如前述，引入了認知的觀點，而前段所述的影響正是此觀點的意義所在。然而，他的真正基進之處其實在於情緒因素，尤其因為他引入了意志力的概念（意志力無疑是一種情緒），以及延遲享樂所需的努力。龐巴維克認知到時間偏好在心理學與情緒的領域中具有意義，大幅偏離了其他經濟學家對於跨時間選擇的單一認知描述，因而更加深入地理解這些觸發因素如何影響認知與行為[5]。

儘管我們能夠經歷的只有當下這一刻，但我們的未來無疑也同樣重要。正如龐巴維克所說：「無論是將在一週或一年後遇到的事，還是今天遇到的事，都能以同樣的程度觸動**我們**的情緒。因此，未來的事件有權被納入我們自己的經濟系統中，這是因為經濟系統的目標就是保障**我們的福祉**。」[6]龐巴維克認為，組織和管理資源的方法是「平等對待現在和未來，這是最理想的狀況」[7]——換句話說，也就是時間的深度。我們參與的不僅是當下這一刻，也不僅是我們的直接自我構成的領域；龐巴維克喚醒了我們在未來的每一個時刻，這些時刻「觸發」了未來的每一個我們。所有自我都是平等的，所有自我都擁有「平等權利」——不過，「這種原則上的權利平等是否符合實作上的完全權利平等，這又是另一個問題了」（龐巴維克在這裡預見了一九七〇年代開始出現的「未來自我」文學，這些文學在心理學方面是脫節的〔psychological-disconnect〕）。

我們之所以會疏遠未來自我，是因為我們「生來就無法**提前感受**我們未來會經歷何種情感」[8]。我們對當下自我——也就是在時間上最貼近我們、最真實的經驗——抱持的沙文主義，使我們常會忽視未來自我。正如龐巴維克所提出的警告：「人們往往會『因為軟弱』而允許自己匆忙採取某些步驟，或做出某些承諾，而且他當下其實就很清楚，自己會在二十四小時之內反悔！」他補充道，這種倉促的行為並非出於缺乏知識，而是出於「意志力的先天缺陷」[9]。這就是龐巴維克的概念，他倡導人類需要情緒方面的意志力，才能貫徹迂迴生產，為了未來的優勢而容忍當下的「損失」。

那麼，如果未來對於我們的福祉來說如此重要，我們又為何會因為當下而陷入困境？對於貧困的人來說，陷入困境是可理解的——我們曾在第五章提到，龐巴維克所說的貧困農民或飢餓工匠。假設我們不確定自己能否活到未來，那我們能考慮的也就只有**當下**，畢竟抵達未來的唯一條件，就是在當下繼續存活下去。這個道理也適用於所有能準確感受到死亡就在眼前的人，例如從事「極度危險職業」的人就是如此[10]。

那其他人呢？照理來說，他們有能力優先考慮未來，而非當下，而且也應該這麼做吧？這個令人百思不解的問題橫跨了許多文化與許多個世紀。正如龐巴維克的觀察：「在印地安部落中，有太多人因為輕率的貪婪心態，把他們賴以維生的先祖土地賣給了蒼白的面孔，就只為了換取幾桶『烈酒』！」他補充道，同樣的行為也會出現於「在週日把整週工資拿去喝酒的工人身上，他們在接下來的六天，只能和妻小一起挨餓」[11]。人類很容易因為當下的享樂和便利，損及未來的機會和福祉。

「當下」無疑富含情感的動能——想要「活在當下」的渴望。無論是在東方還是西方的冥想概念中，都有一套完整的思考系統，可以擴展我們對於當下的覺察；想當然耳，停下腳步聞一聞眾所皆知的玫瑰花香一定會帶來好處。然而，這種「及時行樂」的態度指的應該是把握每一天、每一刻，而不是犧牲所有尚未到來的時間（出生於德國的物理學家阿爾伯特・愛因斯坦〔Albert Einstein〕曾經睿智地安慰一位悲傷的朋友，要好好把握過去與未來，就像把握當下一樣）。「活在當下」的文化已經像致命病毒一樣入侵，這種可怕的生活態度潛伏在社會中，不斷教導我們此時此刻才最重要，這是因為我們能看到與經歷到的只有這件事：當下。這場災難的各種症狀已出現在美國文化的長期低儲蓄率中（除了金融，甚至還出現在淡水與土壤中，當然也包括森林），也反映在可用來類比又令人難以置信的政府財政赤字中，這些日益壯大的財政赤字，肆無忌憚地掠奪未來的世世代代——我們無助的跨世代未來自我。因此，若要跨時間思考與行動，我們必須抵抗文化教會我們的事物。難道我們不想盡可能以最好、最充實的方式活出完整人生嗎？

所有積極或治療方面的行為改變——飲食控制、戒菸和克服毒癮——都需要付出努力與做出承諾，同樣的道理，當我們想把行動方針調整得更具有時間連續性時，不能只是打開某個時間概念的開關。正是因為無法感受到未來的情緒，所以我們才會時常執著於現在。正如龐巴維克所寫的：「或許是因為我們的表達能力和抽象化能力不夠強大，也或許是因為我們不願意付出必要的努力，無論如何，人們在想像未來，尤其是我們想要的遙遠未來時，總有些不完美之處。」[12]我們因為明確的「想像力不完整」[13]

而無法準確預測，甚至無法感知到未來將要發生的事。

除了我們對未來的預期之外，還有其他時間跨距也受到感官的改變；預期的相反鏡像是回顧，回顧具有屬於自己的短視之處，我們將之稱為**靜止形態特徵**（static gestalt characteristic）：我們傾向於依照單一片刻記住各種事件——事件結束的方式（與事件最強烈的那一刻），以及在事件中標注了過去之結束與未來之開始、在時間上最相近的時刻。研究人員用作家米蘭·昆德拉（Milan Kundera）啟發的比喻來解釋這個現象，昆德拉說：「記憶拍攝的不是影片，它拍攝的是照片。」[14]我們可以將之視為一種「聚焦錯覺」，正如丹尼爾·康納曼（Daniel Kahneman）[i]所寫，我們犯的錯是「關注特定時刻，忽視其他時間發生的事情」[15]。

無論是朝向未來或過去，我們都不擅長處理和感知時間。我們在心理上的時間旅行並不完美，無論向前或向後都一樣（值得注意的是，具有記憶喪失和缺陷的失憶症患者和精神分裂症患者，都很難規劃和想像未來）。某種程度上來說，所有人對時間的體驗、感知和回憶都不同於時間真正的線性運動，而且完全錯誤。我們以主觀又不成比例的方式衡量未來和過去，以至於我們的感知就像後照鏡上的警告一樣，覺得未來與過去看起來比實際上更模糊，也比真正距離更遠[16]。

幸運的是，儘管困難重重，人類仍然**有能力**做出特定的跨時間折衷方案（並克服我們與生俱來的時間不一致感受）。若人類沒有這種能力，我們至今仍會住在洞穴裡，使用最基礎的工具。人類並不是唯一擁有這種能力的生物，許多動物、鳥類甚至植物（特別是地球上最古老的物種松柏）都具有這種能力。這些物種發展得越久，景深就越深，它們會採取一系列目的論式、相互連結的中間步驟作為必要的權宜方法，獲得未來的競爭優勢。同樣的道理，我們常把衝動和年輕人連結在一起，老年人則較擅長克服衝動。諷刺的是，距離時間終點還很遠的年輕人，往往活得像是沒有明天，而剩餘時間少得多的老年人，則較擅長做出好的跨時間選擇，為未來做準備（他們的未來或許遠超過他們自身的壽命——因此他們會依據未來世代的適應性和優勢來思考和行動）。

跨時間權衡是各個生命系統皆有的普遍特徵，就好像生物可以進行某種成本收益分析（儘管這種分析有偏差），只要往後能實現足夠好的收益，我們就願意提早支付成本。無生命的複雜系統則徹底相反，以河流為例，除了順流而下之外，河流什麼事也不能做。舉例來說，河流不能為了向左彎曲而向先右，也不能為了從陡峭的山坡向下奔流而事先往上爬[17]（儘管受到壓抑的洶湧河水是道家最喜歡的勢之形象，但我們不能認為河流的無意識蜿蜒是種權衡）。

這種時間目的論正是生命的標誌。我們必須確實執行這種做出決策、採取行動的能力，把因與果、手段與目的、齊爾和茲維克區分開來[18]。但正如我們即將看到的，只要我們遺失或損壞了跨時間思考和行動的結構，就會出現能夠揭露事實的悲劇狀況：唯有跨時間思考與行動的結構，能抑制我們對於「現在」的高時間偏好，克服我們對「未來」的低時間偏好，在最糟糕的情況下，我們只能在當下不斷漂泊，沒有任何想法或能力來掌握或規劃未來。

---

i 編按：以色列裔美國心理學家，於二〇〇二年獲頒諾貝爾經濟學獎。於二〇一一年出版暢銷書《快思慢想》（*Thinking, Fast and Slow*）。

被鐵棒貫穿腦袋的男人

在研究神經病學的大量書籍中，最常被拿來舉例的特殊案例非菲尼亞斯・蓋吉莫屬。一八四八年的夏天，這位二十五歲的佛蒙特州鐵路工頭受了可怕的腦損傷，導致他的性情發生不可逆轉的改變。蓋吉是極端時間偏好的典型代表，同時，也使人類對於人類行為背後的神經學和大腦結構進行了獨特的早期研究，這些大腦結構正是命令我們容忍迂迴方法的指揮中心。

十九世紀中葉，工業革命在美國如火如荼地進行，創造出人們對原料的自催化需求，推動了經濟擴張和鐵路運輸。拉特蘭與伯靈頓（Rutland & Burlington）是間運送乳製品的鐵路公司，火車從佛蒙特州的綠山出發，把乳製品運往市場（此路線最著名的是把奶油裝在冷藏貨車的冰塊中運往波士頓）。擴建鐵路的新軌道時，拉特蘭與伯靈頓的工作人員遇到了黑河（Black River）岸邊的裸露硬岩。他們沒有採取真正的迂迴方法，而是決定靠著爆炸筆直地通往目標——這件事再一次闡明了，儘管直線比較快，卻比較困難，而且在很多狀況下都比不上迂迴路線。這項工作的領班是一位效率高、能力強、受到公司重視又深受工作人員喜愛及尊重的人：菲尼亞斯・蓋吉。

蓋吉對於在岩石上鑽孔並放入火藥和引信非常熟練，他在這門精確的藝術與科學上取得了高超的成就，我們可以想像，他是名勤奮負責、頭腦冷靜且雙手穩定的人。由此可以推論，符合這種人的行為包括：飲食適度、沒有誇張的壞習慣（認識他的人在後來指出，他說起話來比較像唱詩班的男孩，而不是鐵路流氓），甚至可能會把部分工資存起來。換句話說，我們可以把蓋吉想成那個時代的典型，儘管他和炸藥一起工作，不過他具有普通、甚或相當低的時間偏好，雖然他重視當下的消費（畢竟他才二十五歲），但很可能也對不遠的未來懷抱著前瞻性的展望——或許他計畫要結婚、組建家庭、購買或自己蓋一棟房子。

可惜的是，那段即將建成筆直而非迂迴形狀的鐵路，將會為蓋吉帶來恐怖的結果，徹底破壞他專注於前方的能力，往後必須在只充滿當下的魯莽生活中掙扎。事發當天，蓋吉在裝設好炸藥和引信後有些分心。組員中的另一人還來不及把沙子倒進岩石上的鑽孔前，蓋吉就已經開始用鐵棒敲擊鑽孔。炸藥立刻點燃，往他臉部的方向爆炸，使得一根重量約十三磅、長度超過三英尺、直徑超過一英寸的鐵棒直穿過他的頭。鐵棒從他的左臉頰插入，刺進他的大腦前半部，從頭頂貫穿而出，最後落在一百多英尺外，上面沾滿了鮮血和腦漿。令人驚奇的是，蓋吉活了下來。

後來，新英格蘭各家報紙紛紛在報導時，描述這個故事是一場可怕的事故，也是生還的奇蹟。《波士頓醫學與外科雜誌》（*Boston Medical & Surgical Journal*）把這場意外當作醫學案例，以〈鐵棒貫穿頭部〉為標題進行討論。這些文章描述了鎮上的一位醫師在治療蓋吉時驚訝地發現，這名病人仍有意識，能夠自然交談，同時醫師可以透過他頭骨上的傷口觀察到「大腦的脈動」（這位醫師從頭到尾都認為蓋吉非常理性）。儘管蓋吉的左眼失去了視力，但他的右眼可以清楚視物，也沒有聽力、觸覺、口說和語言方面的障礙。不過隨著他逐漸康復，認識他人很快就得出了結論，這個人不是以前那個蓋吉了[19]。

我們可以從他人的描述得知，蓋吉變得「個性不穩定又沒禮貌」，有時會大罵「最粗俗的髒話」，而且非常不耐煩，每此遇到不符合他當下渴望的狀況時，便無法克制自己的行為，也不願意聽從建議[20]。有些人說蓋吉變得低俗下流、酗酒又性成癮，還會說謊和偷竊。然而，這並不是蓋吉在遇到意外後的唯一巨大轉變。他變得完全無法替自己規劃未來，也不能進行任何計畫的活動。他的目的論功能嚴重受損。

鐵路公司因他的失常行為而拒絕繼續雇用他，在那之後，蓋吉不斷更換工作，他曾在馬場工作，也一度靠著展示傷口和造成傷口的鐵棍而成為馬戲團的亮點。蓋吉的健康狀況在三十八歲時開始衰退，嚴重的癲癇發作，於是他搬去與母親和姐姐住在一起。後來，抽搐的症狀不斷惡化，導致了他的死亡。

這當然是個悲劇，但引起我們注意的原因不是這個悲劇有多慘，也不是因為蓋吉在鐵棒貫穿大腦後存活下來，使他在神經學界遠近馳名。引起我們注意的原因在於，此罕見案例是醫學史上第一個臨床證據，**證明人腦的特定部分是專門用來思考時間的，這部分的大腦結構能夠抑制衝動，並做出跨時間選擇和未來導向的決策**。我們在蓋吉宛如《化身博士》（*Strange Case of Dr Jekyll and Mr Hyde*）[i]的人格轉變中，看到了無可辯駁的臨床證據，證明了時間偏好是人類生物學的一部分。

讓大腦不急著吃棉花糖

所有學步兒或學齡前幼兒的父母應該都知道，人類的大腦在逐漸成熟的過程中，會發展出能夠等待更久的能力，這不足為奇（我正在等待我的孩子長得夠大，讓我能夠使用理性與隨之而來的賄賂，作為有效的教養工具）。這種大腦發展會表現在孩子的情感與認知方面，他們會越來越有能力推遲滿足欲望和需求的時間，如此一來，較小且較快的回報帶來的誘惑，就不會贏過較大且較長遠的回報。自我控制和意志力結合在一起，成為了延遲滿足的必要原料——事實上，這兩者正是迂迴的情感和心理所需的基礎。蓋吉能幫助我們理解，這種能力到底位於我們體內的何處。

從神經學的角度來看，我們會在海馬迴和額葉發展成熟後獲得這種能力，海馬迴的關鍵作用在於讓短期記憶轉變成長期記憶（跨時間回顧），額葉則位於大腦皮質，充滿了會對多巴胺產生反應的神經元，對於獎勵、專注力、動機和計畫來說至關重要（有趣的是，我們都知道血清素能支持額葉和其他前腦結構的運作，這些結構會影響各種涉及時間和未來後果的決策和選擇。在臨床實驗中，科學家讓志願受試者使用色胺酸消耗藥物，測試血清素對未來導向的決策有何影響。結果：雖然血清素在時間折現與跨時間選擇中扮演重要的角色，影響甚鉅，但這種影響並非獨一無二[21]）。

在大腦結構方面，額葉和海馬迴大約會從四歲開始發育，發育成熟後，我們就能較妥善的控制衝動，超越大腦的基本結構（包括杏仁核，也就是下部的「爬蟲腦」〔lizard brain〕），研究人員認為杏仁核與本能行為有關連。換句話說，發展完成的大腦若擁有功能完整的額葉，那這顆大腦就是個「冷執行系統」——這個具有認知能力的「理解」系統有能力在情感上保持中立、可以思考，也能夠產生目的性的

i 編按：出版於一八八六年的小說，主角喝了自己配製的藥劑後，分裂出邪惡人格。

策略行動。這就是「自我調節與自我控制的所在地」，也就是我們所說的迂迴系統，勢的系統。與之相對的則是「熱執行系統」，也就是情緒的「行動」系統，這裡是恐懼、激動、立即、衝動與反射的行為中心，也就是真正會破壞自我控制的力之所在。**在健康的大腦中，勢和力的系統相互作用，使人們得以防止強烈的刺激引發衝動，發揮意志力和自我控制力**。人們正是使用這種方法來擺脫所謂的「快樂原則」——衝動並忽略理性，會驅動這種原則[22]。這種冷熱之間的動態變化，可被視為一種手段，我們可藉此獲得意志力和自我控制，並以此追求目標。

一個被廣泛引用的經典例子是一九七二年史丹佛大學（Stanford University）心理學家沃爾特・米歇爾（Walter Mischel）進行的「棉花糖實驗」，他對三十二名學齡前兒童做了實驗（十六名男孩和十六名女孩，平均年齡為四歲半）。他先讓這些孩子選擇一種食物——棉花糖、奧利奧餅乾或椒鹽餅乾——並告訴他們可以選擇立刻吃一個，或者等十五分鐘後吃兩個。孩子們被單獨留在一個沒有任何干擾的房間裡，研究人員透過單向鏡子觀察，發現孩子們表現出了嘗試自我控制的行為——閉眼睛、玩頭髮等。有些孩子能夠等待足夠長的時間，吃到兩份零食，有些孩子則立刻吃掉一份零食。值得注意的是，他們不願意等待的原因除了不耐煩之外，另一個主要原因是不信任，也就是他們擔心自己根本得不到棉花糖。孩子是否有能力推遲滿足的另一個主要因素，可說是在意料之中，這個因素就是年齡（我還記得我以前既喜歡又害怕幼兒園的老師，她試圖向小小的學生們灌輸自我控制的概念。我曾試著模仿她，在家裡走來走去，重複唸誦：「自律！自律！」——我的父母覺得這種行為很有趣，他們在我青少年時期發現我顯然放棄了這句格言後，想必十分沮喪）。

這項實驗後來被多次重複，成了研究享樂的範式經典，此實驗的意義在於可以有效辨識出自我控制和自我調節，甚至可以預測受試者成年後的行為。事實證明了成功延遲滿足的孩子在後來的學術能力測驗（SAT）中表現較好，也表現出較高的個人能力和人際交往能力（不過遺憾的是，他們的未來很可能不像避險基金經理或華爾街交易人那麼有前途）。儘管用棉花糖來代表迂迴資本主義生產和投資似乎有些奇怪，但我們可以把相同的基本要素應用於此：人們必須超越眼前看到的那一刻，去看見雙眼無法看見的下一刻，抑制當下的衝動（和懷疑主義），替未來爭取更大的優勢。

你的，我的，或他的時間

人類傾向於過度強調當下，低估未來，這種傾向具有很強烈的主觀性。正如龐巴維克指出，人們可能會把某些時段的價值打折扣，可能是一〇〇%、五〇%，或僅僅一%，有些人則可能會走向另一個極端，嚴重高估未來的效用。人與人之間的主觀彼此有別，個體也會因為不同環境而有不同的主觀想法，用龐巴維克的話來說，這種折扣並不會在特定時間長度內以恆定的方式「和諧地等量成長」[23]。正如福斯特曼和其他人後來提出，我們不能因為一個人對於他在這一年的預期收入打了五%的折扣，就預設他明年一定也會這樣，這一類的假設是行不通的。「與之相對的，」龐巴維克在觀察後指出：「這些最初的主觀低估在很大的程度上是不對等、不規則的。」當下的享受和未來的享受之間可能具有「極大的差異」，同時我們卻會在評估「非常遙遠」的享受和「更遙遠」的享受時，覺得兩者之間的「差異很小，甚至沒有差異」[24]。

儘管如此，「這些想像中的未來情緒其實具有可比較性的。事實上，它們不僅可以拿來和當下經歷的情緒做比較，而且也可以拿來互相比較。此外，無論這些情緒是屬於同一時期，還是屬於不同時期，都具有可比較性。」[25]（我們可以從這一類的細微觀察看出，龐巴維克已超越了單純的時間偏好，理解了時間不連續性。）龐巴維克與追隨他的奧地利經濟學家使用的不是臨床數據，他們透過對人類處境的普遍理解，推斷出人類行為學的現象——時間不連續性和雙曲線折現。龐巴維克的觀察讓我們看見一種現象、一種所有人類共有的傾向：相較於超越想像的不可捉摸事物，或者我們出於各種理由而質疑能否實現的事物，我們往往認為最顯眼、可用、有形的事物（通常是眼前的事物）擁有較大的價值，龐巴維克也描繪了這些顯著的人類特質，會如何導致我們熟悉（且時常懊悔）的行為，例如拖延和成癮。雙曲折現偏誤的現代概念精準地抓住這個研究領域的關鍵，不過雙曲折現偏誤採用的是嚴謹的數學公式，而不是龐巴維克的直覺口述說明。

而後，我們開始用「塞勒的蘋果」（Thaler's apples，此名稱來自提出此假設的芝加哥大學經濟學家理查・塞勒〔Richard Thaler〕）這個例子，來簡單說明時間不一致的普遍傾向[26]：

A1、今天拿到一顆蘋果。

A2、明天拿到兩顆蘋果。

B1、一年後拿到一顆蘋果。

B2、一年又一天後拿到兩顆蘋果。

典型的不耐煩者可能會選擇今天吃一顆蘋果（A1），而不是明天吃兩顆蘋果（A2）。正如古老的諺語所說，「一鳥在手」，勝過十鳥在林。依據龐巴維克的觀察，我們的行為就像學齡前的兒童一樣，無論當下的享受再怎麼小，我們都會去抓住它，認為這種享受比「最好、最持久的優勢還要更重要」[27]。如果我們只依據時間偏好與普遍的當下偏誤來做決定，這種行為很合理——我們想要較快的較小獎賞，勝過需要等待的較大獎賞（由此可見，我們從幼稚園到現在經歷的改變，並沒有我們想像的多）。

我們可以在對於一年後的預測中觀察到時間不連續性。塞勒在實驗中發現，如果等待一年又一天可以拿到兩顆蘋果的話（B2），沒有人會對於等待一年後只能拿到一顆蘋果（B1）感到滿意。眾所周知的是，**隨著時間距離逐漸延長，人們會更傾向於選擇較有價值的未來結果**。因此，時間偏好在此逆轉：隨著時間流逝，我們在某個時刻開始覺得本應獲勝的B2，變成了應該被拒絕的A2，我們不知為何改變了心意。

我們當然可以同理並了解這個選擇的基本原理，不過這樣的決定仍然具有很高的不連續性（「不合理」）。如果我們現在不想多等一天（寧願立刻得到一顆蘋果，而不是明天後得到兩顆），那麼我們為什麼會在未來做出不同的決定呢（我們變得願意等待一年又一天以獲得雙倍的獎勵）？問題不在於特定的價值判斷，而是在於我們顯然無法意識到，未來的自己沒有能力執行現在的自己聲稱的選擇。若有一個人告訴我們，他願意為了獲得兩顆蘋果而在一年後多等一天，但當下的行為卻完全相反時，這代表了什麼意義？龐巴維克在觀察時間不一致的過程中，似乎預先注意到我們會表現出這種怪異的行為，這種行為一直到後來才被實驗室證實為真。我們的注意力遠離了抽象概念，變得像是現代式的「可得性捷思法」（availability heuristic）一樣，聚焦在我們頭腦中最容易獲得的記憶和聯想上，進而把注意力放在當下。

龐巴維克對於人類具有的時間偏好主觀性所做出的描述，至今仍不同於我們理應對未來打折扣的方式——也就是標準、自動化的方式。一九三七年，諾貝爾獎得主暨麻省理工學院經濟學家保羅・薩繆爾森（Paul Samuelson，他在一九八九年於其著名教科書中，以自信且令人不可思議的態度指出：「與許多懷疑論者早期的看法相反，蘇聯經濟證明了……社會主義計畫經濟可以發揮作用，甚至蓬勃發展」[28]——這件事證明了有缺陷的數學經濟學證據是為真）引入了福斯特曼在一八四九年使用的指數折現法（稱為「指數折現」是因為折現因子「1＋i」會逐年進行乘法複合計算）。這位說英語又受人敬重的經濟學家（他可不是卑微的德國林務員）提出了一個嚴格的跨時間選擇模型。這個模型的特色是多數人都很熟悉的複利數學，這個做法值得稱讚。最重要的是，它預設所有行為者都是**連續的**，將人類的混亂時間偏好簡化為單一參數「i」（源自福斯特曼）。儘管薩繆爾森對此模型的適用程度抱持保留態度，但這個模型仍在經濟學界廣為流行，以至於我們可以在如今的行為心理學家和經濟學家撰寫的論文中看到，許多實驗都違反了主流經濟學現今的標準折現效用模型（Discounted Utility）[29]。

此處的問題在於：儘管薩繆爾森的未來效用統一折現模型能正式、優雅又方便地「解決」平衡問題，但它並沒有準確描述人們在現實世界中的行為。如同我們先前討論過的，人的時間偏好具有明顯的不連續性——也就是說，隨著延遲時間的長度改變，我們對延遲的偏好會出現逆轉，而且我們無法透過單一（或是任何）的靜態參數來確實描述這種轉變。

福斯特曼是對的：他的公式（各位讀者應該還記得，這個公式專為林業所設計）確實提供了一種客觀的標準方式，能處理機會成本的複合計算和資本定價。

然而在現實世界中，我們會把自己的主觀折現機制疊加在這種簡單的複合計算上。把這種主觀拿來和福斯特曼的計算做比較之後，我們就會清楚看見偏誤。

我們可以改變福斯特曼的公式，把時間偏好率「i」當作變數，隨著延遲而出現實際的下降。如此一來，我們就把時間不連續性加入了福斯特曼的土地期望值中，創造出一個新公式：

$$LEV = \frac{B}{(1+i_1)} + \frac{B}{(1+i_1)(1+i_2)} + \frac{B}{(1+i_1)(1+i_2)(1+i_3)} + \cdots$$

在算式中，每個「i_n」的數值都會隨著「n」的增加而減少（也就是i_1＞i_2＞i_3……）。這當然也就代表了，每一個連續的「B」的價值，也就是每一個連續的棉花糖或蘋果的價值，會在延遲間隔較短的時間內（也就是收穫時間較近時），出現迅速的大幅折現，在延遲間隔較長的時間內（也就是收穫時間在較遠的未來時），雖然還是會持續折現，但折現下降的速度會比較慢。使用福斯特曼最原初的指數折現算式時，折現的「B」會隨著每次的時間間隔增加，以恆定的速率下降。簡而言之，這樣的變化仍不符合我們所說的時間不連續性——也就是所謂的雙曲線折現模型（次附加的〔subadditive〕折現模型也已被證明，可以在延遲間隔較長的狀況下，對較低的折現計算進行類似描述，不過這種模型無法捕捉到偏好逆轉的變化）。

這種算法與福斯特曼一開始提出、類似絕地武士的折現計算法有很大的差異：在福斯特曼的算式中，早期的年折現率（例如i_1和i_2）很高，耐心則特別低，我們不可能在這時容忍松柏類的早期緩慢生長，此外，我們也同樣無法達成松柏在後期的快速生長，因為到了後期，年折現率會低得多，耐心則會變得很高。接著再應用斧頭原則，就算是獲利能力極高的公司，也很可能會提早倒閉。在我們需要「i」的數值低時，該數值卻很高；等到我們需要「i」的數值高時，該數值又變得很低。儘管這是個客觀的公式，但對人類來說，要實踐松柏的極度迂迴經濟方法違背了我們的生物學天性。在所有類似的迂迴路徑中，我們是為了達到後期的輕鬆階段，才得經歷初始的困難階段，我們在初始階段必須保持耐心，並預期我們會在後期變得失去耐心，而不是反其道而行。對於那些比較重視眼前事物，又容易犧牲中間事物的人來說，這種反轉的難度會顯得更高。

這些人在科技的轟炸之下，一直活在虛假的當下，對他們來說，所有事物都在加速，創造出道格拉斯．洛西可夫（Douglas Rushkoff）所說的「當下衝擊」[30]，洛西可夫引用了艾文．托佛勒（Alvin Toffler）在一九七〇年出版的著作《未來衝擊》（*Future Shock*）的觀點：我們在掙扎著應付改變這件事情本身，而使狀況更糟的是，如今改變已達到了前所未有的高速（此速度來自永不停止的自催化）。（儘管這些概念看起來很現代，但其實早已牢牢根植在龐巴維克的思想中。）

正如我們所料，研究指出罹患注意力不足過動症（ＡＤＨＤ）的兒童和年輕人，比沒有罹患此疾患的兒童和年輕人更容易表現出雙曲線折現的模式，也更偏好立即獎勵。得知這些發現後，我們可以進一步外推，思考我們該如何把這些發現應用在那些沒有罹患注意力缺失症（ＡＤＤ）、卻因為同時處理多重任務的壓力，而出現「偽ＡＤＤ」行為的成年人身上。現代性帶來了無所不在、能夠提高生產力的技術工具，這種現代性是否正在把這個社會轉變成超級雙曲線折現的狀態？考慮到精神科學家愛德華・哈洛威爾（Edward Hallowell）的研究結果，上述問題確實值得我們好好思考。

哈洛威爾在他的精彩著作《瘋狂忙碌》（*CrazyBusy*）中指出，有些成年人雖然沒有罹患ＡＤＤ，卻因為「現代生活的嚴重問題」而陷入困境，出現類似ＡＤＤ的症狀（他將之稱為「Ｆ狀態」，指的是「發狂、慌亂、健忘、迷惘、挫折與失去調理」等英文F開頭的狀態）。儘管這些人的症狀嚴重程度各有不同，但他們較容易經歷高強度的雙曲線折現偏誤，所以，若他們想要控制衝動，並防止當下的行為對未來造成危害，就得更加理解到覺察與後設知識的重要性[31]（這個發現增強了我長期以來的懷疑：我認為個人數位助理〔ＰＤＡ〕——尤其是能呈現股票行情的ＰＤＡ——就像一根能夠貫穿頭部的尖頭棍棒）。

依照哈洛威爾的發現來看，勢的冷執行系統帶來的自我調節似乎更加重要了；**若沒有勢，人們就無法追求長期目標，也就比較容易屈服於「近期刺激」的誘惑**[32]。除非勢的系統能發揮作用，否則跨時間選擇是不會奏效的——甚至會極端到蓋吉的情況，也就是完全失去跨時間選擇的能力。越來越多研究指出，若想讓勢的系統恢復至健康狀態，我們可以花點時間待在樹林裡，特別是對兒童來說，接觸大自然似乎可以減輕ADHD的影響（美國理查．洛夫〔Richard Louv〕將此症狀稱為「大自然缺失症」〔*Nature Deficit Disorder*〕）[33]。同理，當我們悠閒地思考各種有關松柏的知識時，說不定這些松柏樹林的世代交替能帶來一些教誨，幫助我們擴張時間的感知，不是嗎？

我們理解這種專斷、主觀又充滿人性的不連續性後，就更能衡量不同時間的感知、反應和決策，深入了解他人的跨時間行為（這些行為必定會展現出明確的當下偏誤），當然也會更理解自己的行為。正如龐巴維克所說：「人類會因為低估未來的效用，而在替未來做準備時變得有所保留，假若沒有低估未來，我們本應做好充分準備。換句話說，這種低估會損及儲蓄和財富累積。」[34]在接下來的章節中，我們將會停止觀察人類的特定行為，迅速進入我們所能想像最激烈的情緒衝突——資本主義投資法——而對於不連續性的理解將會是我們的優勢。毫無疑問的，只有真正理解不延續性的人才能擁有優勢。我們在此處清楚看到的是系統化的投資錯誤定價源頭，它已經準備好要進行跨時間套利了（這個詞語和奧地利投資法是同義詞）。但這種跨時間不連續性帶來的偏見不會因套利而消失，在多數情況下，其實是不可能因為套利而消失，原因很簡單，因為在受到這種偏見影響的人之中，套利者受到的影響最為嚴重。

成癮者的取捨

健康這個領域具有明顯且合乎邏輯的時間分隔，尤其是在決策的方面。在健康決策的取捨中，最引人注目的例子是成癮。當下的行為與物質所帶來的快樂非常強烈，以至於壓倒了所有關於未來後果的想法，無論後果有多可怕都一樣——就好像透過雙筒望遠鏡反過來看，未來會顯得更加遙遠，也會變得與現在較不相關。

這種態度不禁讓我們想起派瑞・柯莫（Perry Como）的老歌〈忘記明天〉（*Forget Domani*），其中有一句誇張的歌詞這麼描述折現：「讓我們忘記明天，因為明天永遠不會到來。」我們所感知到的未來——也就是我們感知到的未來自我——永遠都不會到來。我們期許自己能輕鬆面對已知的不利後果，但這只是幻想而已。我們可能會告訴自己，等到未來我們就會改變，所以現在就讓癮君子繼續做他一直在做的事情吧[35]。

成癮當然會危及我們的健康、生計、人際關係，甚至生命。「十二步驟」（12-step）這個治療計畫，能幫助成癮者戒除成癮物質或行為，此計畫使用的方法是支持正在恢復的人維持意志力，在做決定時以未來為基準，讓他們為了在未來感受到更多情緒並促進健康，而在當下感受剝奪感，如不喝酒、不賭博等（巴斯夏筆下的糟糕經濟學家形象，就是個海洛因成癮者，他追求當下的微小「益處」，但緊追在後的將會是「未來的巨大禍害」[36]，此一形象深刻到令人無法忽視）。值得注意的是，如今酒精成癮者已經可以利用藥理學的口服藥物（例如戒酒發泡錠〔Antabuse〕等），壓縮微小益處和巨大禍害的間隔時長，若成癮者在使用這種藥物時喝酒，會立即產生不適反應（頭痛、反胃、嘔吐）。這種藥把未來帶回當下，也就是我們會花最多心力處理與感受的時間點。目前還沒有經濟投資方面的類似藥物能給經濟學家或投資者服用，這件事對於奧地利投資法的優勢存續來說真是太幸運了。不過，我們也可以運用時間壓縮的技巧激勵某些行為，原先影響這些行為的通常是短視的時間不連續性，以及人們在某個時間區段中無法把效用最大化的長期傾向。

美林證券（Merrill Lynch）有一種線上工具叫「臉部退休」，可以使照片中的顧客變老，讓他們「看到」自己未來的樣子。有些人可能會認為這只是種聰明的行銷噱頭，但這其實是以史丹佛大學一項實驗為基礎的方法，該實驗指出，看到自己老化的照片可以幫助人們存下更多錢[37]。事實上，**與未來的自己對視，會使他們更重視未來的自己。**

我們甚至可以認為美林集團的工具和伊索寓言的「螞蟻與蚱蜢」相呼應，這則寓言的目的，是稱讚替未來做好計畫是一種美德。在溫暖的夏季，蚱蜢沒有注意到荒涼的冬天即將到來，把所有時間和精力都花在晒太陽和唱歌上。另一方面，勤奮的螞蟻則比蚱蜢更了解接下來會出現什麼樣的變化，整個夏天都在工作，為未來「儲蓄」——也就是儲存冬天要吃的食物。在天氣變得寒冷無比時，螞蟻早已做好準備，蚱蜢則陷入了危難中。

或者，我們也可以想想童話故事中的「三隻小豬」：第一隻豬為了把享樂和放鬆的時間最大化，迅速搭建了一間茅草屋；第二隻豬只多花一點時間，用木板搭建房子，很快就跟茅草屋小豬一樣開始放鬆享樂；第三隻豬則放棄了當下的所有娛樂，建造了一棟堅固的磚牆屋。大野狼用力吹氣後，稻草屋和木板屋都支撐不住；第一、二隻小豬雖然具有較高的時間偏好，但很幸運的是，勤勞（而且無疑也讀過奧地利學派）的第三隻小豬安全地躲在磚牆屋中，沒有鎖上門，讓他的兄弟可以進來。

這一類超越當下自我的文化參照文獻中，我最喜歡的是露絲・克勞絲（Ruth Krauss）在一九四五年出版的短篇兒童讀物《胡蘿蔔種子》（*The Carrot Seed*）。「有一名小男孩種下了一顆胡蘿蔔的種子」，他一邊努力照顧種子，一邊等待，同時還得承受家人的一連串質疑，他們「一直說它不會發芽」，不過小男孩終究等到種子長成了巨大的紅蘿蔔[38]（我把這本書拿給我的孩子們讀，偷偷把這個故事當作迂迴生產與反對者的入門讀物）。

如果你對這些有關跨時間交易的故事、童話和寓言沒興趣的話，那也沒問題，還有其他的文化線索可供追尋——例如新教的敬業觀念及對於勤勞的虔誠態度，還有其他分支教派也有類似的思想（包括許多傳統信仰）。

新教就像他們的清教徒祖先一樣，認為工作不只是賺取工資的手段，「工作**本身**就是絕對的**目的**——是一種『使命』」[39]。在今日工作、儲蓄並適度享樂，才能為世俗上與精神上的明日做好準備，這麼做能鼓勵人們發展出較低的時間偏好，加強景深（直到天國降臨為止）。

磨練好自己對將來的感知後，我們可以反轉雙曲線，讓自己在當下**更有耐心**，在未來占據優勢，表現出**機會主義式的沒耐心**。我們可以建立前瞻性的「手段與結果」框架，讓時間的目的論變成我們的助力，在未來追求更大的成就。另一件很重要的事——這也正是烏維格和時間偏好可以合作的地方——是要反轉我們在當下與未來的耐心，反轉這兩者，就像我們在第五章討論過的一樣，我們從結果出發，一路反推到當下該採取何種手段（就像老虎．伍茲在二〇〇六年的英國高爾夫公開賽一樣，雙眼看著旗桿，而不是看著球道）。換句話說，唯有理解何謂茲維克，我們才能適量地增建齊爾，把齊爾當作達到茲維克的米特。

華爾街，沒有明天的賭博

若我們失去景深，就會變成時間的受害者。立即性是一名暴君，它會逐步提升壓力，加強我們覺得自己的時間已經「破產」的感受。此外，我們的時間不連續性上面還有一個巨大的外部放大鏡。在時間真的很緊迫、沙漏只剩下最後一點沙子、死神開始等待時，我們會感到絕望。我們沒有未來，也沒有下一刻，我們擁有的只有現在、現在、現在。在這樣的世界中，我們沒有時間和意願去追求齊爾，也沒有必要為了未來更好的戰略優勢，而耐心地懷抱著目的去實現中間目標。在這個世界裡，當下的行動攸關生死，唯一存在的只有無情的茲維克。如今盛行的想法是我們可以在當下不耐煩，只要期許自己在未來更有耐心就行了，這和亨利．福特的迂迴方法徹底相反（因此確立了他在烏特內默中的典範地位），福特放棄成功的合夥關係和立即利潤，是為了投入更多時間和精力建立生產流程，如此一來，他才能在未來不耐煩地製造與銷售汽車。

龐巴維克在論及危險職業時以軍人為例，不過我們也可以把現代的執行長、財務長和格外引人注目的投資經理人與交易人歸類在危險職業中，他們必須把注意立即中在當下，否則他們的職業生涯可能會就此終結。

這就是華爾街，每個交易人的有效期限都很短，而且他們的薪水每年都在增加（甚至數個月就增加一次）。你一定要賺進收入，否則就會失去未來。這正是龐巴維克所說的「特殊環境強迫他們心中充滿死亡的想法」[40]，就像戰場上的軍人或末期病人那樣。身為華爾街交易人，只要你無法無比專注地賺錢，便註定走向滅亡。

因此，華爾街的人不會因為未來即將出現的機會更好，而運用當下的機會進行迂迴方法或跨時間套利。無論「未來」的機會有多好，他們要的只有「更快」。事實上，時間不連續性是華爾街許多傳統觀念的根源，從動量投資到貨幣政策的優點皆源自於此。

華爾街的常見問題之一就是失去機會，你**一定要現在**就去爭取，否則明天就沒有機會（這些交易人就像警惕的學齡前兒童一樣，他們認為尋求晚點才會出現但更大的棉花糖沒有意義，因為他們很可能永遠都拿不到棉花糖）。你能犯下的最大罪惡不是賠錢，而是沒有賺到足夠的錢，能在每場賭局的期間都保住你在賭桌上的寶貴位置。華爾街交易人知道自己隨時都可以被替換掉，並因此承受持續的壓力，所以他們沒有其他選擇——全部的注意力都必須集中在現在。

這種當下偏誤帶來的副產品，是風險管理歷史中最嚴重的幾次失敗，包括避險基金長期資本管理公司（簡稱LTCM）在一九九八年蒙受巨額虧損，以及投資銀行雷曼兄弟（Lehman Brothers）在十年後倒閉。

在解釋這些失敗時，反時間偏好的觀點是非常反直覺的。論及華爾街的瘋狂賭徒問題時，最明顯的答案就是交易者擁有的「自由選擇權」（也就是他們賭贏時會獲得巨額獎金，賭輸時則不會參與損失）；但事實上，這些災難和其他類似事件，卻對那些造成（或監督）災難的人造成了巨大的個人經濟損失，我們實在應該在把責任歸咎於自由選擇權時暫時停下腳步。

儘管我們理應把批評集中在系統結構上，但多數人並不這麼想。

我曾建立一個簡單的卡通實驗（也就是電腦模擬），試著藉由這個方法直觀地理解是什麼在推動華爾街瘋狂賭博。在這項研究中，機器交易者擁有自由選擇權獎金，也必須面對我們所謂的「淘汰」——也就是要求它們必須每年賺進超過一定水準的利潤，否則就會失去工作（這種「被淘汰」是非常寫實的場景）——我們提供機器交易者一系列簡單的投資策略可選擇：有些策略的風險是頻繁的小額損失，不過有機會獲得較少出現的高額回報（第一章的釣魚小男孩馬可）；還有一些相反策略的風險則是較少出現的高額損失，相對的可以較頻繁的獲得小額回報（這顯然是華爾街與避險基金模式的投資方法）；其他策略則介於兩者之間（這些策略——也稱作回報分布——都具有相同的幾何平均值，因此，無論交易者選擇哪種策略，他的預期策略回報都相同）。

最後的結果既明確又驚人：必須面對淘汰的機器交易者偏好的是較少出現的巨大風險——如此一來，他們的職業生涯比較有可能持續下去——而不必面對淘汰的交易者則會迴避這種風險。另一方面，就算減少或直接取消自由選擇權（也就是要求交易者「參與其中」，分擔損失），對策略偏好也沒有影響（該研究判斷偏好的方法，是最大化交易者的預期個人職業回報；這些策略偏好之間的顯著性差異超過九九%，且不因為各個策略的「偏態」〔skewness〕幅度與損益參與程度而出現明顯變化）。

在這個單純的**思想**實驗中，交易員完整預見了他們應用的回報分布，採用最直接的方法去最佳化每一段連續時期的成功機率——對他們來說，最重要的目標是避免淘汰，留在這個（充滿利益可圖的）競賽中。他們用顯微鏡觀察當下（如克里普指出，在持有成本過高時，就像是我們拿著放大鏡觀察當下一樣）。更糟的是，在現實世界中，這種傾向會進一步自我強化，這是因為當下具有極高的決定性，使交易者的時間折現變得**非常雙曲線**（über-hyperbolic，就好像鐵棒貫穿了他們的額葉）。

此外，在華爾街工作的人有一種特殊傾向，他們通常能夠在極端的「系統崩潰式」損失中倖存下來（例如長期資本管理公司的員工），而最後導致職業生涯結束往往卻小額損失和收益不足。在華爾街，迂迴投資——也就是透過早期的劣勢獲得未來的優勢——是不理性的行為，最合理的行為應該是表現得像是沒有明天。

所以，在應對「大到不能倒」的交易風險時，最佳解決方案是讓風險承擔者擺脫不可能克服的跨時間困境。這不但代表交易人應獲得終身合約，也代表資本所有人必須花更多心力監督——舉例來說，參加投機賭博的公司應該要返回私人公司模式——否則這些資本打從一開始就不該投入投機賭博事業（想當然耳，由於政府會在華爾街因高額賭博賠錢時協助紓困，所以這項責任也就變得完全沒有必要）。在資本投資與風險承擔時，我們的時間觀點是必要條件（sine qua non），真正重要的其實是時間觀點，它決定了我們能有哪些機會。同時，時間觀點也是潛伏於黑暗中的危機，具可塑性，且受環境操縱。

而且，情況還能變得更糟，非常糟。龐巴維克呼籲人們降低時間偏好，藉此取得迂迴的優勢，但迂迴本身也具有嚴重的缺陷。我們將會在第八章論及米塞斯，並理解到我們在認知與情緒方面的能力會影響我們的時間感知，因此時間感知很容易受到潛藏起來（看似和善）、擁有更強破壞性的貨幣扭曲所影響。這個根源扭曲了我們當下所處的世界——而奧地利投資法的必要構成之一就是避免這種扭曲。

極少數人才有的優勢

人類演化的標誌之一是大腦，最具象徵性的是面積較大的額葉，額葉使我們能藉由理性及對未來的覺知與理解，來塑造周圍環境和工具。此一演化引領我們走出了非洲撒哈拉以南的文明搖籃，往四面八方分散，跟隨著成群結隊的動物，適應新的氣候和地形。在早期人類各自定居到遙遠的各個角落時，至關重要的能力是容忍氣候變遷，甚至還有對特定區域的偏好。早期人類時常接觸到極端的季節變化，這是他們第一次接觸到時間和迂迴方法（有些部落或許因此奪得先機，跟隨獵物進入較不適合居住的地區）。大約五十萬年前，中國首次有人類使用和控制了火，他們得蒐集和儲存燃料才能維持火焰燃燒。人類的思緒原本只關注當下，而後隨著語言逐漸發展，我們的思緒擴展到了有關未來的表徵和抽象概念[41]。正如化石紀錄所證明，人類在遷移時需要適應時間；簡而言之，人們不可能永遠都從最近的那顆樹上摘到成熟的果實，也無法持續依賴大量的動物。

人類逐漸理解何謂未來，不得不學著應對，並為將來做好準備：在陽光下晒乾水果、冬天用冰塊儲藏肉類、依季節在山區或草原放牧牲畜（季節性放牧），並把牛奶製作成乳酪儲存起來——這些行為說明了人類持續降低時間偏好，逐漸發展出迂迴方法。在部分地區，食物供應會隨著季節變化而增減，居住在這裡的早期人類必須學會放棄當下的回報，找出未來的生存優勢。**本質上來說，人類的奮力演化過程就是在克服我們與生俱來的錯誤時間觀念，扭轉我們過度重視當下的天性**。人類這個物種之所以能獲得壓倒性（且不太平均）的成功，靠的正是迂迴策略（勢的策略）。

即使如今科技正不斷滲透到七大洲的每個角落，演化仍在繼續，我們仍得面對最基本的挑戰：我們對時間的感知。我們的祖先在放手一搏時冒的風險比我們大得多，我們尚未在這方面超越他們太多：他們摘除當下的眼罩，因而能夠掌握更深遠、更全面的景深。或許時間感知是人類必須持續征服直到永遠的戰爭前線，我們不斷抵抗自身的人性，努力在行動時以我們自己和後人的最大利益為考量——這就是文明化。

多數人沒有能力從一而終地走在迂迴的道路上，這是從古至今的事實，因為我們所有人心中都存在著阻礙，這些潛藏的繩索會把我們拉回當下，使我們想要滿足立即的欲望，追求此刻的快樂和成功。這就是為什麼奧地利投資法具有系統性、普遍的優勢——我們或許可以說，這才是本章的最主要內容。但是，正如克里普所說的：「要我描述這件事很簡單，但要你做到這件事卻是很困難、甚至不可能的。」我們在利用這種優勢的同時，也就擺脫了世俗束縛，而想要利用此優勢，我們只需要有意識地保持正念（mindfulness）和自律。如今我們對於自身的思想運作方式已有了後設知識，因此我們可以有意識地反轉時間不連續的觀念，在當下保持耐心，以便在未來變得策略性的不耐煩。若我們希望能把累積到現在的知識，連結到真正的運用與執行上，唯一的方法就是上述這個關鍵步驟。

我在投資上取得的大部分成功，無疑來自不斷的實踐和艱苦的努力，也來自我在早期就因為克里普不可或缺的激勵而好好處理了時間不連續性的問題——我發展出一種能力，可以把一系列的時間片段視為某個遊戲的一部分，而不是每次都只在一開始最大化任意一個時間片段。只要我們擁有覺察的意識，並掌控覺察到一定的程度（這是一趟必須終生學習的旅程），我們就可以進入奧地利學派傳統的下一個階段——在這個階段中，市場是一個過程，而我們在擺脫了與生俱來的時間偏誤後，變能認知此一偏誤，在其中找到我們的位置。

第七章

市場是一種過程

我們不能以局限的觀點，把市場視為單純的靜態事物或物理位置，我們應該把市場視為無數人的行為。市場是目的論式的一連串因果關係，正逐漸朝著市場參與者的目標前進。

過去一個多世紀以來，奧地利學派都因為其基本方法論而被視為過時且不科學的學派。主流經濟學派斷然略過了奧地利學派的先驗方法，最典型的主流經濟學派最先出現在約翰・梅納德・凱因斯（John Maynard Keynes）於二十世紀早期的職業生涯，凱因斯的知名著作《就業、利息與貨幣的一般理論》（*The General Theory of Employment, Interest and Money*）的書名源自愛因斯坦的相對論革命。主流學派最後出現在經濟學家保羅・薩繆爾森（Paul Samuelson）於二十世紀中葉的職業生涯，他是第一位贏得諾貝爾經濟獎的美國人，於一九七〇年獲獎。

奧地利學派正往一個嶄新的方向前進，能夠結合其他種類的科學——這種方向有時會被稱作定量和實證技術的「物理學嫉妒」（physics envy）[i]。然而，儘管物理學家在他們的領域取得了穩定的進展，但數理經濟學家的「專業」微小調整，卻讓全世界跌回了金融危機和勞動力市場停滯的數年反覆循環中——這些經濟學家告訴我們，他們已經在研究過經濟大蕭條後解決了這個問題。消費者和生產者的主觀期望和偏好並不符合數學模型。「經濟學」這門社會科學的本質，就是需要人類行為學的邏輯、演繹和先驗方法，米塞斯用人類行為學這個詞語指稱對於人類行為的科學研究。

米塞斯繼承了門格爾和龐巴維克對價值、資本和時間等主題的理論。米塞斯是一名獨立思考的學徒，他完善了這些理論，並添加了自己的重要新觀點，特別是在貨幣和信貸方面，最終形成了我們今天所知的奧地利經濟週期理論（Austrian Business Cycle Theory，ＡＢＣＴ），該理論解釋了繁榮和蕭條為什麼會使他的那個時代變得充滿高峰和低谷，而且那些破壞性力量一直持續到今天。雖然米塞斯在他的作品中描繪了了奧地利學派的廣泛可應用性，但同時他也從未偏離其方法論（事實上，他是言語邏輯演繹方法最嚴謹的追隨者）。

此外，米塞斯也展現了傳統的演化能力，這一切都為新的解釋和應用提供了機會，其中也包括米塞斯在此描繪的奧地利投資法。

米塞斯是屬於他那個時代的人，他在真正的第一線見證了歷史：米塞斯在第一次世界大戰擔任砲兵軍官；奧匈帝國崩潰時，他成為維也納的居民和大學講師；在一九二〇年代的貨幣鼎盛時期，他是發展貨幣和銀行理論的學者；他是猶太人，也在納粹崛起期間堅定地批評國家社會主義，當時他為了逃離納粹而離開歐洲。接著，米塞斯在一九四九年出版了《人的行為：經濟學專論》，在戰後世界為經濟學中的人類行為本質提供了不可動搖的基石，他指出，唯有以人類的主觀行動與行為當作脈絡，才能解釋經濟學。身為學者與教師的米塞斯煞費苦心，希望能讓其他人理解這件事（但可悲的是，這世界上有許多人拒絕傾聽）。

讓我們回到一九五四年，當時七十多歲的米塞斯在一個滿是研究生（包括伊斯雷爾．柯茲納〔Israel Kirzner〕，他後來成為奧地利學派傳統的著名經濟學家）的演講廳中講課，這些學生想必先是注意到他的奧地利口音，接著是他充滿衝擊性的話語：「**市場是一種過程**（Za market ist a process）。」[1] 米塞斯或許是有史以來最偉大的經濟學家，他用這五個看似簡單的單字，拓寬了學生的思維：我們不能以局限的觀點，把市場視為單純的靜態事物或物理位置，我們應該把市場視為無數人的行為（正如克里普告

i 譯註：指的是許多領域的研究者都希望能像物理學一樣，把學科內容用數學公式準確量化。

訴我，交易所中發生的事物，其實只是反映出了更龐大的價格探索過程）。

我們只能把市場理解成為一種過程，**市場是目的論式的一連串因果關係，正逐漸朝著市場參與者的目標前進。環境和觀點會逐漸改變，有時是自然而然，有時則是人為干預與扭曲帶來的改變**。米塞斯很了解市場，也很清楚市場遭到破壞時會如何失靈，並在ABCT中闡述了這一點，將市場的路線圖視為人們在遭到扭曲的區域進行的探索過程。過程式（processual）的市場藉由這一切，以推手的推與拉做出反應，適應平衡的力量。

米塞斯在演講廳的開場白非常重要，另一個同樣重要的事物是他當時的所在：紐約大學，這裡是奧地利學派傳統的新焦點（也是令我自豪的研究所時期母校）。這裡是（古典）自由主義和奧地利學派的堡壘，我們可以從本質上把奧地利學派裡簡化成單一個體——米塞斯，他保持火炬不斷燃燒，保護火炬不因為世界各地盛行的干預主義、（古典意義上的）非自由政治觀點和政策而熄滅。這位離家避難的學者抱持著嚴格又不屈不撓的原則，並因而付出沉重的代價——他在一九四〇年抵達美國時，學術界對他態度惡劣——因為有他的犧牲和拒絕妥協的態度（這讓他更難找到工作），世界變得更加美好。正如榮·保羅的觀察，米塞斯「遇過各種試圖軟化他立場、以使傳統經濟學界更容易接受他的誘惑，但他從不屈服，這證明了他是一個意志頑強、性格堅強的人」[2]。

他堅持自己的原則，儘管這些原則從來不曾給予他財富，但他卻得到了更多，包括無價的榮譽。經濟學家喬格·基多·胡爾斯曼（Jörg Guido Hülsmann）在詳盡的米塞斯傳記中，稱米塞斯為「自由主義的最後一位騎士」[3]。

預測到大蕭條的人

路德維希・海因里希・艾德勒・馮・米塞斯在一八八一年出生於哈布斯堡帝國（Habsburg Empire）東北部的倫貝格市（Lemberg），也就是如今的烏克蘭利沃夫市（Lviv）。（諷刺的是，雖然自由市場最堅定的捍衛者之一出生於此，這裡後來竟成為蘇聯的一部分。）他的父親是奧地利鐵路的建築工程師，並因此贏得了「馮」這個榮譽姓氏，米塞斯繼承了這個姓氏並持續使用。米塞斯的父親在公共行政部門獲得了顯赫的職位時，他們全家搬到了維也納。當時人們都暱稱米塞斯為「路」（Lu），他在母親的影響下，和弟弟理查（Richard）一起接受了良好的教育[4]。不過，這兩兄弟很早就表現出興趣上的差異：米塞斯受社會科學吸引，理查則對自然科學感興趣。前者使用的是演繹和人類行為學，後者使用的是經驗主義和歷史主義，兩者之間的鴻溝在經過多年後變得更加明顯，從未相接。

米塞斯在學術中學（Akademische Gymnasium）接受教育，在那裡閱讀許多拉丁文和希臘文的經典著作。古羅馬詩人維吉爾（Virgil）的一句詩文變成了他的格言：「不要向邪惡屈服，而是要更勇敢地對抗它（Tu ne cede sed contra audentior ito）。」[5]後來他進入維也納大學研究法律與政府科學，在一年級參與調查研究，主題是十八世紀的加利西亞農民與他們為了贏得更大權利而付出的努力。米塞斯後來評論道，他早年「對歷史產生了持續而強烈的興趣」，這使他「意識到德國歷史主義的不當之處」[6]。

一九〇二年十月，也就是米塞斯通過大學考試的三個月後，他前往帝國與皇家師砲兵團（Imperial

and Royal Division Artillery Regiment）履行兵役義務。他在維也納附近駐紮，服役一年後，在一九〇三年九月回去繼續他的研究。他是中尉軍階的預備役軍官（後來晉升為上尉），在一九〇八年和一九一二年又被召集入伍兩次。而後，他將在一九一四年再次穿上奧地利軍隊的制服。

米塞斯的第一份工作是公務機關的支薪實習生，但他厭惡官僚主義，所以這份工作並不適合他，因此他決定從事法律相關工作。不過，最吸引他的還是學者的生活，他先是成為學生，而後成為教師。雖然米塞斯進入大學的頭幾年，門格爾仍在任教，但米塞斯並沒有參加他的課程。不過，米塞斯在一九〇三年晚期初次讀到門格爾的《經濟學原理》，他在回憶錄中回想道：「正是因為這本書，我才會成為經濟學家。」[7]對於米塞斯的智識產生最直接影響的人是龐巴維克，米塞斯在一九〇五年的夏天開始參加龐巴維克在維也納大學舉行的研討會，因而完成了從門格爾到龐巴維克、再到米塞斯的奧地利學派繼承。

米塞斯在一九一二年出版的第一本書《貨幣與信用原理》（*Theorie des Geldes und der Umlaufsmittel*）中，解釋這個社會如何賦予銀行體系能夠擴大信用和貨幣供應量的獨特能力，以及政府干預如何放大這種能力。如果我們放任利率不管的話，利率將會動態調整，如此一來，這個社會上使用的信用就只會有實際儲蓄形式、自願提供的信用，以及企業家要求的信用。但是，若我們強行把信用擴張到此限度之上（我稱之為「信用灌食」〔credit gavage〕），就會開始發生一些怪事。

米塞斯向大學申請私人講師的職位，同時把《貨幣理論》（*Theories des Geldes*）遞交給學校，在一九一三年春天錄取。那年夏天，他開始主持研討會，但一切很快又會出現改變，沒多久後，第一次世界大戰席捲歐洲，米塞斯再次回到軍隊報到。戰爭才剛開始，米塞斯的導師龐巴維克就過世了。由於門格爾當時在隱居，同時不斷修改他的著作，而更引人注目、作品也更豐富的龐巴維克在他的時代到來之前就去世了，於是奧地利學派傳統的重擔，便落在這位奔赴前線的人肩上。

一九一七年底，米塞斯晉升為上尉，駐紮在維也納的戰爭部（Department of War）經濟處。米塞斯在一九一八年回到大學擔任講師，他開設的金融理論課上，學生大多是女性，戰爭使得男學生變得少之又少（在他的教學生涯中，米塞斯提倡男女都能成為學生）。在大學任教期間，他結識了著名的德國哲學家馬克斯．韋伯（Max Weber），《新教倫理與資本主義精神》（*The Protestant Ethic and the Spirit of Capitalism*）的作者。韋伯於一九二〇年去世，米塞斯將他的離世稱為「德國的巨大不幸」，並補充說，如果韋伯能活得更久，「如今的德國人民就能看到這個『雅利安人』典範，他可不會被國家社會主義給擊倒」[8]。

米塞斯說他「在一生中，幾乎見過了西歐和中歐的所有馬克思主義理論家」，但他只對奧托．鮑爾（Otto Bauer）表示過讚賞，米塞斯指出：「如果他沒有成為馬克思主義者的話……他本可以成為一位政治家。」在一戰和盟軍封鎖糧食供應之後，鮑爾試著想要把奧地利學派導向布爾什維克主義，而米塞斯在一九一八年至一九一九年的冬天出手干預，說服鮑爾相信「在奧地利學派進行布爾什維克主義的實驗，只會在極短的時間內帶來不可避免的失敗，甚至可能只消數日。奧地利的糧食供應仰賴進口，只有過去的敵人提供幫助，我們才能進口糧食」[9]。

那年冬天帝國解體，奧地利從君主制過渡到共和制，米塞斯則在維也納大學主持私人研討會，討論市場現象和主觀價值論。社會主義在歐洲迅速流傳，米塞斯在此時成了古典自由主義的代言人。「因此，」胡爾斯曼寫道：「**米塞斯被稱為『der Liberale』——以現代英語來說，我們會稱他為自由主義者先生，他是古典自由主義思想的化身。**」[10]（我們在此完成了《資本之道》中的第一段故事情節，從史上第一個自由主義者老子，到許多人視為最偉大自由主義者的米塞斯。）

米塞斯是曾經展開論戰、又十分聰明的自由主義戰士，他撰寫了大量關於社會主義有多危險的文章，並於一九二二年撰述了經典著作《社會主義：經濟與社會學的分析》（*Socialism: An Economic and Sociological Analysis*）。正如米塞斯後來所言：「人們必須在市場經濟和社會主義之間做出選擇。國家可以維護市場經濟，保護生命、健康和私人財產免受暴力和欺詐的侵害，又或者，國家也可以自行控制所有生產活動的進行。國家中必定有某些能動力會決定社會要生產什麼。這個能動力只有兩種可能，一是消費者透過市場供需的工具來提供，二是政府透過強制力來實現。」[11]

米塞斯像衛兵一樣警惕，不斷警告通膨有多危險，他就像巴斯夏所讚揚的「好經濟學家」一樣，預見了未來的巨大禍害與嚴重後果。他在政府印鈔機的嘈雜運作聲中，高聲反對引發通貨膨脹的貨幣政策（根據一則有關米塞斯的軼聞，他真的這麼做了）。一九二〇年代，聯準會的體制標記了嶄新時代的來臨，此體制促進了通膨性的信用擴張，帶來了永生不滅的繁榮發展（至今仍有經濟學家不同意是貨幣現象推動了這段時期的發展，我們可以在這個爭論主題中看到，只理解數據扭曲會帶來何種局限。幸運的是，正如我們將在本書後半部討論的，我們如今發現了一個能夠檢測這種扭曲的方法）。

在一九二九年中期，米塞斯仍在警告信用擴張可能導致經濟崩潰，同時維也納信貸銀行（Kreditanstalt）提供了一份高薪工作給他。米塞斯提出一個直接了當又具有先見之明的理由，拒絕了這份工作。他告訴未來的妻子瑪吉特（Margit），這個社會很快就會迎來「嚴重的經濟衰退」即將到來，他不希望自己的名字「和這件事產生任何關聯」[12]。

論及他將失去的就業機會時，米塞斯告訴瑪吉特，他對賺錢興致缺缺，對描寫金錢比較有興趣。米塞斯確實成功地保住了他的錢——更重要的是，也保住了他的名聲——他避開了那個時代最嚴重的經濟崩潰（這已經好過我們能給凱因斯的評價了，儘管凱因斯是個公認的聰明人，但經濟崩潰顯然令他措手不及）。米塞斯從來沒有把奧地利學派傳統推展到有邏輯的投資結論上。他曾經對瑪吉特說，儘管他研究金錢，但他們夫婦兩人永遠不會變有錢（我在本書中想要達成的目標，正是把奧地利經濟學派擴展到投資領域）。米塞斯的預測是正確的：後來不僅出現經濟崩潰，連那間信貸銀行也倒閉了，這些事件引發了遍及中歐的金融恐慌。由此可知，米塞斯既是恐怖未來的預言者，也預測了經濟大蕭條的到來。

逃離納粹

一九三三年一月，希特勒就任德國總理。兩個月後，奧地利納粹分子無視政府禁止遊行和集會的命令，在維也納街頭暴動。到了一九三四年三月，瑞士日內瓦國際關係高等學院（Graduate Institute of International Studies in Geneva）邀請米塞斯擔任經濟關係的客座教授，這讓米塞斯鬆了一口氣。不過，一般認為他的離開只是暫時的，他一有時間就會回國看瑪吉特（他一直等到母親在一九三七年去世後才向瑪吉特求婚，米塞斯夫人顯然不贊成米塞斯與喪偶的女演員瑪吉特結婚）。一九三四年，他的《貨幣與信用原理》終於出了英文版，但為時已晚。如果全世界的人能早個十年理解這本書的話，可以免於多少痛苦！（不過這有個困難的前提，那就是人們必須確實注意到這本書。）英文版出書後，米塞斯確實獲得了一些他應得的尊重，但不幸的是，人們一直到經歷了一場災難後才發現，只有米塞斯的觀點能夠以學術方式預先解釋這場災難。即使在現代，也有許多主流觀點忽視了市場扭曲的根本原因，正如我們將在第八章討論到的，這些觀點以後見之明，把市場扭曲無端簡稱為一種「泡沫」。

英文版的《貨幣與信用原理》出版後不久，英國紳士凱因斯便在一九三六年出版了《就業、利息和貨幣的一般理論》，這本書簡潔明快、新穎又深奧，輕而易舉地使米塞斯黯然失色。就算凱因斯在股市崩盤時血本無歸又如何？對於社會大眾來說，這本科學又複雜的書顯然重要得多，這都要歸功於書中包含了各種華美的數學計算，甚至還出現了希臘字母，這些書籍特色傳達了嚴謹又現代的感覺。而且，他似乎是個行動派（至於他採取的行動帶有建設性還是破壞性，大概也就沒那麼重要了）。善良的凱因斯勛爵勇敢無畏地對抗失業，提議要靠人為干預來刺激需求（因此也要假裝消費者的偏好與真實狀況不同）、榨乾政府的金庫，並啟動印鈔機。這是一場凱因斯式雪崩，米塞斯被擠到了邊緣——凱因斯與其同類並沒有反駁米塞斯，而是直接忽略了他（凱因斯初次讀到米塞斯的德語書時，認為這本書缺乏原創性。我們可以理解為何他會有這種想法，他也曾親自解釋過：凱因斯的德文程度只足以讓他理解他本來就知道的事物）。

一九三八年三月，米塞斯回到維也納參加會議（同時他和瑪吉特仍在繼續籌備他們期待已久的婚禮）。他能感覺到祖國的緊張局勢無疑正在日益加劇，德國人似乎已經準備要入侵。米塞斯知道自己在納粹的仇人名單上名列前茅——不只因為他是猶太人，也因為他堅決反對納粹的同質化（Gleichschaltung），也就是對國家經濟與社會的每個角落都進行極權主義的控制與強迫整合——米塞斯再次離開了維也納，而後再也沒有搬回來。他和瑪吉特的逃亡宛如《真善美》原著傳記中的崔普一家（Trapp Family），在他們逃離的短短數小時後，納粹親衛隊就前來逮捕這對納粹仇敵並沒收他們的財產。他們闖入米塞斯的公寓，將之洗劫一空，蓋世太保拿走二十一個裝滿了財產的箱子，徹底封鎖公寓，到了秋天又再次返回，把餘下的所有物品通通帶走，包括書籍、私人信件、繪畫、銀器和文件。二次大戰後，人們在波西米亞的一列火車上發現了眾多文件，其中之一就是米塞斯的檔案，這些檔案被祕密送往莫斯科（並繼續忽視這些資料）。直到一九九一年，這些文件才重見天日。然而，他原本放在維也納藏書室的眾多珍貴書籍至今仍不知下落[13]。

一九三九年九月，戰爭爆發，米塞斯開始考慮是否該離開歐洲。奧地利作曲家馬勒認為自己是「三重無家可歸者」（「奧地利人中的波希米亞人，德國人中的奧地利人，地球上的猶太人」），而米塞斯也是如此：他是奧地利人中的猶太人，德國人中的奧地利人，歷史學家中的奧地利經濟學家。米塞斯的命運與馬勒的話互相呼應：「無論去到哪裡，我都是侵入者，永遠無人歡迎。」[14]

米塞斯和妻子離開日內瓦，前往位於西班牙邊境的法國地中海小鎮塞爾貝爾（Cerbère），逃亡過程充滿了千鈞一髮的驚險情況。瑪吉特在回憶錄中回想道，當時坐公車是很危險的：「為了避開德國人，司機必須找法國農民和士兵打聽消息，頻繁地改變路線……德軍已經深入國內，到處都是他們的身影。我們的司機為了逃離德軍而原路折返許多次。」[15]他們終於在一九四〇年七月他們搭乘船隻「歐洲號」（Europe）前往新家。如果米塞斯在逃離歐洲的途中被攔截或逮捕的話，他將會面臨極高的生命危險，而奧地利學派很可能會就此失去在美國沿岸立足的唯一機會。

經濟學，就是人的行為

米塞斯從他深愛的奧地利流亡到美國後，生活過得很艱難（二戰結束時，奧地利經濟學的所有痕跡已從維也納消失。納粹拆毀了維也納大學的門格爾雕像，直到一九五〇年代，雕像再次重建於大學庭院〔Arkadenhof〕[16]）。由於洛克菲勒基金會（Rockefeller Foundation）的資助，米塞斯得以進入美國國家經濟研究局（National Bureau of Economic Research，簡稱NBER）工作，薪水只有他在日內瓦工作時的三分之一左右。儘管米塞斯和妻子都很感激這個工作機會，但仍難以維持收支。米塞斯也對席捲新家園的意識形態感到沮喪，這個國家曾起身反對共產主義和國家社會主義，但在羅斯福新政之後，卻變得越來越傾向於在舉國上下各個角落實施國家干預主義。由於美國出版商只對主流觀點感興趣，使米塞斯的職業生涯受阻，無法影響當代思想，他因此陷入了絕望。一九四三年，米塞斯得知他在NBER的聘約不會延長後，前往全國製造商協會（National Association of Manufacturers）工作，擔任經濟政策諮商組（Economic Policy Advisory Group）的顧問與成員。接著，他在一九四四年成為紐約大學的客座教授，在那裡舉辦經濟學研討會（不過他的薪水其實來自私人資金）。

他在紐約大學擔任「客座教授」的時間超過了二十年。儘管他在所有曾任教的大學中，都沒有獲得正式教授的頭銜，但他透過研討會（前期在維也納，後期在紐約）與著作，對新世代知識領袖產生了極大的影響，例如他的其中一位學生弗里德里希・海耶克，他出生於奧地利，後來獲得諾貝爾經濟獎，以及另一位學生羅斯巴德，他是奧地利學派經濟學家，也是美國人。然而，由於米塞斯在著名大學沒有正式職位，所以無法培養出更多能夠進一步推廣奧地利學派傳統的學生和教授[17]（米塞斯一生都致力於推動奧地利經濟學派的學術發展。他在移居美國後累積了五千多冊的個人藏書，由密西根州的希爾斯代爾學院〔Hillsdale College〕買下，該學院的圖書館中有一間「路德維希・馮・米塞斯展覽室」，裡面有納粹從米塞斯的維也納公寓中沒收、而後在俄羅斯發現的資料，包括個人函件、文章和信件的副本，此外，還有他使用的書桌和椅子。圖書館把這位經濟學大師的位置整理好之後，以驚人的方法使用這套桌椅：讓校內學生坐在這裡讀書）。

即使米塞斯沒有著名大學作為平臺，仍成功因為一九四九年出版的《人的行為》而一躍成為經濟學界的焦點（原為一九四〇年出版的德文書籍，名為《政治經濟學：行動與經濟的理論》）。羅斯巴德認為《人的行為》是米塞斯「最偉大的成就」，並稱讚該書是「本世紀人類思想最優秀的產物之一」。這本書使經濟學變得完整」[18]。米塞斯的第一位美國朋友亨利・赫茲利特（我們先前曾提過，他是我十分重視的書籍《一課經濟學》的作者）在《新聞周刊》（*Newsweek*）中寫道：「《人的行為》註定會成為經濟學發展的里程碑。」他稱之為「一部以偉大傳統寫成，且具有偉大原創性的著作」，並稱讚它「將現代經濟分析的邏輯統一性與精確性，推到了過去研究不曾達到的高度」[19]。

奧地利學派的批評者沒有意識到此思想的重要性，正如米塞斯藉由書名所強調的，**經濟學在研究的無疑是人的行為，而人的行為具有高度主觀性，不能簡化成數據和數學模型**。為了向學生說明這一點，米塞斯以紐約中央車站通勤者在尖峰時段的行為當作例子。研究人類行為的學者會從一個前提出發，那就是我們各種行為背後都有目的，在中央車站的例子裡，行為目的就是早上乘火車從家裡前往工作地點，並在晚上回家。然而，「真正科學」的行為主義者卻會採取相反的方法，只使用經驗主義，他們看到的只有許多人在某一天的特定時段隨機四處奔走，沒有任何特定目標。米塞斯利用這個例子指出，這兩種研究人類行為的方法中，哪一種最有意義——顯然是演繹法[20]。

米塞斯在他的先驗論中採取的是非常康德式的做法，其他人的做法則比較偏向亞里斯多德式，這說明了奧地利學派中具有多樣觀點。暫且不談門格爾、龐巴維克、米塞斯、甚至羅斯巴德採用的方法之間具有輕微分歧，奧地利學派方法論的關鍵是這些人的共識，此方法論為奧地利學派獨有，也是本書的核心內容（有時候，奧地利學派學者會針對先驗論的風格進行方法論的爭辯，這種爭辯就像是一群人在辯論一個針尖上能有多少位天使一起跳舞，本書會把這一類的討論留給哲學家）。如同我們在第四章討論的，對我們來說，最重要的是不要把經濟學視為實證主義（經驗主義），主因是人類行為沒有常數，那是存在於自然科學中的事物（例如電子的電荷等）。有些人認為經濟學家應該審視歷史，讓事實「為自己發聲」，但這是毫無意義的行為，在這麼做之前，我們需要一套前置理論，才能知道我們應該考慮哪些事實，甚或運用這個理論來確定我們要如何分類各個「事實」——在我們把某個行為稱為「交易」時，我們仰賴的是觀察者對於「交換」這個概念的前置理解。在米塞斯看來，專業經濟學家在做的大部分工作根本不是發展或「檢驗」理論，而是把歷史事件記錄成編年史。正如米塞斯所說：「想當然耳，經濟史、描述經濟學和經濟統計學都是歷史。」[21]

奧地利學派方法論的核心是對數據產生適當懷疑，特別要懷疑經濟學（也就等同於投資學）如何在數據中找到虛假的關係後，運用數據往回推論出以這種虛假關係為核心的故事（我們將之稱為數據挖掘）。**奧地利學派當然也會查看數據**（正如我們稍後將在本書中所做的那樣），這是無可否認的，**但我們不會依賴統計和歷史資訊來形塑我們對各種事物的理解**。事實上，**我甚至願意自稱為反經驗主義者，畢竟經驗主義往往會製造出幻覺，使我們對真正的潛在機制感到混淆**。米塞斯解釋道：「我們可以在引入經驗後獲得常數和數據，運用機械方程式解決實際問題。可是，數學交易學的方程式沒辦法用這種方式，處理人類行為的實際問題，這是因為人類行為中沒有恆定關係。」[22]

米塞斯是人類行為學的狂熱追隨者，他使用演繹的思想實驗（將自省應用在人類行為研究上的實驗），來推論他所謂的「行動者」所做的高度主觀決定和行為。這些「行動者」會根據其行為，在市場上表達他們的偏好（這些偏好也會傳達給觀察他們的企業家）。一如米塞斯所證明，價格受到人類行為的引導——主要引導方式是這些行為對利潤和損失的影響——市場在面對這個不完美世界產生的動盪時，會進行自我調整和修正[23]。市場處於自然狀態時（正如我們將在本章後面和第八章中討論的那樣），企業家會做出跨時間決策（當然，這些決定並非絕對正確，但他們不會遇到外部干擾與溝通中斷），決定是要打造更加迂迴的資本結構，滿足未來需求，還是要優先滿足消費者的直接需求。

然而，儘管人類行為學向來對歸納主義方法保持懷疑的態度，但「觀察」在人類行為學中也確實有其作用。正如米塞斯所說：「只有過往經驗才能使我們理解行動的具體條件。只有過往經驗才能告訴我們這個世界上有獅子和微生物。如果我們要追求明確的計畫，那麼只有過往經驗才能教導我們，在各種具體情況下要用哪些行為應對外在世界。」[24]以米塞斯的觀點來看，在面對各種候選經濟法則時，經濟學家不會靠著實證測試來選出對的經濟法則，而是應該用邏輯演繹來決定此一法則。然而，經濟學家確實需要依賴觀察（以及自身的判斷力）來理解自己應該在何時**應用**特定的經濟法則或原則。舉例來說，我們可以說在所有條件都相同的情況下，貨幣數量加倍會使物價上漲，在這個時候，我們不需要回顧歷史來「測試」該定律。然而，若我們要使用此定律或原則來引導現實世界中的人，那我們就得理解特定社群使用的是何種貨幣、貨幣量增加了多少、是否還有其他因素可能加劇或減輕貨幣的影響等。

一九七〇年代是奧地利學派的文藝復興時期，這都要感謝米塞斯的勇氣和決心。在這段期間，越來越多人意識到米塞斯對經濟學帶來了無數貢獻，其中也包括他與海耶克以經濟週期為主題所做的數個研究。米塞斯與海耶克的研究對信用擴張提出警告，也預測到即將來臨的貨幣危機。一九七四年，也就是米塞斯去世後的第二年，海耶克榮獲諾貝爾經濟學獎時，諾貝爾委員會引用了這項研究（我們有許多理由能懷疑，委員會是如何選擇諾貝爾經濟學獎得主，在這些理由中，最露骨的就是委員會對於米塞斯的輕視。雖然對於米塞斯和奧地利學派來說，海耶克獲獎當然是件好事，不過這並不能改變此一事實：如果沒有米塞斯，奧地利學派早就隨著門格爾和龐巴維克一起消逝了，而海耶克當然也不會做出值得諾貝爾獎的研究）。

米塞斯對奧地利學派傳統帶來的貢獻高到無法估量，這不僅是因為他付出的努力幾乎沒有得到認可（而且只獲得微薄的報酬），更是因為他下定決心，就算只有他一個人，也要反抗正侵襲全世界、巨大又陰險的邪惡浪潮，從惡性通貨膨脹與不負責任的貨幣財務政策，到布爾什維克主義和國家社會主義（這些傑出的貢獻之所以能延續下去，在很大程度上得歸功於他的妻子瑪吉特的努力，她在一九八二年支持其他人創立路德維希・馮・米塞斯研究所〔Ludwig von Mises Institute〕，擔任董事長直至一九九三年去世為止）。米塞斯始終堅定不移，他是理性之光，這一切都是因為他從未忘記自己與門格爾和龐巴維克的淵源，他一直忠於奧地利學派傳統，而此學派至今仍與我們切身相關。

一個寓言：尼貝龍根之地

奧地利學派的其中一個特性，就是所有分析都以個體經濟方法為基礎，也就是奠基於個體消費者和企業家的行為，即使在論述經濟衰退和通貨膨脹等「宏觀」問題時也是如此。我們將在此運用一個經濟寓言來說明「市場是一個過程」，而不是一種靜態行動，在市場上，時間和機會都不均勻。我們將引入奧地利學派的幾個關鍵概念，這些概念是此故事的核心，尤其是對「錯誤價格」的企業式探索。此外，我們還要討論一個新概念，我將之稱為米塞斯定態指數（Misesian Stationarity index，簡稱 MS 指數），

「從永恆無限的宇宙之角度來看，人是一個無限小的微粒。但對人類來說，人類的行為與變遷才是真實的。行動是人類本質和人類存在的要素，是人類保存生命、超越動物和植物的手段。」

——路德維希・馮・米塞斯，《人的行為》，1998 年，路德維希・馮・米塞斯研究所。

儘管該指數不是米塞斯本人發明的衡量標準，但它自然而然地延伸了門格爾與龐巴維克對時間資本結構、迂迴生產和時間偏好的理解，以及米塞斯對貨幣干預主義引起經濟扭曲的理解。請做好準備，我們將前往神話中的尼貝龍根之地（請容我在此向所有理查・華格納〔Richard Wagner〕[i]的粉絲致歉）。

尼貝龍根之地（The Land of the Nibelungen，或Nibelungenland）是一個典型的美麗所在，有高聳的山脈、濃密的森林、風景如畫的農場和高海拔的牧場，每年夏天的放牧上山活動（Alpaufzug），牧人都會趕著動物們到山上的牧場去，讓牲畜在甜美的草地上呼吸新鮮的微風。在尼貝龍根之地只有三名地主，齊格菲（Siegfried）、約翰（Johann）和岡瑟（Günther），他們每天早上都從自家後門向外看，檢視他們的封地（三位地主的土地幾乎一模一樣）。他們把高山牧場拿來放牧阿爾拜因山羊，將土地用在相對較短的直接生產過程（如龐巴維克說過的），時長約一個月，約等同於植物幾乎再次長好、足以讓飢餓的山羊飽餐一頓的時間。他們從這個短暫的生產過程中，製造出了尼貝龍根的主要食物產品：山羊奶。想當然耳，這片土地上生長的不只有青草和高山鮮花（Alpenblumen），此處的土壤、陽光和可用水，使這裡變得更適合林業，不過，木材加工比維持放牧草地還要更迂迴、更耗時。相較於能夠以「週」為單位快速周轉的草地，木材這種「作物」可能需要四十年才會成熟到可以收穫。由於木材可以當作燃料和建築木材，需求極高，所以具有很高的吸引力，不過山羊奶的需求量也很高，所以一般來說，土地所有者也可以靠著山羊奶過活。

i 編按：《尼伯龍根的指環》（*Der Ring des Nibelungen*）為華格納作曲與編劇的歌劇。

一天早上，齊格菲站在自家後門，聽著山羊走向高山牧場時，鈴鐺所發出的悅耳聲響，以及村莊裡新建築斷斷續續的錘子敲擊聲，這時齊格菲想出了一個主意：他要把**一部分**土地用在牧場上，剩下的用來產木材。約翰和岡瑟聽說齊格菲的計畫時，立刻反問自己：Warum nicht?（何不呢？）確實，何不這麼做呢？社會對牛奶與木材的需求極高，高到三人都把部分土地用在牧場上，剩下的用來產木材。

到了這個階段，齊格菲、岡瑟和約翰都已經把適量的土地當作牧場，用來生產羊奶，另一部分的適量土地則投入林業，用來種植木材，這些商品帶來的現金流相當於這些投資資本（土地）的市場利率。我們可以想像，這三位尼貝龍根企業家在經歷的正是米塞斯的均等輪轉經濟（也就是第一章的 evenly rotating economy，簡稱 ERE），這種經濟中沒有純利潤；與之相對的，每個人投資邊際土地獲得的利潤，都等同於買債券能賺到的利潤。

因此，每人的福斯特曼比率（來自第五章）都等於一，代表土地投資的回報率等同於市場利率（也就是資本的機會成本）。所以他們沒有理由進行任何改變，每個人都處於平衡狀態，這些企業家的行為沒有目的，可以直接忽視（很大程度上來說，這屬於主流經濟學的領域）。

當他們三人都還是男孩時，齊格菲一直都是最受關注的人，他似乎做什麼都能抓到訣竅，從飼養山羊到屠龍，連追女孩也是如此（他最後甚至娶了岡瑟的妹妹，更糟的是，他還贏得了岡瑟妻子的心）。齊格菲就是擁有這種本領，總是能比其他人更快一步（他的名字源自「勝利的喜悅」）。儘管他的土地與其他兩個人的土地完全相同，生產成本也一模一樣，但齊格菲終究還是找到了優勢。他發現用他的阿爾卑斯長號（Alpenhorn）——更準確地說，是魔法的神奇長號（Wunderhorn）——為牧場吹奏小夜曲，就可以奇蹟般地使青草長得更茂盛、更快，接著他對樹苗做了同樣的事，得到了相同的結果。岡瑟自然也嘗試了類似的方法，可是他沒有齊格菲的音樂才能。事實上，岡瑟用華麗的技巧彈奏齊特琴（Zither）時，植物看起來似乎很痛苦。約翰則是典型的「普通人約翰」，他認為這些消息都是無稽之談，畢竟每個人都知道，草和樹根本聽不見音樂！

在現實世界中，達成ERE所需的基準過高，畢竟真實世界不是這樣運作的。較現實的觀點是，假設某些人特別擅長某事，例如預測消費者未來想要什麼商品，或者以更有效率的方式生產商品來滿足消費者的需求（這兩點似乎都是齊格菲的強項）。因此，有的企業家會獲利，有的企業家會虧損。如果用福斯曼比率來衡量的話，結果會出現很大的差異，較成功的企業家會得到高於一的比率，落後者的比率則低於一。但是，如果我們把所有人都合併起來呢？如此一來，得到的結果會是靜止的經濟狀態，沒有總體利潤，也沒有總體損失。**總體**福斯特曼比率——所有個體數值的總和，或用總市值除以所有分母的總和，又或者可以稱為總重置成本或「淨值」——會等於一。在尼貝龍根之地，這也就代表了齊格菲的利潤會因為岡瑟的虧損而抵消，而約翰只能獲得等同於市場利率的平均回報率。

不過，請別忘了，尼貝龍根之地的穩態經濟並不是ERE，因為各種情況都會改變。齊格菲（他是尼貝龍根之地的亨利．福特）計算出，他的現有土地如今能帶來一五％的回報（這個數字高於當下的利率，我們暫且把此利率訂在八％），所以他決定，他不要只把這些利潤放進口袋，視之為過往成功帶來的報酬（他現在的生活狀況已經夠好了），相對的，他要把這些利潤拿來重新投資，獲取更多土地。他的業務因此不斷成長。岡瑟再次被齊格菲擊敗，由於他在邊際土地的獲益只有一％，所以他決定要把木材經營的規模縮減回去。他把一些土地賣給了齊格菲。這種重新分配會一直持續下去，直到從邊際量來說，齊格菲的收益不再高於資本成本，而岡瑟的收入則至少達到資本成本（重新分配到最後，岡瑟可能會賣掉所有土地，但一般來說，我們無法知道這件事，這取決於具體數字）。然而，在岡瑟出售土地時，我們可以假設他的邊際回報會穩定上升，原因在於他會先脫手生產力最低的土地。如前所述，儘管我們為了簡單起見，假設這三個人擁有相同的土地，但與此同時，假設岡瑟會因為出售部分土地而提高回報仍然是有道理的，這是因為他必須僱用工人，還得為了山羊畜牧業與林木業投資其他投入。岡瑟在縮小營運規模的同時，也就可以放棄效率最低的工人和設備，保留效率最高的組合（在現實世界中，土地的品質和農牧業適合程度各不相同，因此這個假設會更加正確。唯有先賣掉最不肥沃的土地才合理）。

我們可以合理假設，如果岡瑟不能透過縮減經營規模來增加邊際回報的話，他會直接放棄農業。不過，為了讓這個故事前後一致，我們會推論岡瑟可以藉由調整營運來應對損失，而不是把所有土地都賣給齊格菲。

另一方面，齊格菲從岡瑟那裡買進更多土地後，他會遇到的狀況其實是邊際生產力的下降（如果邊際生產力沒有下降的話，齊格菲將會繼續瘋狂購買，直到他擁有尼貝龍根之地的所有土地）。回報下降（甚或下降到低於資本成本）的一個明顯原因是，就連優質產品（阿爾卑斯長號小夜曲所帶來的羊奶和木材產品）的需求都已經用盡了，而他提高的供應量也使價格開始承受壓力。事實上，齊格菲的產量成長已經使他和顧客的生活狀況變得更好了。當然，如果齊格菲試著想要無限制地擴張業務的話，那麼借貸資本的成本終究會開始增加，因而控制住他的業務擴張。

我們可以從上述故事看到，齊格菲可說是尼貝龍根之地的金童，由於他的投資回報高於資本成本，所以他的個人市場處於對他有利的非均衡和非定態之中。因此，齊格菲處於「進步的過程」中，他的生意累積資本——隨著他逐漸種植更多樹苗，他的收入將會在未來增加，使他的生產過程變得更加迂迴（然而岡瑟卻處於「倒退的過程」中，因為他正在縮減資本）。齊格菲就是個活生生的例子，證明了米塞斯式的行為準則：企業家不能容忍錯誤價格。正如米塞斯在《人的行為》中所寫的：「利益導向的企業家在競爭時，不能容忍持續存在的生產要素的**錯誤**價格，這是個基礎事實。」[25]此外，這些企業活動也會修正錯誤價格，並在同時削減利潤和損失。別忘了，所有企業家都會犯錯，但是，當經濟體呈現定態時（也就是儲蓄和投資的偏好都沒有任何變化），總體上來說，部分個體的利潤會抵消掉其他個體的損失。我們可以在齊格菲和岡瑟身上看到這種動態，他們兩人都在市場過程中都發揮了重要作用，透過這個過程試著為自己取得優勢位置，而這麼做到了最後，將會除去所有錯誤價格，消除盈利和虧損的所有機會。在穩態經濟中，整體穩定性確實存在，但橫斷面穩定性則不存在（也就是說，企業離散是存在的）。有些企業處於「進步的過程」，有些企業保持不變，還有些企業則處於「倒退的過程」。換句話說，在穩態經濟中，既有齊格菲，也有岡瑟——甚至也有介於兩者之間的普通人約翰。

做了更深入的觀察後，我們將會提出預測，認為若齊格菲、約翰和岡瑟把他們的生意直接出售給資本家的話（假設他們決定在退休後搬到波卡〔Boca〕），那麼在 ERE 和穩態經濟中，適當的完整預估總售價，將會剛好等同於土地數量乘以市場價格（並加上所有累積資本，例如樹木）。因此，我們會預期總體福斯特曼比率（total land expectation value，總土地期望價值，縮寫為 LEV）的分子等於分母，也就是總土地重置價值（total land replacement value，縮寫為LRV），換句話說，總數會等於各部分之總和。確切來說，土地經營的所有權——擁有此權利便可以從土地生產（牧場或木材）中，獲得未來淨租金的當下折現價值，也就是分子LEV——的價值會完全等同於替代土地市場價格（簡而言之，土地收入等於土地重置成本）。在ERE中，實現這種平衡的方法，是讓每一個企業都在回報與重置成本之間獲得完美的平衡。在穩態定經濟中實現平衡的方法則是我們先前已說過的，只能在總體上實現。這三人獲得的回報各不相同，齊格菲的經營收益高於資本成本，其售價將高於資產價值，約翰的回報等於資本成本，因此他的企業不會產生任何溢價，而岡瑟的經營回報則低於資本成本，其出售價格將低於資產價值。

正是這種不對稱性——企業自由現金流的市場現值與受控投資資本的市場價值——迫使迫使岡瑟在福斯特曼比率小於一的時候出售土地，而齊格菲則可以在福斯特曼比率高於一的時候購買土地。或許岡瑟本來是想要模仿齊格菲，但無論如何，他最後回歸了原本狀態，創造了一個截然不同的故事：岡瑟的較好選擇是以市場價格出售邊際土地，以市場利率投資收益，繼續維持他的牧場。同時，齊格菲裝備著他的神奇長號，從額外土地中獲得更高的利潤潛力，即使他必須向銀行借款購買這些額外土地，他的回報也遠高於市場利率。這是一種資源的平衡，這些資源從利潤最低者的手上流入利潤最高者的手上，直到雙方發現，其未來（淨）現金流的現值恰好等於他的土地價值——不過，在現實世界中，新的變化可能會打斷這個這個過程，導致我們永遠無法達到此停滯點（事實上，在現實世界中，木材和羊奶的現貨價格可能會出現變化，但為了說明上述概念，我們省略了這些細節）。在尼貝龍根之地，平衡和轉向的過程會不斷進行——這場競賽的參賽者會無意識地引導此過程——促使經濟達到定態（如果數據沒有進一步變化的話，甚至可能會達到ERE），同時也會消除錯誤價格。這正是米塞斯所說的「市場是一個過程」代表的意思。

這段簡化過後的尼貝龍根經濟，恰如其分地說明了米塞斯的定態概念。在經濟體中，若源自土地的現金流總現值（LEV）與總土地重置成本（LRV）的比率不是一，那就代表這個經濟體已偏離穩態。因此，我把LEV與LRV的總體比率稱為MS指數，藉此表示我對米塞斯的尊敬，他是重要相關概念的發明者。接下來，MS指數將會成為第九章與第十章中的奧地利投資法所使用的核心衡量方法和工具。

我們應注意的是，正如諾貝爾獎得主詹姆斯．托賓（James Tobin）在一九六九年提出的討論，MS指數和著名的托賓Q比率（Tobin's Q ratio）十分類似（事實上，我在第九章使用的MS指數計算值，在本質上等同於股票Q比率）。嚴格來說，托賓的股票Q計算方式是以淨資產除以分母的公司債，這和我們計算福斯特曼比率的方式相等，原因在於我們可以從LRV和LEV中分別減去債務和利息支出，也不會影響或改變其意義（福斯特曼假設林業營運上沒有任何債務，但債務方面的核算並不重要）。

無論如何，我還是會把這項「發現」歸功於米塞斯，而不是托賓，因為托賓對Q比率的研究比米塞斯晚得多，而且托賓顯然誤解了它的含義，也誤解了把它當作有效的貨幣政策指標的後果（該指數的意義在於其背後的概念，而不是核算或經驗主義）。托賓得出此其衡量標準的路徑不但與本書描寫的不同，而且他的政策建議（也就是托賓使用這套分析的方式）也截然不同。托賓知道寬鬆貨幣政策可能會導致資產預估值超過其重置價值，進而使Q比率大於一，正如我們先前所說。然而，托賓運用此比率的背景，是更簡單的凱因斯式經濟資本存量觀點，他認為這將是一件好事，可以如一般人所期望的，吸引人們對新資本商品進行真正的實物投資，使經濟獲得更高的生產力（在我即將完成本書手稿時，經濟學家保羅．克魯曼〔Paul Krugman〕正好在《紐約時報》專欄承認，經濟學提出了一些「真正的難題」，簡直就像是要協助我強調這個論點似的。克魯曼想知道：「如今的利潤這麼高，為什麼企業不增加投資金額？」他明確提及托賓Q指數。克魯曼認為這些「真實面向」的謎題與聯準會的貨幣政策毫無關連，也沒有看到資產泡沫的「跡象」，這些描述實在很符合我在此提出的觀點）[26]。

因此，迄今為止，最重要的一直都是MS指數，對於尼貝龍根之地的企業家來說是如此，對於我們這些在真實世界進行資本投資的人來說也一樣。

尼貝龍根之地的改變——股市導致利率下跌

同一時間，讓我們回到尼貝龍根之地，齊格菲正在賺錢與購買土地，岡瑟正在出售土地，而約翰正在賺取的收益等同於他的資本成本。接著，宛如風向突然轉變似的，齊格菲在村莊散步時注意到了一些變化。人們正逐漸減少他們購買羊奶等消費品的數量，並增加儲蓄金額，或許是為了要在未來購買木材（甚或是更多羊奶）。換句話說，消費者的時間偏好下降了：儲蓄增加，因而導致利率下降。

這天阿爾卑斯山的天氣晴朗，齊格菲站在自家後門口，思考著這些改變對他擁有的土地來說代表了什麼，他此時展現出的正是柯茲納所說的，那些不斷尋找潛在利益機會的企業家都會表現出的特質：警覺。在企業活動的所有廣泛光譜中，這種警覺會出現在每個角落，從價格差異帶來的單純套利到發展新產品，以及發展更新、更好的生產流程[27]。齊格菲參加了名為「理解」（Verstehen）的評估過程，這對於更加迂迴的決定來說至關重要。

這種理解重視的是對消費者需求的主觀預期，而不是預測價值與衡量特定機率的機械式過程[28]。在齊格菲的例子裡，他估算了企業的福斯特曼比率，也算了競爭對手的福斯特曼比率，甚至評估了根本還不存在的企業；他的分析引導他做出決定，並據此採取行動。由此可知，齊格菲是一位「真正的企業家」，正如米塞斯所描述，他是一位投機者，「渴望利用他對未來市場結構的看法。來進行有希望獲利的商業操作」。儘管企業家無法確知未來，但仍能依賴「特定的預期式理解」，這種理解「是教不來也學不來的」，他們不會關注過去或現在的情況，而是根據他們對未來的期望採取行動。以米塞斯的觀點來看：「他的行動動力在於，他用不同的方式評估商品的生產要素與未來價格，因此可以用與眾不同的方式生產這些商品。」[29]

在尼貝龍根之地的故事裡，經濟充滿了無盡的變化、不平衡、測試和矯正，而我們看見的正是不斷探索的過程。此外，該故事的結果也同樣是不斷變化的價格和新生產方式（以及新的債務清算，岡瑟就是一例）。由於所有企業都會對福斯特曼比率做出相應的反應，所以總體來說，經濟系統也會對ＭＳ指數做出相應的反應，因而出現改變的過程、返回穩態、進行回歸等。市場促進了系統內的重要控制和溝通——這是個宏觀的自我平衡過程。不幸的是，人們對於此過程的誤解導致我們採取干預，破壞並扭曲了這個自然過程——如今的干預或許已達到了史上最嚴重的程度。

在尼貝龍根的故事中，利率在沒有任何干預的狀況下，自然而然地因時間偏好改變而有了相應變動，齊格菲知道較低的利率代表林業帶來的預期現金流的現值上升，因為林業的未來利潤會被折現，變得較低（他可能還會認為，當下儲蓄的消費者將來或許會購買更多東西，例如木材）。他憑直覺得知（齊格菲可真是個聰明的傢伙），他的福斯特曼比率大於一，至少在當下是如此。此時的消費者支出正從當下轉移到未來，而未來的支出則因較低的利率而在當下被折現。最重要的是：擁有土地經營權的總體價值增加了。齊格菲很清楚他該怎麼做：把更多土地的使用方式從牧場改成木材生產（別忘了，在森林中，生長中的樹木在經濟分類中是資本財，而不是土地。只要有一塊合適的土地，人類就可以「建造」出森林，不過，建造需要時間。因此，在特定時間內生產特定樹齡的一定數量樹木，其實並不是大自然賦予我們的事實，而是人類干預帶來的產物，就像拖拉機一樣）。開墾新土地需要投入實際資源——使用勞動力和工具來清理出空地、犁地、挖掘灌溉溝渠、安裝灌溉系統等——經過改變的產品也是一種新「資本」，只不過，一開始可能會覺得把一塊土地稱為「資本」聽起來很奇怪。

齊格菲和工人在他的土地上勞動時，隨著他們種植的樹木數量增加，「資本」的積累會變得顯而易見，未來每年的成熟木材數量會不斷增加（在現實世界中，使經濟更加迂迴的另一條途徑，是開墾原有土地的邊緣地帶）。不過最重要的是，MS 指數仍然是個穩健的指標，能讓我們判斷投資資本總體回報與相關機會成本之間的關係，就像個別的福斯特曼比率一樣。簡而言之，這就是 MS 指數的特別之處。

在本節，我們已介紹了消費者時間偏好出現突然且意外的變化時，會造成何種影響。若消費者突然想要省下更多錢，那當然會為某些生產商帶來幫助，但也會對其他生產商造成傷害。羊奶價格下跌，是因為消費者想要省下更多錢而減少購買量。從短期來看，把土地用於牧場的土地回報率是下降的。另一方面來看，較迂迴的林地所帶來的回報率則上升了。雖然齊格菲能從木材中獲利，但是，唉呀，可憐的岡瑟再次落後了，他的牧場盈利能力再次下降。不過，由於在這個故事中有真實儲蓄和投資存在，所以總體來說，齊格菲的收益超過了岡特的損失。這就是米塞斯所說的，處於**進步過程**（progressing）的典型經濟（不再是穩態），我們以資本累積的時期來定義這種經濟。

可以想見，接下來尼貝龍根之地會因為消費者的時間偏好變低，而出現其他變化。這三位烏特內默的其中一位可能會決定要投資乳酪生產，這種迂迴生產的時長居中，迂迴過程比每天銷售羊奶更長，但比種植木材還要短得多。而且，由於如今利率較低，所以乳酪的利潤更高了。

我們的經濟處於進步的過程，MS指數將會如前述一般上升，但造成的影響轉瞬即逝。MS指數的分子之所以會越來越大，是因為木材生產商的總體利潤大於羊奶生產商的總體損失（米塞斯和後來的奧地利學派學者認為，總淨利潤的來源是消費者的真實儲蓄）。然而，分母也會一起越來越大，這是因為新的儲蓄將會立刻被拿去融資，變成收購的淨資本，例如木業和酪農業的土地和設備。

因此，我們沒有任何理由預期真實、由儲蓄驅動的利率下跌，會導致MS指數出現系統性變化（不過這種利率下跌確實會使經濟體暫時脫離定態）。總體利潤的上升（以貨幣作為衡量單位）會導致分子的數值變大，不過總實際資產的市場價值也會增加，接著很快就會抵消掉總體利潤上升。相同的根本原因——也就是時間偏好的下降，消費者儲蓄金額的增加——將會推動分子和分母兩者的數值變大。我們可以看到，分子大於分母的時間絕對不會太久（反之亦然），這是因為即使是迂迴生產，也需要透過立刻交易來獲得更多生產要素（若我們預期經濟會出現別的發展，也就是預期「貪婪的企業家」在營運過程中，透過更高的LEV取得更高的利潤，卻不去利用這些利潤）。

在尼貝龍根之地，木材廠、製乳廠、乳製品商店、工具製造商與其他產業全都馬不停蹄地忙碌著。這些正常的市場力量立刻就把MS指數推回到一。齊格菲和同儕在做生意時，沒有必要對投資者的「理性」與否採取特定的立場，這些人可能正因為「動物本能」浪潮（凱因斯），或擁有「非理性繁榮」（美國經濟學家羅伯・席勒〔Robert J.Shiller〕）而感到困擾。此處的關鍵重點是，如果這些特質會推高股票價格的話，它們為什麼不會推高**資本財的價格**？如果投資人對貨運業有信心，想要買相關股票的話，他們為什麼不會想要買貨運卡車？從這個層面上來說，我們可以把歷史上任意一個發散的MS指數，視為經濟**在扭曲後遠離定態**的準證明，接下來我們將會看到，這一點在尼貝龍根之地造成了相當大的破壞。

尼貝龍根之地的扭曲——央行降息

這是個陽光明媚的日子，齊格菲正打算前往他的土地，為樹苗和牧場唱小夜曲。出發時，他發自內心地向鄰居暨銀行家佛利茲（Fritz）道了一聲溫暖的「Grüß Gott」（早安）。

佛利茲回禮時，低聲說了一些他設法從央行好友那裡得知的未公開消息：利率將會下降。齊格菲搔了搔頭，他覺得人們的支出沒有減少，也沒有因此增加存款，更沒有因此導致利率下跌。他繼續往林地和牧場走去，一路上幾乎沒有再想到這件事，畢竟在資本成本沒有變化的情況下，他的商業利潤已經足夠了（這件事一直以來都多虧他演奏了神奇長號）。過了幾天後，他遇到岡瑟和約翰，這兩人興致勃勃地大談他們新發現的獲利能力，不過，齊格菲並沒有對此感到訝異。事實上，隨著資本成本下降，如今每個人似乎都賺進了更多錢。

然而，這次的事件並不是真實、由儲蓄驅動的利率下降。取而代之的，尼貝龍根之地的穩態經濟之所以會產生變化，是因為央行的銀行家決定要注入更多資金並壓低利率（嚴格說來，米塞斯的經濟週期理論不需要論及央行，因為只要商業銀行把單一客戶的〔部分〕存款借貸給新的借款人，就會導致信用擴張。然而，在現代社會中，商業銀行在創造出這種信用擴張時，往往都有央行提供金融支持）。

如今家庭儲蓄減少、消費增加，木材和牛奶價格上漲，而利率卻一直在下降，岡瑟和約翰（終於）覺得自己有機會像齊格菲一樣獲利了。從表面上來看，利率的人為變化和消費價格的人為上漲，對**所有**土地所有者都有幫助，他們全都認為自己正在賺取利潤。

尼貝龍根之地交易所（股票市場）出現了戲劇性的漲幅，這是因為各家公司的市場價值——現有資本的所有權價格——正在上漲，人們正在上調他們對未來淨租金的預期（市場價值上漲的另一個原因是，未來淨租金的折現率較低）。由於利率出現人為降低，所以在這種情況下，分子的躍升速度會勝過利率對真實儲蓄的反應。正如先前提過的，在前一種狀況下，家庭減少了羊奶支出。齊格菲這類企業家因為預見木材營利能力而賺取了收益，岡瑟這一類企業家則因為把大部分土地用於牧場而虧損，損益兩相抵消之後，不會出現**整體**的繁榮發展。但央行注入的流動資金使眾人陷入狂歡，好像**每一家**企業都欣欣向榮——至少暫時是如此。在人為干預利率的狀況下，單間公司的收益不會因為另一間公司的虧損給抵消，因此總體利潤會增加得更多——把MS指數的分子推得更高，遠超過先前真實儲蓄壓低的利率。如今每個企業家都變成了「齊格菲」——穿著講究、面帶微笑、受鎮上所有人的敬重（至少他們是這麼認為的）。

同時，在央行創造出的戲劇性事件中，先前靠著真實儲蓄而推高分母的力量變弱了。儘管普通人約翰突然獲得了齊格菲式的利潤，但由於他沒有真正的儲蓄，所以他能獲得的新資本累積仍然不多。儘管央行可以印錢，卻不能印土地！社會在同一時間鼓勵每件事情成長——就像我們在第二章那座火災抑制的森林中所看到，我們在第八章也將再次回顧。尼貝龍根之地就像受到此類干預的現實世界一樣，是個極其扭曲的地方。從物理上來講，由於當下仍是牧場的土地似乎能賺取很高的利潤，也值得繼續擴張，所以實際上來說，我們不可能把更多土地投入木材生產。

更糟的是，人為的低利率不只會繼續維持現狀，還會刺激更大量的羊奶消費。尼貝龍根人因為利率下降而過上了奢侈的生活，醉心於購買更多羊奶。為了持續滿足需求，企業家不得不把部分用於木材的土地轉為牧場。因此，部分土地所有者決定把林場變回牧場，提高羊奶產量，而不是在新砍伐的林地上重新種植樹木。沒有人願意等待，人們不再透過累積資產來累積自己的迂迴資本結構，而是提高現有服務的價格，無論是林業或山羊的酪農業和牧場都是如此。佛利茲的自營交易部門已經開始運作了——比所有人都更早——他們迅速消耗這些資產，如今的報酬率已經超過低利率。

儘管這些土地的部分邊緣地帶具有的可用性，可以拿來當作安全閥，使木材和牧場能順利擴張（進而降低投資資本的總體回報），但大致上來說，人為的低利率會使得整體生產結構有機率**縮短**——真實儲蓄上升帶來的利率下降造成的自然而然反應則恰好相反。米塞斯將這種現象稱為**資本消耗**（capital consumption）。

米塞斯認為，在現實世界中，資本消耗之所以會發生，是因為通貨膨脹對會計產生不利影響會導致錯誤。舉例來說，如果企業家為了設備貶值的未來支出，從收入中建立了一筆「償債基金」的話，那麼意外的通膨很可能會破壞他的計畫。通膨會讓他看見企業中的「美好時光」——顧客慷慨地花錢購買產品——在他看來，他已經有足夠的錢可以汰換設備了，於是他認為剩下的錢是純利潤，把它們花光了。但實際上，這只是通貨膨脹的結果。等到這位企業家之後需要更換設備時，他會驚訝地發現自己的儲備金不足。他已在無意中「消耗」公司的部分設備。

我們可以由此看出，銀行的通膨式信用擴張可能會不幸地導致整體資本結構**減少**（reduction，變成衰退的經濟體）。由於社會對未來租金抱有較高的期待，所以特定資本財的市場價值可能會上升，儘管如此，我們仍應該清楚意識到，在這種情況下，分母 LRV 的總體成長速度比較慢（因為資本存量的成長緩慢，甚至有可能正在減少），相較之下，真實儲蓄帶來額外資本財時，分母 LRV 的總體成長則比較快。

別忘了，米塞斯論及通膨的不利影響時，指的是銀行信用的人為膨脹，以及該經濟中的貨幣總量。他所說的並不是某些種類消費品的物價指數出現上漲，不過，如今多數經濟學家和分析師對「通貨膨脹」一詞的理解卻都是如此。儘管貨幣或信用的通膨會導致價格通膨（在其他條件相同的狀況下），但這並不是奧地利理論的基本要素。信用擴張與其導致的人為低利率將會扭曲資本結構，推動無法持續的蓬勃發展，隨之而來的便是不可避免的崩潰——無論社會大眾有沒有意識到「通貨膨脹問題」都一樣。

米塞斯在《人的行為》中描述了央行引發的利率下降所導致的虛假又無法持續的蓬勃發展：「但是，現在的利率下降扭曲了企業家的計算結果。儘管資本財的可用數量沒有增加，但他們在計算時使用的，卻是唯有資本財增加時才能使用的數字。因此，用這種方法計算出來的結果誤導了企業家。企業家因為這些計算結果，以為某些計畫有利可圖也可以實現，但若根據不受信用擴張操縱的利率進行正確計算的話，這些項目其實是不可能實現的。企業家開始實行這一類的計畫，促進了市場活動，使商業開始蓬勃發展。」[30]

我們需要在此釐清的是，創造出扭曲的不是通貨膨脹**本身**，而是社會拒絕把利率拿來當作經濟體中的資訊與控制參數。也就是說，如果貨幣只是由中央銀行創造出來再交給國會使用的話，當然會導致通貨膨脹並產生反效果，但不一定會造成經濟漲跌的扭曲。

在尼貝龍根之地，虛假的繁榮發展正迅速蔓延，散播得比夏季的花粉症還快。廉價的可用信貸誘導消費者進入商店大肆購買。新商店一一開張，人們花掉了更多錢，刷爆了信用卡。普通人約翰正在重新裝潢房子，並擴大他的業務範圍，甚至連岡瑟也在尋找度假勝地。米塞斯在《人的行為》中寫出以下這段話時，很可能就是在說尼貝龍根之地：「他們覺得自己很幸運，在生活方面的消費和享受變得很慷慨。他們裝飾自己的家、建造新豪宅，並到娛樂產業消費。」[31]

時間不連續性與期限結構

這段標準說明清楚闡述了在米塞斯的理論中，貨幣扭曲如何導致尼貝龍根之地出現如此明顯的經濟週期：信用擴張（也就是來自銀行的貨幣通膨）帶來人為的低利率，進而使經濟進入無法維持的蓬勃發展，出現虛假的榮景。由於價格的探索系統與傳訊系統都被扭曲，所以企業家開始試著增加投資，消費者則減少儲蓄，更糟的是，這些投資都被引向錯誤的方向。這些「真正的」失衡終究會導致經濟全盤崩潰，經濟在崩潰後需要適應嚴酷的現實，在這段期間，許多資源會變得暫時無法使用（包括勞動力）。

然而，若要把米塞斯的理論應用於實際的金融世界，那麼我們就得為了現實主義考量而採取兩個步驟：第一，我們要承認這個社會中同時有多種利率存在，而不是像奧地利學派文獻中經常討論的那樣，只有「單一」利率。第二，我們要假設在金融領域中，有許多投資者的時間偏好比較傾向於時間不連續的雙曲折現偏誤模型（如第六章的討論），而不是傾向於傳統的指數折現方法（雖然米塞斯和追隨者沒有使用這些術語，但他們沒有強調時間不連續性的影響，這種影響是不能用標準指數折現的框架來解釋的。諷刺的是，正如我們先前討論的，龐巴維克預見了這種「現代」成品的絕大部分內容，只不過後來的奧地利學派沒有進一步發展這方面的論述）。雖然我們對傳統奧地利學派思想做了這些微調，但仍然保留了米塞斯式經濟週期理論的精神，而且微調之後，我們才能以更完善的方式，解釋我們對近期經濟衰退（以及所有經濟衰退）的實證觀察。

各領域的經濟學家都一致同意，央行利用購買國債來提高貨幣存量時（也就是「公開市場操作」），對於殖利率曲線（yield curve）的壓制力量集中在前端（較短期國債），而非後端（較長期國債）。我們會從直覺上認為，這是因為發行更多貨幣會推高長期的價格通膨，所以需要更高的長期名目殖利率（nominal yield，因此，**從長遠來看**，聯準會無法改變「真正」利率，只能改變價格通膨的一般利率，也就是**名目**利率）。即使是如今的「量化寬鬆」政策，效力也有極限，原因在於聯準會迅速消耗掉的長期國債越多，它「印出來」的錢就越多，投資者預估的物價通膨也會越高，上述種種因素使得央行壓低殖利率的行為到了最後弄巧成拙，期限較長的債券尤其如此。

由於央行以人為干預所壓低的利率，通常集中在殖利率前端，所以在利率下降後，最大的價差，也就是最大的套利機會，往往會出現在短期投資和短期生產中。這也為當下的生產性資本創造了直接的獲利機會，進而導致現有資本（也就是股票市場）的所有權因競價而大幅提高，直到投資資本的回報——更具體地說，是資本所有權的殖利率——低於新的較低資本成本。然而，最具破壞性的是，在該資本貶值時，新的所有者並不想替換這些資本，反而想要獲得額外的當下回報，購買更多現有資本的所有權。這些資本所有者不會投資那些短期內無法提供報酬的資本，也不會在利率不如短期利率那麼低的時候投資，因此他們的投資方法不會變得更加迂迴。因此，他們會過度關注、甚至沉迷於股票殖利率和其他高風險、高存續期間的證券殖利率（期限錯配〔maturity-mismatch〕），這些陡峭的殖利率曲線對他們產生無法抗拒的吸引力。這些事物原本應該創造出採用迂迴方法的耐心投資者，最後卻創造了相反的結果：投入高度投機「套利交易」的賭徒。

正如我先前所描述，如果多數投資者的折現率隨著時間延遲出現而迅速下降，這些趨勢將會繼續惡化——現在的主流經濟學家通常稱之為「雙曲折現偏誤」（出自第六章）。即使所有利率平均下降（我們在此處假設，我們談論的只有目標利率的變化），但若投資者符合雙曲折現偏誤，利率的全面下降仍會迅速提升投資者對「短時間內能取得成果的投資項目」的感知價值。

雙曲折現偏誤代表的是，我們不會以某種**完形**（gestalt，也就是連貫的整體）方式處理一段特定時間間隔內的折現率，這種完形方式是人們在使用指數折現時的隱含假設。事實上，折現的特質是高度連續又跨時間的：若我們要運用意志力從現在等待到下週，那麼我們就需要先運用意志力從現在等待到明天，再從明天等待到後天，以此類推。而且（根據雙曲折現偏誤的定義）我們會認為忍受第一天是非常困難的事，並認為接下來的每一天都會變得更輕鬆一點。但是，我們必須先度過前面的日子，才能到達後面的日子（因此折現具有連續性）。

這也就代表了，如果我們對早期的等待感到不滿意（從現在等到明天），那也就無法撐到後期的等待（從六天後到七天後）——無論我們對於自己能完成整段等待期間（從現在到一週後）會有多滿意都一樣。如果我們在早期等待期間得到的「棉花糖」較少（請回想先前的學齡前兒童實驗），那我們也就不太可能真正看清，或許更長久的等待能帶來更多棉花糖。

投資者在失去棉花糖後，會更加渴望能夠更快獲得更小的棉花糖，遠勝過較晚獲得更大的棉花糖。採用標準指數折現時，不同期限的債券利率統一下降後，通常會導致投資者對於**最長期**債券項目的現值觀感出現最大的變化，但雙曲折現偏誤則聚焦在近期利率下降導致的影響。因此，針對較高折現率（也就是較沒有耐心）的短期投資項目所進行的即時「套利交易」會變得更加誘人。這並不代表投資者必定會投資龐巴維克所說的「短期」項目，無論這些投資項目涉及的產品是正在生產中、已經過長期資本累積，或只是短期的生產，都無關緊要。重要的只有**實現利潤的速度夠快**，所以人們傾向於投資那些可以快速帶來轉機的項目。因此，低利率短期項目和雙曲時間偏好結合在一起之後，會促使投資者購買現存的資本結構的所有權，而不是試著從頭開始建立資本結構，忍受長期的痛苦等待，直到資本結構完成。

短視的投資者希望從收購中獲取利潤，形成滾雪球一般逐漸增大的效應。他們不再為了企業的新收購與擴張而繼續投資，而是寧願支付更高的股息並買回股票（甚至會為此借錢，如今的投資者正是如此），甚或寧願只是「持有現金」，什麼都不做（每當有一名投資者改變「股息投資」策略，就會有一家公司調整經營策略以吸引該投資者，這樣的改變一點一滴地損害著經濟的未來進程）。因此，企業家和投資者消費資本的方式，其實和米塞斯式通膨觀點中的消費資本方式相同。值得注意的是，在人為降低利率的情況下，越來越時間短視的投資所造成的影響，與自然降低利率（儲蓄驅動的降低利率）的狀況下徹底相反。真正由儲蓄驅動的利率下降，會帶來資本累積、更迂迴的生產及經濟的進步，而由信用通膨驅動的人為利率下降，最終只會導致資本消耗和經濟衰退。

信用通膨首次出現時，會帶來短暫的調整過程，引導資金進入利潤低於現況的投資中，接著，這波新投資會壓低殖利率（也就是資本投資的「利息」收入率），使新的殖利率下降。許多奧地利學派研究者關注的正是這方面的經濟發展，有些甚至只關注此面向。但我認為，**更加隱晦的不當投資會出現在最初的經濟成長之後**，也就是低利率已經在整個經濟系統中套利的時期。人們對近期投資項目的折現率大於遙遠未來，這一事實放大了企業中最後會出現的反常行為，也就是管理者在當下盡可能地從公司榨取資金——他們的即時需求被放大——並忽略維持公司成長（甚至維持公司營運）所需的資本支出。因此，標準的奧地利學派分析是正確的：相較於真實儲蓄導致的利率下降，人為的利率下降會導致人們進行更多過度「迂迴」的不當投資。但我要在此強調經濟迅速發展的另一個面向——米塞斯也討論過這一點——在這段時期，資本存量其實正在下降，逐漸變得較不迂迴。我們可以用第二個現象來解釋，歷史上和目前的經濟衰退中出現的許多典型狀況。

這個面向也可以解釋在紮實的奧地利學派分析中，MS指數升高時帶來的深奧悖論。請特別留意，儘管凱因斯主義者採用了他們的「流動性陷阱」概念來研究相同議題，但他們一如往常地徹底誤判了真正的問題所在。當代的凱因斯主義者意識到，在利率降至零時，會開始發生一些奇怪的事；這是因為幾乎所有現金和政府債券都變得可以互換，使得聯準會突然失去了「吸引力」，無法繼續刺激投資。然而，由於凱因斯主義者誤判了問題，所以他們提出的「解決方案」比現況更糟——他們認為政府有兩種方式，可以讓社會大眾相信接下來會有更高的物價通膨，一是政府赤字支出，二是「非常規」貨幣政策。想當然耳，他們所謂的補救措施只會加劇奧地利學派已確實找到的問題：錯誤的資源分配。

鑑於無法持久的經濟發展期間製造出的扭曲現象，以及隨之而來的蕭條必然會帶來的痛苦，也難怪米塞斯會認為經濟學是「性命交關」的學科。對他來說，經濟學不只是智識方面的研究而已，他認為「人類的未來——文明的未來」都取決於我們對這些經濟原理的理解[32]。

迎來審判日

在尼貝龍根之地，企業的收入似乎在某段期間確實高於其資本成本（至少可以說企業的獲利能力比較高）。儘管股價上漲了，但扣除負債後的企業資產市值卻在下跌。因此，MS指數在此時上升了（另一方面，在利率自然改變的環境中，MS指數上升的時間很短暫，甚至可能難以察覺），能夠把該指數推回至一的平衡力量十分微弱（甚至可能根本不存在）。神奇的是，MS指數的總數仍然大於各部分之總和。此外，現實中的真實資源也確實遭到錯誤分配了。企業家猶豫著要把土地用在牧場還是林業上，兩者似乎都能賺進豐厚的利潤。他們開始進行不可逆轉的投資，例如建造乳品廠並購買乳酪的製造設備。等到清算的那一天真的到來，經濟徹底崩盤時，他們會把這些資本投資視為一種浪費。

這段時期的變化在許多人眼中代表了經濟的繁榮發展，但這其實只是信用擴張引發的扭曲。斧頭原則發揮了影響力。商店一間間倒閉。新建築工地的鍾子敲擊聲逐漸消逝。企業家開始出售（或宰殺）山羊。牧場荒置廢棄，無人使用。乳品廠裡的嶄新設備上積滿灰塵。就連樹木也已被大量砍倒（可能是為了紙漿），光禿的地面沒有種植新的樹木。

齊格菲因為價格下跌而受到一定程度的傷害，他的部分土地因需求不足而休耕，但他仍然能賺取利潤——他在人為利潤下降之前便如此（他成功避開了衝擊，因此我們將在第十章再次見到我們的英雄）。他並沒有因為資本成本下降而受到重大影響，就算利率沒有變化，他的企業仍能盈利。然而，他也看到了價格下跌對他心愛的村莊，造成了怎麼樣的影響，他的心情很沉重——約翰的房屋後方擴建，前方卻掛上「待售」標誌，而岡瑟的前門則貼著「喪失抵押贖回權」的通知單。齊格菲每天出門吹奏神奇長號時，響起的都是悲傷的音樂，這是為了尼貝龍根失去夢想而演奏的輓歌。

奧地利學派的觀點

在奧地利學派看來，每隔一陣子就使現代市場經濟感到困擾的經濟週期，是政府干預貨幣和銀行業導致的結果。正如米塞斯告訴我們的，一旦經濟開始蓬勃發展，也就必定迎來衰退——唯一的問題在於衰退何時出現。與其採用典型的凱因斯主義解決方案，藉由增加支出來擺脫經濟衰退期，奧地利學派寧願徹底避免一開始的經濟繁榮期。在央行寬鬆政策的煽動下，經濟繁榮期持續越久，資本結構就越扭曲，隨之而來的經濟崩潰也就越嚴重。

截至目前為止，我們應該已經清楚理解，為什麼我們在寓言中使用、也完全適用於現實世界的關鍵概念，會被稱為MS指數，此指數以米塞斯命名，導致經濟週期的扭曲力量，就是由米塞斯發現。事實證明了米塞斯與其他奧地利學派的觀點確實比較優越。第一，我們可以從此觀點理解，為什麼貨幣政策會創造出並持續延續高於一的比率，儘管一開始這件事看似自相矛盾又荒謬，實際上卻是真實的。第二，我們知道為什麼我們不希望在經濟體中，看到人為利率降低所帶來的各種類型資本投資。然而，隨著奧地利學派對於迂迴生產結構的概念越來越豐富，我們會發現，投資類型的重要性不只如此。

永不間斷的過程

一九五四年，當米塞斯站在演講廳的臺上宣布「市場是一種過程」時，

米塞斯指出，持續的扭曲會導致不可避免的災難。

他腦海中並不存在「我們生活在一個不受干預扭曲的自然系統之中」這樣的幻想。

一九五四年是聯準會成立的第四十一年，當時聯準會試著在輕微的經濟衰退後「管理」經濟，同時抑制通貨膨脹（一九五八年出現了更嚴重的短期經濟衰退）。奧地利經濟週期理論之父米塞斯，很清楚通膨和經濟擴張會帶來何種災難性影響，而事實證明，這些影響比通貨緊縮和經濟收縮更嚴重。正如他在《人的行為》中所寫：「經濟擴張透過不當投資和過度消費，浪費各種罕見的生產要素。經濟擴張結束時，社會必須為了消除擴張遺留下來的貧困化，進入一套繁瑣的復原過程。但經濟收縮既不會導致不當投資，也不會導致過度消費。」儘管經濟收縮期間的商業活動會衰退，但消費品和生產要素的消耗也會減少。經濟收縮結束後，社會不需要像經歷了人為引發的擴張與資本消耗的欣快感那樣，進行痛苦的治療[33]。

破壞性的資本消耗不僅僅是過度支出，它是一種致命的病毒，剝奪了當下與未來的世世代代延續、甚至推進文明所需要的資源。建設性的資本累積則是一種跨時間傳承，它能激起人們對過去的感激之情以及對未來的責任感——事實上，這種累積本身就是一種過程。如同米塞斯所寫：「我們是父親和祖先的幸運繼承人，有了他們的儲蓄累積，才有我們如今賴以工作的資本財。我們是電力時代的寵兒，仍然受益於原始漁民的最初儲蓄，他們在製作第一匹漁網和獨木舟時，投入了一部分的工作時間，為更遙遠的未來做準備。如果這些傳奇漁民的孩子將這些中間產品——漁網與獨木舟——磨損殆盡卻又不以新產品取代，那他們就會消耗掉資本，必須重新開始儲蓄與資本累積的過程。」[34]

扭曲的存在與資本的消耗，損害了迂迴的資本主義生產。然而，「市場」這個過程仍在繼續。正如我們將在第八章看到，自然系統——從森林到市場皆是——一直在尋求平衡。儘管干預可能會導致阻礙和延誤，但重建此種平衡的驅動力不會受到阻撓。儘管調整可能充滿苦痛，消除系統中的過度行為或許會遺留下整片焦土，但這些自然形成的系統終究能找到平衡之道。

第八章

讓火災發生

從本質上來說，恆定系統一直都處於不斷變化的狀態，
無論往任何方向偏離得太遠，恆定系統都會自我修正。

從本質上來說，恆定系統一直都處於不斷變化的狀態，無論往任何方向偏離得太遠，恆定系統都會自我修正。它永遠都不會處於靜態，而是會透過自我監控獲得各種資訊，藉此保持發現、平衡和再平衡的動態過程。儘管奧地利傳學派的創始人沒有特別使用「恆定」這個詞，但它的含義深植於此學派的思想中。依據奧地利學派對經濟運作的觀察，經濟藉由企業家的力量進行推拉，進入與脫離定態。正如奧地利學派預見了行為科學家近來的眾多「發現」一樣（特別是有關雙曲貼現偏誤的研究），接下來我們將會看到，奧地利學派傳統描述市場過程的方式，其實兼容於現代模控論——針對系統的內部溝通與內部控制的研究。

在自然狀態下，系統——從森林系統到市場系統都包括在內——達成平衡的方法是內部的治理與引導，這些方法取決於系統的內部溝通能力，以及各種系統參與者的互動導致環境改變時的系統反應能力，這些系統參與者包括市場中的買家與賣家、森林裡的樹木與吞食植物的掠奪者（尤其是火災），或那些為了滿足消費者的最終需求而決定要在何時、用何種方法變得更加迂迴的企業家。每個系統內部都一定會出現錯誤，資源也必定需要重新分配，因此，無論我們面對的是森林、工廠、銀行還是麵包店，都必然會出現獨立的個別失敗事件。只要反饋循環內部維持完整，讓準確的（未受操縱的）資訊持續流動，平衡過程就會自行完成，最終依據可用資源——無論是投資用的儲蓄或樹木所需的陽光與土壤——形成適當的組合與成長幅度。然而，若我們試著干預和管理此類系統，通常就會陷入悖論中，也就是最後達成的結果與預期相反；秩序和平衡消逝，取而代之的是扭曲，最後發展成毀滅。

若失去有效的反饋迴路，系統就會變成故障的溫度調節器，使得屋內變得像火爐一樣熱，或像冰櫃一樣冷。反饋迴路因扭曲和操縱而短路，系統便不再有能力抵消內部的錯誤，反而會放大；長此以往，這些不適當、不健康的增長所導致的錯誤將占據整個系統。到了這種時候，系統會徹底崩潰。企業家在判斷是否要依據消費者的預期需求（這些需求很可能不會實現）去投資更迂迴的生產過程，或是否該運用當下的更高需求時，他們會做出與現實脫節的決定，就好像樹木在生長時，想要超出森林生態系統的生產能力及維持良性成長的能力。不過，即使系統被迫陷入嚴重的失衡狀態，就算系統的治理力量被削弱，但隨著溝通與治理的力量重獲自由，系統最後必定會恢復恆定。

我們應該在此暫停片刻，澄清在這段討論中，可能會使某些讀者感到困擾的一個面向：如果在系統裡運作的所有思想都沒有自覺的話，我們怎麼能去討論系統的內部「溝通」？我們要如何以不武斷的方式定義系統內的「繁榮」或「失敗」？以溫度控制器為例時，使用上述這些詞語可能還算無傷大雅——因為我們可以把設計控制器的人類之目標當作指定目標——但如果是以生態系統為例呢？這樣的言論好像甚至不適用於市場經濟，正如奧地利學派所強調的，市場經濟並非由任何人或任何專家小組**有意識地**計畫出來的。

為了消除可能會在此處出現的誤解，容我明確指出，我在此次討論中借鑑模控論文獻中提出的概念和術語（我們將在本章稍後探討模控論）。模控論的先驅研究者認為，自我控制的反饋機制是「目的論的」（teleological），意思是這些機制具有目標或目的。事實上，後來的批評者確實提出了一個替代術語，用「目的性的」（teleonomic，在第四章論及馮．貝爾時曾提到）來描述僅表現出明顯目的的系統（舉例來說，現代生物學家的標準觀點是「演化是一種目的性過程」，原因在於儘管生命形式表現出了大量的內部秩序與自我調節行為，但依據合理推測，這些秩序與行為並非有意識地設計出來的）。然而，對於我們的研究目標來說，這種區別沒有必要，因為我關注的是市場參與者**蓄意**、目的論的行為——米塞斯稱之為「人的行為」。

論及這些蓄意個體在更廣泛的市場表現出的互動時，即使是奧地利學派的經濟學家，也可以吹毛求疵地批評有多少結果源自於「理性」與「自發性秩序」，他們也確實提出了這種批評。不過，他們沒有批判的觀念是：提倡私有財產與自由市場的資本主義是一種特殊制度，可以調動已分散在許多個體手上的局部資訊，而這些個體顯然各有其主觀目標。市場能做到這一點的能力，仰賴於遍布整個系統的平衡力量——也就是反饋機制——這種能力正是我在本章中聚焦的重點。理解這一點之後，稍後討論到金融崩潰和金融蕭條時，讀者就可以輕而易舉地理解「好結果」與「壞結果」的不同構造。

系統不是受害者

在上一章，搭配市場過程的脈絡與經濟漲跌的典型因素，我們探討了尼貝龍根之地的經濟寓言。接下來，我們將在本章從恆定的角度出發，討論同一個主題。在經濟繁榮期，人們過度累積資產，把資產價值哄抬到難以維持的高度，直到恆定占據了主導地位——恆定是一種目的論的、尋求目標的機制（也就是康德所說的，調節的「目的—機械論」），它會在最後引導系統回到定態平衡與現實。儘管我們可能很難用客觀的角度，把一大群貪婪的投機者視為再平衡過程的一部分，但這就是當下正在發生的事。

市場並不會毫無目標地隨波逐流。市場就像是鳥群，看似漫無目的地俯衝和下降，但領航員其實就隱藏在這些傾洩而下的鳥群中。我們已在第七章討論過，儘管市場中必定有隨機發生的企業錯誤，但企業過程仍是目的論的，這是因為人類在系統中遇到改變時，會以自我意志帶來一系列的因果。系統會自行朝著定態平衡的方向移動或「繁榮發展」。對市場有了這樣的理解後，我們就能知道，採用目的論方法來投資也能帶來優勢——正如企業英雄齊格菲的作為，正如我們運用奧地利投資法的方式——取得這種優勢的方法，是理解資本主義投資是一種跨時間的過程，並運用此知識擬定「手段—目的策略」。

若想要觀察和理解市場的恆定本質（正如米塞斯提醒我們的，市場**是一種過程**），就得改變自身觀點，不再認為系統只是受到隨機震盪（例如引發火災的雷擊）驅動的不幸受害者，我們應該接納事實，看清**系統是不斷適應這些震盪的持續探索過程**。

不過，顯然有一種二分法存在：一方面是事物如何在自然狀態下運作，另一方面是它們出現功能故障的方式與原因（幾乎所有故障都來自外部操控，而非系統本身）。可是多數人並不是這麼看待這件事。他們無法看清整座森林，只想拯救每一棵當下存在的樹木，可是這麼做卻使他們失去景深，無法聚焦在樹木的世代交替，也無法對樹木在森林中的混合方式和生長規模進行跨時間的探索。人們太常只把注意力放在震盪和火災上，他們只想控制和預防，在如今這個時代尤其如此。他們想要干預、想要凌駕在系統中維持平衡的自然調節器之上，或許他們是無心的，但這麼做只會使一切變得更糟。我們就此屈從於對官僚權威的盲目信仰，不再相信自然過程。

我們的最佳選擇，是聽從米塞斯的門生暨奧地利學派經濟學家海耶克說的話：「在我們有能力詢問『事情是如何出錯』之前，我們必須先解釋清楚，事情是如何正確運作。」[1]恆定就是各種事物如何「正確運作」的過程。在處於進步過程的經濟體中，我們會看到資本累積的迂迴方法（在比喻上「向右走」〔going right〕的方向，其實也就是各種事物「正確運行」〔go right〕的健康方式），並因為恆定狀態而聯想到勢——也就是所有系統都會藉由自我矯正的行為來恢復平衡的傾向，在自然世界中，這些自我矯正的行為所造成的破壞，就像池塘中的漣漪一樣微弱。我們會聯想到道家的復歸觀念，也就是各種事物都需要反其道而行——為了剛強而先表現出軟弱——以及克里普悖論的為了獲勝而接受損失。然而，只有在我們允許溝通和控制自然而然地發揮作用時，才能達到跨時間的平衡。

黃石效應

接著，我們要探討自然系統中的恆定與恆定的目標，並因此再次回到我們的主要教學工具，大自然的教室：森林。首先，我們要先回想在第二章論及的特殊動態：若生長較慢的松柏，打從一開始就想在生長較快、擅長竊取陽光的被子植物之中茁壯成長，就必須正面競爭。自然形成（沒有森林管理局處理的）的森林會透過許多過程達到複雜的恆定，其中一部分過程是永無休止的世代交替拉鋸戰，被子植物會在較肥沃的地區占據主導地位好一段時間，在競爭裡勝過其他植物（至少一開始是如此）；與此同時，松柏則會在充滿岩石又不適合生長的偏遠處扎根，只有少數個體存活下來。等到被子植物占據的森林過度生長，就會變得容易出現小型野火，在發生火災之後，肥沃的土地將會變成一片空地，耐心的松柏——它們是大自然中最優秀的火災機會主義者——可以輕易地進入此處，重新播種。這就是森林世代交替的跨時間轉換。不但有些靠風傳播的種子降落在火災造成的空地上，火焰與高溫也燻開了各種包覆著樹脂的延遲性毬果。這個系統具有自然調節器，可以控制不適當生長，藉由森林的「儲蓄」等可用資源來保持森林的平衡。

先前提過，森林在遇到「更新瓶頸」時，這一點尤其重要，例如松柏類在生長較快的被子植物等競爭對手之間錯誤播種時，便是如此。松柏幼苗無法達到發展門檻，無法加速生長至成體——我們的烏龜永遠也無法變成兔子——它們會開始生病，變得細長纖弱，並為了獲得微量的資源而吞噬彼此，同時仍維持易於燃燒的狀態。在火焰席捲這些發育不良的樹木時，它們會被消滅，接著資源會自然而然地重新分配，促進更健康的植物生長。因此，我們不該把火災視為只有破壞性的災害，而是一種昇華、淨化的過程——用奧地利學派的術語來說，這是一種創造性破壞的媒介——也是森林藉由系統內的模控論控制和通訊序回歸恆定平衡的一部分。正如羅斯巴德所說，火災「是『恢復』過程」，「遠非邪惡的禍害，而是森林回歸最佳效率時所採取的必要的、有益的方式。」[2]

然而，若我們抑制了較小的火災，創造出防火錯覺的話，森林大火將會變得非常嚴重。無可否認的是，火災在林業是個複雜的主題，一方面來說，我們似乎會直覺地認為，森林保育代表了限制、控制或徹底防止火災導致樹木死亡。可是，這種想法或許有過於簡單化的風險，事實證明這是一種力的策略，是一種聚焦在當下樹木的直接手段，不惜一切代價只為了讓森林保持現狀。而勢的迂迴策略則是願意去追求——或者更明確地說，是在這種情況下允許——火災自然而然地發生，讓火災摧毀樹木（同時摧毀健康與不健康的個體），藉由這個中間目標，讓森林的成長能夠達世代交替。在松柏類和被子植物之間尤其如此，生態系統終究必須找到適當的平衡，以適應氣候和其他環境變化。

火災就像其他掠食者一樣，是一種動態變化的自然力量，它的存在對於維持其他物種的健康來說非常重要（就像如果沒有狐狸捕獵兔子的話，兔子會過度繁殖，摧毀草地，最後把自己餓死）。生態系統中的特定族群數量超過現有資源量時（草地上有太多兔子時），這個族群必須受到掠食者與消費者的控制（狐狸不需要太費力就能捕獲每一餐）。等到系統達到平衡後（兔子的數量恰到好處後），掠食者與消費者也會受到控制：他們若不是挨餓，就是遷移到別的地方。以過度生長的森林為例，數量控制往往來自吞食植物的所有掠食者中最貪婪、最不挑食的一個——火災。因此，火災也成了最常發揮控制功能的消費者[3]。規模較小的低強度火災是管理生林的絕佳方法，能夠藉由清除灌木——包括無法與大型被子植物競爭、發育不良、細長纖弱的松柏類——來降低密度，同時又不影響樹冠的生長。

儘管這件事聽起來很矛盾，但近年來重獲重視的老式林業經營，其實很強調「放任小型火災燃燒以管理森林」的重要性，小型火災可以防止大型火災，而大型火災發生時，我們將會為了阻止火勢而造成無法避免的殘酷後果。當下的壓抑必定會對未來造成更大的損害——「糟糕的經濟學家」再次出現了（他們不斷出現在本書中，顯然是本書的關鍵之一）。在林業歷史上，沒有哪個地方比一九八八年的黃石國家公園更能感受到這種邪惡的殘酷後果了，當時火災燒毀與損害了將近八十萬英畝的土地——遠遠超過國家公園面積的三分之一。對國家公園管理局（National Park Service）來說，這場災難的規模前所未有的龐大，而且災難發生的根本原因在於防止火災。

防止火災的概念之所以會傳播開來，與美國建立森林管理單位的方式有關，在一九〇〇年代初期，人們將森林視為需要保護的資源——換句話說，森林裡再也不可以出現燃燒的現象。這種方法對黃石公園造成了非常明顯的危害，到了一九八〇年代晚期，人們意識到黃石公園早就應該發生火災了，可是管理單位認為乾燥的環境使災害風險過高，所以不允許任何小型火災繼續延燒。於是，他們多次撲滅小型火災，但最終卻無法控制火災狀況，導致這些火焰匯聚成黃石公園史上最大的森林大火。這場大火夷平的土地面積是過去紀錄的三十倍，而且還摧毀了麋鹿和野牛在夏季和冬季的進食草地，大幅改變了生態系統。由於管理局防止了所有火災，導致樹木沒有機會和理由能彼此替代，森林則因此變得衰弱又易於損壞。在公園裡，許多植物的生長過程都既不適當又貧乏（打從一開始這些植物就是錯誤播種，永遠沒有機會長到成體），這些土地組成了一整片巨大的網格，把整座森林的扭曲成本都連結起來，不斷傳播，造成的影響規模遠大過自然形成的多場小型火災，在過去數年來會導致的損害。這就是黃石效應[4]。

扭曲森林的教訓

一九八八年的黃石公園慘烈火災帶來了此一結論：防止火災發生的這一百年，使森林變得極容易發生重大災難——即使是自然發生的低強度火災，管理局也採取零容忍策略。顯然，低強度的火災能整合資源，並督導恆定森林進行有條理的生物交替，我們可以由「松柏類在這裡，被子植物在那裡」的異質模式中清楚看出這一點。森林系統在來回的擺盪中尋求平衡，避免了所有生物同時試著蓬勃發展所造成的危險過度生長——這種舉動也就等於在當下取用生存資源，放棄迂迴策略。

大自然就像經濟體一樣，資源必須要在高階生產和低階生產之間自由轉移。人類的干預擾亂了大自然的循環方式，削弱了系統中自然形成、恆定的負反饋力量（負回饋指的是系統與內部調節器溝通，告知離平衡還有多遠的距離，接著由調節器推動系統恢復平衡）。從林業的角度來看，人類已經學到教訓了。一九九五年，美國政府藉由聯邦荒野火管理政策（Federal Wildland Fire Management Policy）承認，野火是一種重要的自然過程，政府應該把野火重新引入生態系統。

我在閱讀二〇一一年的《華爾街日報》（*The Wall Street Journal*）時，從其中一篇文章觀察到，央行的銀行家也可以從他們的林業好夥伴那裡學到一點教訓。巧的是，黃石公園發生大火的三、四年前，聯邦政府實施了另一項「防火政策」，那項政策是一九八四年大陸伊利諾國家銀行（Continental Illinois）「大到不能倒」的紓困計畫。在那之後，葛林斯潘在一九八七年的股市崩盤發生後立即宣布，聯準會將為了支持經濟和金融體系而提供流動資金。聯準會在一九八〇年代用行動向全世界表示，他們再也不會容忍任何規模的火災——這也就預示了「葛林斯潘賣權」（Greenspan put）[i]即將誕生[5]。

在人類自己打造出來的金融森林中，壓抑是個非常大的問題——甚至可能致命。一時盛行的過度發展和不當投資，只會使系統變脆弱，引發掠劫，使得金融系統損毀。然而，正如我們即將看到的，即使是這麼高強度的「火災」（在森林和金融系統中皆然），也會釋放資源並重新分配。在市場的例子裡，「火災」會釋放出資本，進入過去因為貨幣干預的短視扭曲而鮮少獲得資本的領域（奧地利學派自然也熟諳這一點，正如我們在第七章中奧地利經濟週期理論時所討論過）。

央行的銀行員與干預主義者不該認為是隨機震盪在驅動這個系統，這種心態會使他們想要操控並控制系統——長遠來說，這種循環所造成的損壞遠大於短期內挽救回來的損失。他們持續這種錯誤思想的時間越長，系統就會越不平衡，直到出現一整桶由不當投資組成的火藥，一點燃就會引發一場巨大又無法控制的煉獄之火。

在經濟體中，密度（過度生長）和均質性（在經濟系統中，某個單一事物的同時生長數量過多，並且因為扭曲而不斷「繁殖」——這個單一事物也就是立即回報或高收益資本，與之相對的是迂迴的多樣化投資）是投資不當的證據，也就是投資超過了可用資源的總量。森林中的播種數量不可能超過土地、養分、水和陽光的負荷，同樣的道理，經濟體中的投資額度不可能超過儲蓄額度——但在政府的干預之下，經濟系統表現得就好像這已經是正在發生的事情。正是這種干預把經濟蓬勃發展變得如此具有欺騙性，並在最後成為一場幻覺。

不過，此處出現了一個意義深遠的悖論，那就是政府的干預會系統性地達到與預期相反的目標。因

---

i 編按：葛林斯潘時期實施貨幣政策的方式，在發生危機時降息予以應對，避免股市跌幅過大。

此，政府與企業家不同，就算政府抱持良好的意圖（我會為世界上的各位保羅・克魯曼帶來好處），也一樣無法靠著干預系統運作來實現預期結果（可以說成，政府無法依據目的論行事）。政府和中央銀行破壞了系統中的調節器和為了適應而發展出來的目的論過程，損毀了自然的恆定過程。

政府在抑制市場的自然恆定傾向時——例如宣稱某些事物「大到不能倒」，或者在股市暴跌時調降利率——只會使事情變得更糟，因為政府會人為支撐本應倒閉的企業，所以這些企業無法釋出資產給其他企業，讓其他企業進行可能更有生產力的嘗試（二〇〇八年的問題資產紓困計畫〔Troubled Asset Relief Program，TARP〕就是個完美的例子。TARP是個毫無必要的政府行動，他們為了應對危機，向金融機構購買股權和資不抵債〔underwater〕的資產，然而這些危急其時就像野火一樣，是在矯正系統中的人造扭曲。TARP阻止的不是災難事件，而是阻止了理性市場的矯正行為）。這種抑制方式使疾病惡化得比治療前更糟，造成指數成長的巨大損害，不禁讓人聯想到米塞斯的諷刺評論：「如果你看到某個人因為被車子碾過去而受傷，那正確的治療方法絕不會是要求車子倒車再碾回去一次。」[6]

若我們將市場的劇烈波動歸咎在從眾心理的「動物精神」上，社會大眾的焦點便會離開問題的起因：政府的行動。利率已不再是傳遞資訊的工具，也不再告訴企業家該在何時以何種方式服務消費者才是最好的選擇，取而代之的，如今利率受到央行的無期限操控，以致其失去意義。人為的利率變化成了欺騙人的幌子，使得企業家相信系統中的資源（也就是儲蓄）遠多過實際狀況，因而受到不當投資所苦。**貨幣政策以陰險的方法，玩弄了我們的時間偏好與經濟運算的能力。系統中的扭曲越嚴重，矯正扭曲所需要的破壞也就越嚴重。**

二〇〇八年的金融危機本該是一記警鐘，就像一九八八年的黃石火災一樣，提醒所謂的「管理者」留意，試圖推翻系統自然形成的管理有多危險。取而代之的，聯準會及首席「護林員」班・柏南克（Ben Bernanke）卻自欺欺人地認為，這場危機已經撲滅了能夠毀滅性大火的所有火星，但事實上，這場危機只是把流動資金的人工肥料傾倒在過多不當投資的混亂沼澤中——把沼澤變得更加易燃。總有一天，這片沼澤會燃起熊熊大火（我們將在下一章論及這場火災），屆時聯準會只能屈服於火焰，沒有足以滅火的水桶和鏟子。

聯準會的「防火措施」，勢必會導致更大、更致命的「森林大火」。

不要過度控制，不要過度操縱

黃石公園的森林大火與二〇〇八年的金融危機——以及所有尚未發生的火災——其實都是可以避免的。只要消除干預帶來的扭曲，系統就能實行自我管理。以奧地利學派的角度看來，經濟的健康成長需要的是多元異質的資本結構，這種結構可以透過跨時間的生產協調，去適應消費者的時間偏好。在此過程中，創業家能依靠價格來引導適當的決策，以最合適的方式配置資源[7]。尊重這個過程，也就等於允許系統建立連結，去檢測系統內部的可用資源，去溝通與回應，並藉此追求恆定。為了更加理解這種連結，接下來我們要探討的是跨學科的控制系統工程理論底下的一個分支：模控論。

模控論一詞源自希臘文「kybernetes」，意思是駕馭者或統治者，而「kyberman」的意思則是駕馭或統治。模控論把重點放在伺服機構（servomechanisms，也就是他們所謂的「servos」〔伺服〕）的作用，伺服機構會偵測錯誤，以響應式的方法使用回饋，藉此調控系統（確切來說，負回饋會向系統指出它會在何時失去多少平衡，以便系統糾正）。為了達成這個章節的目標，我們可以把模控論視為一種方法，伺服機構會運用這種方法，透過蒸汽引擎調節器、溫度調節器與身體的溫度或血糖控制功能，去調控系統（從機械到身體等系統都包括在內，若身體維持健康血糖的回饋過程出現問題，就會導致糖尿病）。

諾伯特．維納（Norbert Wiener，巧的是，此姓氏的意思是維也納人，不過他其實在密蘇里州出生）是一位數學家，也是模控論領域的創始人，他認為恆定是一種過程，在這個過程中「回饋不僅體現在生理現像上，而且對於系統的延續來說也絕對必要」[8]。回饋至關重要，而且系統必須持續在內部提供回饋，系統才能為了保持在正軌上執行必要修正，這些通常都是小型修正。有時這些修正非常真實，例如維納曾提出過汽車行駛在結冰道路上的例子。駕駛會用方向盤進行一系列微小的動作，這些動作不足以引起嚴重打滑，但能提供反饋，「讓我們憑直覺判斷汽車是否有打滑的風險，並據此調整駕駛方式」[9]。

「藉由資訊回饋進行控制」的概念在直覺上是很合理的，人們若要在某個環境中行動，就必須從環境中獲得資訊輸入，針對特定情況或環境改變做持續的補償式調整。每一次的行動，都是在當下努力回歸到平衡，我們永遠都不該期望這種平衡是永恆的，它只會持續到下一次需要換檔或轉動方向盤的那一刻。我們也可以從「吸引力區域」（basin of attraction）的角度來思考我們在恆定過程中尋求平衡的舉動，吸引力區域是一個科學概念，最適合用來解釋這個概念的正是勢的傳統意象：把巨石推上陡峭的山坡後，巨石又向下滾落到山谷底部。同樣的道理，在系統受到擾動時，會有各種力量將系統推回吸引力區域。時間偏好與創新帶來的變化對自然市場造成干擾時，市場中發生的事正是無限縮小版本的吸引力區域回歸。

維納從大自然和他自己的觀察中舉了一個例子，把系統中的各個平衡力量之間的來回角力，比喻成獴和眼鏡蛇之間的戰鬥（不禁讓我們想起喜鵲和蛇的傳奇戰鬥，這場戰鬥啟發了太極拳的出現——不過悲劇的是，這一次處於劣勢的變成了蛇）。儘管沒有證據能表明獴的動作比較快或比較準確，但牠幾乎總是能給予眼鏡蛇致命的一咬。獴自有一套目的論的多階段策略（基本上等同於第五章的壁球選手和曲棍球選手使用的策略）。牠先是佯裝攻擊，誘使蛇進攻，接著牠會躲開眼鏡蛇的襲擊，再次佯攻，這是一種逐漸發展的「週期活動模式」。獴的佯攻會越來越早，直到最後，牠的佯攻會和眼鏡蛇的反擊同時發生，在眼鏡蛇拉長身體時，瞄準大腦一咬，結束這場戰鬥[10]。獴的致勝迂迴策略中，隱藏著模控論的駕駛策略：**不要過度控制、不要過度操縱，而是讓系統自行犯下錯誤，抓住機會取得勝利——這就是為無為**。

正如哈耶克所說，在經濟體內部，個別參與者的「相互調整」方法負回饋[11]。政府和央行的干預最多只能推遲負回饋機制，無法消除它們。然而，人們往往會把市場視為**正回饋**系統，會不斷往同一個方向自我強化力量（如動量）的持續性。可是正回饋系統其實與市場的自然運作方式恰恰相反。事實上，市場只有在遭到扭曲時，才會（暫時）變成正回饋系統，而我們之所以傾向於只看到正回饋過程，並在動量與套利等面向採取模仿策略——也就是對可見事物做出簡單推斷——是因為我們原本就很淺的景深，遭到人為低利率的咒語進一步壓縮。或許這件事並不明顯，但說到底，經濟崩盤其實是一套正在運行的負回饋系統——只不過其中有一條正在運作的正回饋路線距離我們比較近，影響的時間範圍也比較短罷了。一旦我們理解到在市場中占據主導地位的負回饋特質，就會發現這些路線有其道理，它們只是用來達到目標的一種目的論手段罷了。

在模控論的反饋迴路中，由於系統可以偵測到「熵」（存在於系統中的混亂總量），所以系統不得不維持其結構，避免失序帶來崩潰。因此，在自然經濟中，不斷上升的利率會阻礙迂迴的出現（奇怪的是，根據我們在第七章討論的「資本消耗」，人為降低利率也會導致同樣結果），利率變高之後，想要累積更深層、更長久的資本結構所需的成本也會變得更高。如果利率確實反映了我們的真實時間偏好，以及由此產生的經濟活動，那麼利率造成的改變其實不會造成嚴重問題。從定義上來說，正確或「自然」的市場利率調整，只會出現在儲蓄者確實延長儲蓄時限的狀況下，這樣的利率調整能讓企業家「撐過等待期」（因為儲蓄者會在更久的時間內，用稍低的利率提供儲蓄金）。

但是，若這種溝通方式遭到破壞，而且利率又在平行變化中降低，甚或在更糟糕的利率曲線變陡峭時降低（也就是與經濟現實無關的改變），那麼壓低利率帶來的其中一種後果，就是使我們對當下的等待感到極端不滿意（這是因為利率已經低於我們直覺上認為等待應有的利率——對於當下的等待來說尤其如此）。因此，我們「陷入」了搶奪當下棉花糖的困境，忽略了未來能提供相對更豐富的棉花糖。於是出現了一個明顯的悖論——這個悖論出自第六章提及的短視式時間不連續：儘管正常的計算會讓我們認為，長期投資項目的需求會出現最大成長，但就連整個殖利率曲線平行向下移動，也會對那些能迅速周轉的現有資產（例如快速動量交易或快速股利）造成較高程度的人為刺激。世界就此失序。

事情如何「先往右走」

我們藉由奧地利學派理解了自然市場如何在**沒有**干預的情況下運作，自然市場傾向於尋求穩定，這讓我們意識到，「經濟衰退」是為了平衡「經濟繁榮」的一種修正，就像是系統出錯時用來做最終調節的壓力閥，而扭曲的系統最終只會被儲蓄、投資和信用的管理者給壓垮。我們可能會在講到這裡時，聯想到道家「被壓抑的洶湧河水」的意象，只不過這次壓抑河水的是人工建築的水壩，一旦水壩無法繼續控制這些本應自由流動並尋求平衡的河水，河水就會把水壩沖垮。

海耶克之所以能做出這種連結，並將之鞏固於奧地利學派的理論中，是因為他認知到經濟體具有模控論的特質，也就是經濟體能偵測到資訊，做出相對反應（若沒有這些分散的知識，企業家也就無法得知最佳的資源配置為何）。哈耶克寫道：「因此，整個經濟秩序建立在此一事實之上：經濟體把價格當作一種指導或訊號，引導我們滿足一群陌生人的需求，並賦予他們權力和能力。」我們需要具有深刻的理解力，才能建造出高度配置的有效生產手段，來支撐不斷成長的世界人口，而這種深刻理解的表現形式就是「價格」。「從根本上來說，我們要理解的是，價格就是一種訊號，能使成千上萬名個體付出的努力達成意料之外的整合，從某種層面上來看，這種訊號其實是一種現代模控論，而此一模控論變成了我的研究背後的主要構想。」[12]

海耶克認為初步的功績歸屬於亞當・斯密，他「在本質上抓住了重點，注意到經濟系統的成功，是一套未經設計的過程，針對無數個體的活動進行協調後帶來的結果」[13]。海耶克在亞當・斯密與其他人停下腳步的位置，承擔起繼續走下去的責任：他試著告訴其他人，我們在運作良好的系統中找到的資訊雖不完美，卻非常豐富。競爭不只是海耶克所說的競爭程序，也是一種選擇的過程，企業家在這段過程中嘗試新的策略，而利潤與損失則成為了模控論的負回饋機制[14]，選出能夠運作的策略，排除沒有成效的策略。因此，我們可以把海耶克式的市場視為一種創業理念的系統分類演化過程，或**市場內部的演化過程**。

我們可以把米塞斯對市場**休止狀態**的概念——我用這種概念來思考交易所中的小型潰敗——應用到海耶克式的模控論結構中。請回想我們在第一章提及的價格戰（請見第六九頁），這種無期限自我修正的平衡行為必定會失敗，但也「必定會為了追求確切的休止狀態而陷入不安」[15]。每一個彼此接續的休止狀態，都是根據新資訊或環境而進行自我修正的調整結果，若在恆定的環境中，系統終究會達到最終的休止狀態，這就是為什麼企業家會不自覺地引導系統往定態前進。

事物不受干預，就會出現秩序

奧地利學派——開啟此學派的或許是門格爾（以及他所引用、更早之前的亞當．斯密），而後因海耶克而發揚光大——在一開始所說的自發性秩序（spontaneous order），已經在物理科學界中變得越來越盛行（這種從社會科學界進入物理科學界的概念非常少見），從一開始的「模控論」偽裝，逐漸轉移到「複雜適應系統」（complex adaptive system）、「自我組織」和「突現」（emergence）[16]。

我們可以把自發性秩序視為不同行動的主體相互作用之下所產生的秩序，這種秩序以由下而上的動態方式強調個人的作用，而不是由上而下的控制，例如國家干預。海耶克為了明確指出這種內部調節現象，甚至創造了「交易經濟」（catallaxy）一詞來取代「經濟」。因此，我們可以把自發性秩序視為一種偶然的設計，一種具有明確目標的組織，這種秩序的源頭乍看毫無章法——這是群體秩序，也就是美國學者侯世達（Douglas Hofstadter）所說的蟻群秩序，隱藏在蟻群中的社會協調就像神經元，能創造出連貫的思維[17]。

自發性秩序的概念再次把我們帶回道家。米塞斯的弟子羅斯巴德認為，生活在公元前三、四世紀的戰國時代的道家學者莊子，接納了老子「崇尚自由放任，反對國家統治」的思想，認為他是第一個明確闡述自發性秩序的人——自發性秩序指的是，**只要事物不受干擾，就會自動出現秩序**，後來海耶克則在二十世紀發展出此概念。他以顯然是自由主義者的觀點指出，莊子「也許是第一個把國家視為強盜的理論家，莊子說：『彼竊鉤者誅，竊國者為諸侯。』也就是說，國家統治者與強盜首領之間，唯一的區別是他們掠奪的規模」[18]。

干預與全面社會主義等由上至下的控制，會打斷自發性秩序（正如我們先前已經看到，這種打斷秩序的行為往往非常危險）。在市場這種複雜的系統中，試圖以外在的人為方式控制，註定失敗。如我們所知，想達成迂迴生產，我們必須把焦點放在模糊且不確定的未來優勢上——也就是放在勢上。然而，干預主義的扭曲卻自我矛盾地把焦點放在快速且明確的結果上——也就是放在力上。

對扭曲的不同看法

我們可以看到，扭曲不僅是經濟成長的副產品，也是一種貨幣現象，這在我們的討論中非常重要。

海耶克把目光放得比一棵樹更遠，看見森林經濟的探索過程。

具體來說，奧地利學派把經濟週期歸咎於政府對人為信用擴張的保護，雖然這種擴張是在中央銀行的操縱下達到頂峰，但其實早在一九一三年聯準會成立之前，信用擴張就已經存在。有些人根據聯準會在一九一三年成立一事批評ＡＢＣＴ，但他們遺漏了過去以貨幣為基礎的信用過度擴張的細微特徵（羅斯巴德在撰寫相關博士論文時，把焦點放在一八一九年大恐慌〔Panic of 1819〕上）。

一六三〇年，荷蘭人陷入了鬱金香球莖的投機熱潮，引發了惡名昭彰的「鬱金香狂熱」，多數人認為這是史上最大的經濟泡沫。雖然鬱金香狂熱的背後沒有央行作祟，但同樣是由貨幣扭曲引起。當時荷蘭實行的是「自由鑄幣」政策，有些荷蘭人擁有來自美洲的銀塊和金塊，此政策允許他們鑄造自己的硬幣。到了一六三〇年，阿姆斯特丹的錢幣和金、銀塊的供應量大幅增加，遠超市場需求，導致了不當投資和投機買賣[19]。

因此，鬱金香的市場波動不只是由製造出狂熱的情緒波動所引起——這是導因為果，事實上，這種市場波動來自因貨幣供應量的增加，進而引發了宛如尼貝龍根之地的大規模（同時也高度當地化的）資產膨脹。我們藉此為了對經濟學和市場運作的根本了解打下基石：前者的隨機觀點帶來的是國家干預，而自然目的論中的經濟消長則會遵循恆定過程。

為了闡明我的觀點，我在此提出美國經濟學家海曼．明斯基（Hyman Minsky）的看法作為對比，明斯基認為經濟的興衰週期應該歸咎於槓桿。簡單來說，他認為若市場經濟興盛在持續一段時間後，都沒有任何修正的話，金融業的總槓桿會逐漸增加，使系統變得更加脆弱。儘管用明斯基的論點來描述經濟週期的某些特徵還算能讓人接受，但他並沒有真正對這一現象做出**解釋**。相較之下，奧地利學派提出了一個更令人滿意的理論，指出**人為壓低的利率是如何促進不可持續的經濟繁榮**（這種繁榮的特點是，槓桿過高的借款人把錢投資在營運資本上，但這些資本在自然利率之下毫無生產力）和不可避免的經濟衰退。

在凱因斯主義崇拜者的眼中，明斯基在這方面的觀點——經濟崩潰原本就具有不穩定性與不可預測性——其實是一種優勢。事實上，凱因斯式的思想有兩種主要思路，這兩者源自凱因斯在一九三六年的著作中的兩個主題。第一種思路是，這個世界上的總體需求與自願失業是一套系統，這套系統直接且充滿確定性——這也正是教科書上的內容。同時，凱恩斯的文章中有一些段落描述了市場具有完全不可預測性，尤其是資產定價的面向。凱因斯在此引入了著名的「動物本能」論點，把股票市場比作賭場和比賽，參賽者的下注依據為「整體看法」，而不是根本的現實。在第二種世界觀中，明斯基對經濟興衰的模糊處理是正確的，這是因為事實上並沒有明顯的「原因」，是多數經濟學家願意相信的（我將在第九章中提及這一點）。

沙堆效應

明斯基認為經濟崩潰的根本原因是槓桿上升，這種概念其實十分類似動態系統中的自我組織臨界狀態，其中最經典的**比喻**就是沙堆效應。

我們把沙粒一顆顆堆積起來，堆成一個相當高的沙堆，最後這個沙堆終究會在某個時刻達到臨界狀態，只要再多一粒沙，就會導致連鎖反應般的崩塌——宛如雪崩（也就是眾所周知的「壓垮駱駝的最後一根稻草」）。這種由基本小單位組成的自動控制模型，也同樣被應用在森林大火模型和股市崩盤上——但成功的程度極其有限。

事實上，把股市崩潰視為嚴重的全系統性山崩，已經變成了一種流行。儘管如此，這些分析和明斯基的論點都沒有切中要害：恆定的市場過程必須先被系統外部的干預所打破才會失敗。具體來說，臨界狀態並不是這種系統原本就具有的附帶現象，也不是一種從內部開始有機生長的精巧連鎖網路。事實上，臨界狀態是從不健康的幼苗中生長出來的，這些萌芽從一開始就注定會因為暫時的欺騙而失敗，這種暫時欺騙，其實也就是模控論機制之內的溝通不良與控制失敗。

在如今的流行金融術語中，「明斯基時刻」（Minsky Moment）指的是在表現上看似經濟繁榮的時期，隨著資金槓桿上升，資產價值突然崩潰的現象。容我再說一次：這種描述與奧地利學派的經濟週期理論**一致**，但它沒有回答其他重大問題：為什麼市場的正常負回饋機制會突然失效？企業家個體當然會犯錯，但明斯基的論點要如何解釋經濟繁榮時期的**系統性**錯誤——也就是羅斯巴德所謂的「錯誤集群」（cluster of errors）[20]？

有些經濟學家認為多次進行量化寬鬆是有效的，他們的主要論點是所謂的「財富效應」（wealth effect），意思是由於消費者會在資產價格（股票投資組合、房屋等資產的價格）超過消費者價格時，覺得自己更加富有，所以他們願意出門花掉更多錢。

我們很難想出與奧地利資本理論更不一致的經濟政策了——印製更多新貨幣，藉此說服人民依據當下的資產增值而增加消費（儘管資本成本終究會回歸正常，經濟體和MS指數也會恢復定態，但我們絕不會思考回歸帶來的後果）。

如果奧地利學派在解釋時放棄利用「動物本能」和「明斯基時刻」，他們也同樣可以放棄另一個凱因斯主義的巧妙概念：「節儉的矛盾」（paradox of thrift），此概念指的是單一家庭會做出理性選擇，試著在財務困難的情況下增加儲蓄，但如果把整個經濟體綜合起來的話，由於這個家庭的支出將會是另一個家庭的收入，所以增加儲蓄只會適得其反。

根據教科書上的凱因斯主義理論所述，節儉悖論指出了在市場的恆定機制失效時，政府的赤字支出可以避免經濟衰退。

想要看出此處的問題，我們要再次把焦點放在奧地利學派的資本理論上——而不是凱因斯主義的收入流動概念上。經濟衰退不只是人們花錢花太少的不幸事件，經濟衰退的特點在於生產結構出現了實體扭曲。增加政府債務不太可能真正解決儲蓄和實體投資不足的問題。

無論這些措施本身聽起來有多高尚——尤其是在危機發生後的血腥餘波中，這些措施看起來就好像政府在發放止血帶一樣——但這些干預主義的行動（就像在森林滅小火一樣）只會延長問題，推遲森林恢復健康的過程。

儘管扭曲依然存在，也留下了大規模的毀損，但它不會持續占據上風。

什麼事都別做

一代又一代的經濟學家都告訴我們，市場經濟有其內部邏輯，就像自然界和社會領域中許多「自發性」的自我調節系統一樣。一旦系統開始遠離穩態，負回饋便會自動啟動，使系統恢復到平衡狀態。無論我們把這種負回饋描述為亞當．斯密的「看不見的手」，還是米塞斯所說的企業家力量能帶來平衡，又或者我們接受海耶克的暗示，採用模控論的概念，最關鍵的事實都一樣：**市場中有一種基本法則在管理企業運作，每當市場受到干擾，這個法則就會把市場引導回井然有序的軌道上**。如果放任市場自然發展，路途會變得十分坎坷。然而，矛盾的是，就算我們付出家長式的努力，希望能免於週期式調整帶來的痛苦，最多也只能「延遲」必定會發生的修復事件，導致最終危機變得更嚴重。若想要避免經濟蕭條——就像要避免嚴重的森林大火一樣——真正的解決方案其實十分令人訝異，只要允許恆定系統發揮作用就行了：「**坐下來，什麼事都別做。**」

同時，在經濟受到政府（尤其是央行）由上而下干預時，投資者必須解讀各種跡象，如此一來才能保護自己，並找出方法取得生產性資產（productive asset）——我們會在奧地利投資的最後兩章解釋此事（屆時會由我們的英雄齊格菲來擔任吉祥物與模特兒）。畢竟，文明的進步——也就是小說《阿特拉斯聳聳肩》（*Atlas Shrugged*）的主角高爾特（Galt）所說的「世界的引擎」——是絕不能結束的。我們堅信恆定絕對會占上風，絕不動搖追求迂迴方法的信念。

關於「勢」的一切

本書出現的許多大師，為我們上了寶貴的一刻，當然，前提是要認真聽講。從古代的道家哲學家到軍事戰略家，從芝加哥期貨交易所的老練穀物交易人到奧地利經濟學家，再到採用迂迴方法的企業家，只要用一個詞語就能把這些人的獨特背景全都連結起來，這個詞就是「勢」，這個詞在戰略位置優勢、潛力、特色、配置、影響力和傾向上，都具有複雜且多重的意義。

若我們在做每件事時都以勢為導向，那就會自動踏上迂迴的軌道，我們拒絕在這個只關注當下的世界中，因為扭曲的觀念而誤入歧途，好像只有當下才是最重要的一樣——事實上許多人確實這麼認為。為了全心接納資本之道，我們懷抱目標、有意識地打開視野，看得更高更遠，看清當下只是一個單位——只是一長串鍊子的其中一顆珠子。我們拒絕短視的時間不連續性帶來的有色目光，同時也清楚地意識到，世界上許多人只能以這種方式看待世界。而我們的觀點則具有跨時間性，我們的觀點是一系列永無止境的當下，每個時刻都與下一個時刻相連，延伸至我們的生命盡頭，超越我們的生命盡頭。

在論及勇氣與榜樣時，我們可以學習本書中的勢之大師，這些善於控制他人的哲人，熟練地耐心等待，藉此累積戰略優勢。此外，這些大師也很清楚，要接納**為無為**的做與不做有多困難——他們得放任對手幸災樂禍地贏得當下的分數與小型勝利，這種耐心其實是一種自己施加在自己身上的痛苦。有時候，大師們假裝謙遜的樣子看起來一定更像是受到羞辱。但是，我們可以在許多例子中看到，有目標的蓄意迂迴能帶來何種回報——我們要實踐勢，直到戰略優勢在勢之中凝聚成力的機會主義行動——一如結滿種子的毬果散播在大火清理過的土地上、拉緊的弓弩終於瞄準了目標，以及不斷累積的生產資本推動了物質社會的發展。

龐巴維克的迂迴論點能振奮我們的精神，我們可以把這個論點運用在勢的執行上：「勢之所以比其他方法好得多，是因為它是唯一的方法！」[21]（如果你直至現在還沒理解此觀念的話，請回過頭去閱讀，這個觀念能幫助你稍後繼續學習奧地利投資法一與二，如果你尚未理解，第九章與第十章不會對你有所幫助。）

無論是在勢、同義的迂迴方法，還是在烏維格中，我們都可以看到恆定在持續運作，也可以看到恢復定態平衡的回歸力量。這個世界的運行方式就是永無休止的回歸，無論扭曲如何破壞自然過程，最終都無法阻止回歸的出現。正如《老子》提醒我們：「吾以觀其復也。夫物芸芸，各復歸於其根。歸根曰靜，靜是謂復命。」[22]我們可以因此在「復歸」——也就是勢的重要定義——中看到，道家用何種方式定義回歸穩定與平衡，也就是奧地利學派所謂的「定態」。

我們應該要對比我們更早出現的那些大師心懷感激，他們留下了智慧的寶庫，把財寶都壓縮成了價值連城的鑽石：勢、迂迴、回歸恆定。這就是我們的試金石，但前提是我們得先選擇使用它。幸運的是，儘管我們在一個充滿力的世界裡追求勢，但我們有許多可以遵循的藍本和引導。我們的勢來自克里普，以及他熱愛輸、痛恨贏的矛盾觀點，我們的勢也來自軍事戰略家孫武和克勞塞維茲，他們發現為了達到茲維克這個最終目標，應該勇敢地把中間的齊爾當作米特（手段），而且這麼做還能免去正面衝突的殘殺。我們從巴斯夏身上學到了，不要追隨糟糕的經濟學家（也就是我們如今的大敵），他們只看得見表面上的小好處，忽視了即將到來的巨大禍害——短視者是看不見的，不過那些懂得睜眼去看的人，應該要預見這種禍害。

在論及迂迴時，我們有亨利．福特這個真實案例，他放棄了當下的快速利潤，耐心地投資更加迂迴的生產過程，因此他可以在往後的生產過程中把碼錶拿在手裡，表現得非常不耐煩（而生產過程的效率也高得多）。我們也提到了其他虛構故事中的企業家，從遭遇海難的野蠻人魯賓遜開始，他的經濟狀況很差，不過他運用當下的飢餓，換取了未來能夠飢腸轆轆地捕撈更多魚。在華格納史詩的經濟學中，我們討論到尼貝龍根之地的創業英雄齊格菲，未來的禍害化身成經濟扭曲的魔藥，試圖把他變成徹底相反的樣子，並迫使他在無意中背叛自己的創業誓言——勢——但齊格菲成功避開了未來禍害[23]。

我們就像齊格菲一樣，必定會面臨各種誘惑，這些誘惑想要引導我們踏入禍害中，首先從資金槓桿開始，最後我們可能會愉快地跟隨正回饋的群眾，一起跳入扭曲資產的幻象中。我們使用奧地利學派鑄造的劍與盾牌對抗這些敵人——門格爾擊敗了歷史學家與他們對經驗式資訊的奴性依附，龐巴維克證明了最終產品可以合理解釋中間手段的價值（而非反其道而行），藉此壓制了馬克斯主義者，而米塞斯則提出有關扭曲的必然真相，指出扭曲在經濟體中燒出了一條破壞性的橫貫道路（好樹和壞樹都同時倒下），猛烈抨擊了凱因斯主義者。

這趟旅程的哲學討論在此刻結束。接下來，我們要學習奧地利投資法一和二的實際應用方式，這是第九章與第十章的主題。繼續前進之前，我們必須先面對揭示真相的時刻，我們得在這一刻站起身，成為真正的信徒，相信奧地利理論的福音，這個理論的目標是解釋整個經濟興衰週期，為我們提供一套連貫的敘事，把所有線索拼起來。隨著我們從理論轉向實踐（從本書的前八章轉向後兩章），我們將運用我所說的MS指數和福斯特曼比率，以及迂迴企業家齊格菲——他體現了先前提過的所有原則。

MS指數偏離一時，由於資本回報超過資本成本，再加上短視的時間不連續性與貨幣扭曲，會使人們陷入追逐即時回報的困境中，不過，你不需要在這種時候追隨那些命運多舛的群眾。概括來說，你最想追求的不該是當下看到的事物，而是你應該預見的事物。你可以任由那些傾聽海妖的力之歌的人，因自身缺乏耐心而撞上礁石。你可以忠於勢，忠於各種形態的迂迴，耐心等待系統恢復恆定，即使扭曲已滲透了各個角落，系統也必定會回到恆定。事實上，只要你能避開扭曲，因此擁有更多資源在未來進行機會主義投資，你就能寫出你自己的迂迴投資故事，成為英雄。

這是你自己的道路和選擇。只要你選擇得夠好，它就會成為你的資本之道。

第九章

奧地利學派投資法 1：老鷹與天鵝

從老子到巴斯夏，從門格爾到米塞斯等偉大的思想家：從演繹法到歸納法，從方法論的個人主義到群體……他們教導我們，許多可見的事物其實都在干擾我們，使我們不去注意隱密的現實。

迂迴策略在奧地利學派正統觀念中具有核心經濟作用，我們先前已追溯過迂迴策略那廣大、多變，有時又十分古老的譜系了，現在我們已經準備好要把迂迴的原則——無為、勢、烏維格——應用在資本主義投資上了。在某種程度上，我們抵達了終點，做出了實際且具體的結論，能夠在有效配置資本時，遵循發展成熟的迂迴道路。我們已經在資本之道上度過了第一個難關，接著我們要開始一個嶄新的討論主題，我稱之為奧地利投資法。

我希望能在本章達到的目標，是證實前幾章介紹的思考方式，這個目標遠比任何步驟更重要，也更有用，我希望我們能清楚理解扭曲會在何時存在，並評估他人在論及扭曲時的態度與偏好。我們要捫心自問：我們會在什麼狀況下陷入不當投資的風險？舉例來說，我們投資的項目是否受到人為操控？那些操控者是不是最依賴人為低利率賺取利潤的人？除了避免這種投資之外，我們有可能從中獲利嗎？

就算讀者在讀完本書之後，唯一的收穫只有更加認識經濟和市場中的扭曲（這種扭曲放大了人類追求力的直接回報的傾向），並對勢的艱辛路途有更深刻的理解，本書就算是大大成功了。此處最重要的是思考過程，這才是真正的收穫，是所有投資者都適用的良方，正是思考過程使本書的整體主題達到了頂峰：資本之道的迂迴方法是一種曲折的手段，為的是達到生產性資本投資這個目標，就算人類的生物學與經濟系統都和迂迴方法相悖，我們仍有能力使用迂迴方法。

我們將在本章把前幾章對於先驗與人類行為學的理解，變成歷史式的理解，同時把思想轉變成行動。不過，我們仍然要走在過去幾章以方法論根基所描繪出的道路上——從老子到巴斯夏，從門格爾到米塞斯等偉大的思想家：從演繹法到歸納法，從方法論的個人主義到群體，針對人類行為發展出邏輯的結構，接著使之符合我們對日常世界的理解。他們告誡，其實許多可見的事物都在干擾我們，使我們不去注意隱密的現實；他們也闡明，不要從數據中「學習」並因此被數據愚弄——更重要的是，不要被率先出現的事物，也就是可見的事物愚弄。他們對可預見的事物提出了簡單的見解。他們教導我們，這個世界具有多維性，交錯的水流掩蓋了真實的因果關係，我們體驗到的不是治理的力量。米塞斯說，「經濟史」在研究的是一件「值得稱讚的事」，但我們不應該把「此類研究的結果」和經濟學研究混淆。研究經濟史「不會製造出那種可以應用在實驗室測試中的知識。（這種知識）不能為後驗理論的假設與定理提供可靠的基礎」[1]。

因此，以真正的奧地利學派風格來說（與德國歷史學派進行早期爭鬥時的風格），首先要**徹底思考**我們的任務，接納並採用那些引導我們思考的原則與理論。唯有如此，我們才能為察看數據資料做好準備（不過，我們仍會在這麼做之後感到有點被玷污）。首先，是一個有關克制的練習。我會聚焦在重要且值得測試的內容上，並在此時含括這些少量測試的所有結果（我沒有把任何結果留在工廠車間裡），每一項結果都將用在進一步驗證我的思考過程（而不是用思考過程驗證結果）。我個人在測試這些投資結果和財產時，很堅持每項實證工作必須簡單明確——我每一刻都覺得時鐘在倒數（因此我可以制止自己陷入太容易出現、太常見、又毫無用處的反向推導）。我會提醒自己回想亨利．福特的迂迴方法，他花上多年開發方法和建造工具，最後把生產時間壓縮到短短數分鐘（有時甚至能縮短到數秒）——前者是達成後者的手段。**我花了多年時間反思和準備，歸納出奧地利投資法，只要花短短數分終究能完成數據處理程序**。

此處的奧地利投資法與經驗科學中的其他標準方法（經濟學和金融學也被誤歸類為經驗科學）之間的區別在於，如果對奧地利投資法沒有一定理解，那接下來的測試對我們來說就**沒有**分毫價值（此外，我甚至認為無論數據顯示什麼，我們的理解都是可信的。這就是經濟科學的困境）。

強制恆定性

市場是一種自然形成的恆定狀態，具有自我修正的機制，而貨幣扭曲只會暫時打斷這種機制：這個簡單的觀點其實是一種警告。我們應該期望自己從這個觀點中看到什麼？不是要求自己，而是期望自己。讓我們退後一步，檢視我們真正知道的事情。由於光是貨幣扭曲就能使米塞斯定態指數上升到很高的數字（也就是經濟可以不斷偏離定態），所以我們應該預期的是，非常高的MS指數代表現有資本（股市，也就是MS指數的分子）的所有權會在未來達到無法持續的極高價格；這樣的發展符合我們的預期：資本的重置價值（MS指數的分母）幾乎不會受影響，這是因為進一步的新投資會受到扭曲的阻撓。

在這個時期，儲蓄者和投資者會對無法反應實際時間偏好的人為低利率感到不滿，為了安撫自己，他們會竭力維持殖利率或追求即時報酬（人為低利率導致的較高及時消費與較低儲蓄量，會導致這些及時報酬變得更高）。他們迅速吃掉眼前的棉花糖，嘲笑那些等待潛在回報的人。較低的利率使得其他邊際投資計畫看起來顯得很不錯，而其他邊際現有資本（能帶來邊際回報）則突然顯得有利可圖，導致人們爭相投資，帶來持續的市場失衡。由於資本被困在當下，所以系統會逐漸缺乏能夠投資迂迴生產的資本——我們可以說這些資本是在自我消耗——導致系統中沒有足夠的資源，能支撐不斷發展的經濟進步錯覺。

這時唯一合理的發展，就是股市出現無可避免的下跌（而且是非常劇烈且集中的下跌），同時投資人全都被引導至立刻清算的路徑上；現有資本的價格上升至超過最終獲利能力，所有經過誇大的貨幣錯覺，同時在一系列高度相關的企業錯誤爆發中顯露出來。用米塞斯的話來說，當「經濟繁榮的空中城堡」[2]再也支撐不住自身結構後，利率要不因為要素價格上漲而上升，要不就因為信用表現疲軟而上升，最後這座城堡會在不當投資的大規模清算中自行倒塌——也就是**股市崩盤，一種強制發生的恆定過程**。隨著現有資本的極高銷售價格下降到無法持續的低點，不當投資陷入了充滿希望又具有淨化作用的潰敗，最後製造出極低的 MS 指數。資本再次踏上生產性投資的旅程，其定價將會在市場回歸穩定的過程中重新調整。利率終究會反映出真實的時間偏好，儲蓄量也必然會因此再次上升，迂迴投資的渴望與時機將逐漸平衡，立即消費量也會下降。偉大的恆定再次統治全世界。

在這裡，我們為了股票市場和經濟中無處不在的極端曲折事件，進行了全面的奧地利學派安排，這些事件發生時，當權者和聰明人總是認為，這是危險又偶然的市場力量導致的不幸影響——如今人們常把這種事件錯誤地稱為黑天鵝。這就是我們為「奧地利投資法一」所做的安排，等到時機成熟時，我們會像孫武所說的猛禽一樣（或像是更棒的奧地利老鷹），從戰略優勢位置猛撲下來，**好好利用其他學派料想不到的經濟興衰週期**。

老鷹與天鵝：物以類聚，人以群分。

見證扭曲

接下來，讓我們整理一下：如同第七章討論的，我們可以用（托賓的）股票Q比率——所有美國公司股本除以所有美國公司淨資產——來大致表示MS指數，網路上有許多容易取得的資源會提供Q比率，我們也可以輕而易舉地使用聯準會提供的資金流量（Flow of Funds）資產負債數據計算出結果（MS指數的重點是辨認出這種經濟扭曲，而諷刺的是，提供數據讓我們計算出比率的機構，也創造出了這種扭曲的基礎）。

圖9.1是MS指數的歷史數據，可一路追溯到一九〇一年（我用運行中

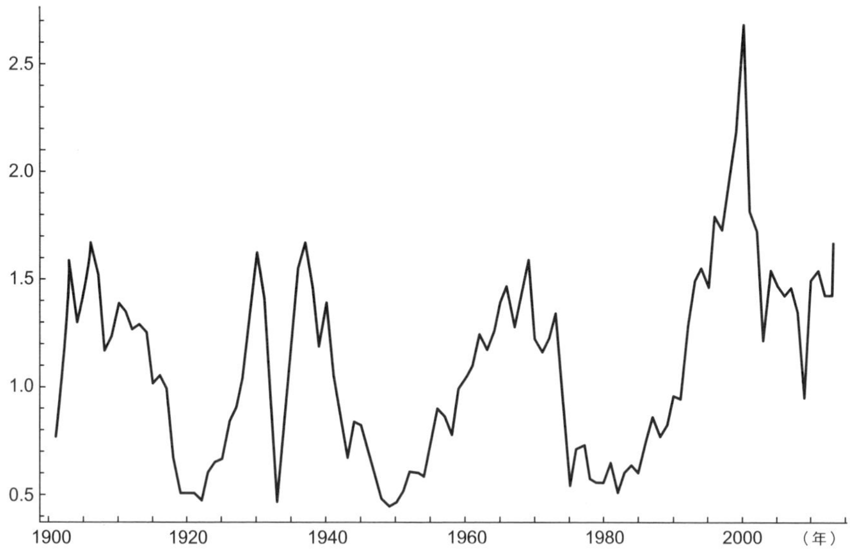

圖 9.1 扭曲的足跡：米塞斯定態指數

的幾何平均值對 MS 指數做了平衡，也就是說，我用來做平均計算的只有當下的可用數據，因此去除了所有事後才出現的資訊；這種平衡的用意是消除所有歷史負債資產表的偏誤）。雖然圖表中的線條顯然一直規律而有序的回歸均值，在歷史中反覆循環，但我還是想在此補充，這張圖表沒有說出人類經歷的苦難和騷亂，也沒有顯示漲跌幅度極大的信用週期，對文明的前進造成了多痛苦的阻礙。

這段歷史清楚描繪了貨幣扭曲的過往足跡。我認為這是奧地利經濟週期理論（ABCT）的假證據。學術界努力想以經驗法證明 ABCT（「證明」當然是個不當用詞），不過在我看來，他們根本搞錯找證據的地方了。

第一個該問的問題是：這種扭曲對分子中被評估的資本重置價值，會帶來何種隨後影響？也就是說，在多大的程度上，現有資本的所有權價格中，對利潤抱持較高的預期會在隨後被歸咎於較高利潤的來源？舉例來說，如果MS指數高於一，那麼從邏輯上來說，難道不會誘使追求利潤的企業家進行更高額的資本投資嗎？他們的不斷努力，難道不會提高分母中的重置價值和累積額度（進而抵消MS指數的分子升高）？事實上，MS指數水準與隨後的總體資本投資之間，絕對沒有統計上的顯著關係或一致關係——無論是在總體資本支出（占投資資本的百分比）的變化，還是在總公司淨值（MS指數的分母）的變化中，都沒有這種關係。令愛管閒事的央行總裁們懊惱的是，只有股市確實受到貨幣干預主義的影響（而且只是暫時的）。換句話說，央行總裁們試著透過寬鬆貨幣來抬高資產價格，並刺激實體投資，卻徹底失敗（如我們在第七章提到，托賓與其他凱因斯主義者對這個結果感到很困惑，甚或連米塞斯也對此感到訝異。接著，米塞斯將完全正確的不當投資理論，應用到龐巴維克對短視的時間不連續性和真實利率的早期觀點上）。

還有些人對MS指數的這段歷史提出了其他解釋，例如驅動經濟消長的「動物本能」心理，不過這些解釋也必須清楚說明，這種非理性為什麼只能應用在股市上，而不是用於其他部分（也就是只適用在總數上，卻無法適用於各部分之總和上）。我們如何以具體且壁壘分明的方式區分股權持有者——也就是資本（生產要素）的所有者——與那些進一步建構新資本（新生產要素）的人？相較於簡單宣稱資產很昂貴，這個命題顯得更曖昧不清（這是因為顯然只有某些特定資產才是昂貴的）。

而下一個問題，也是關連性最高的問題：這種扭曲對MS指數的分子會產生的真正影響是什麼（若這件事發生在尼貝龍根之地，分子指的就是總體土地期望價值，以及我們的真正經濟體中的總體總股票市值。）讓我們先檢視標普綜合指數（S&P Composite Index，規模最大、最受關注、交易最頻繁且

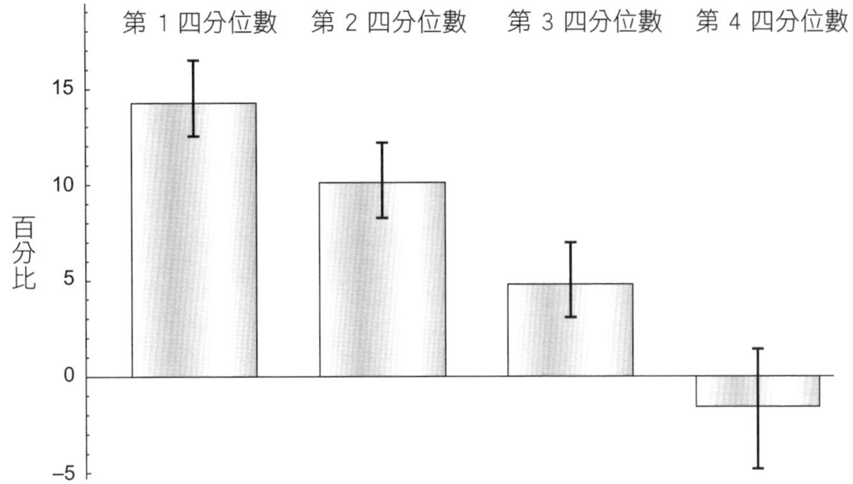

圖 9.2　MS 指數越高，預期回報越低

標普綜合超額總年度回報（算術平均數）

箱型圖繪製數據：1901 年至 2013 年的起始 MS 指數四分位數。

紀錄最好的資本加權美國股票之指數，此指數可以大致代表MS指數中的整體美國公司股本）的總超額回報（total excess returns，超過一年期的「無風險」國債利率回報，包括股息），在二十世紀之交以來，美國經歷了多個不同的貨幣扭曲體制。

我根據每個年週期的初始MS指數為基礎，把標普綜合指數的年度回報資訊點帶入圖表中的四個箱體。在圖9.2中，第一個箱體（最左邊）對應的是最低四分位數（也就是最低的二五％）的MS指數數據，第二個箱體對應的是較高一階的，第三個箱體則對應下一個，第四個箱體（最右邊）則是最高四分位數的MS指數數據。接著，我在計算箱體時，使用超額回報計算出平均值，得出我對各層級MS指數的簡易預期（所有回報即為總超額回報——包括股息

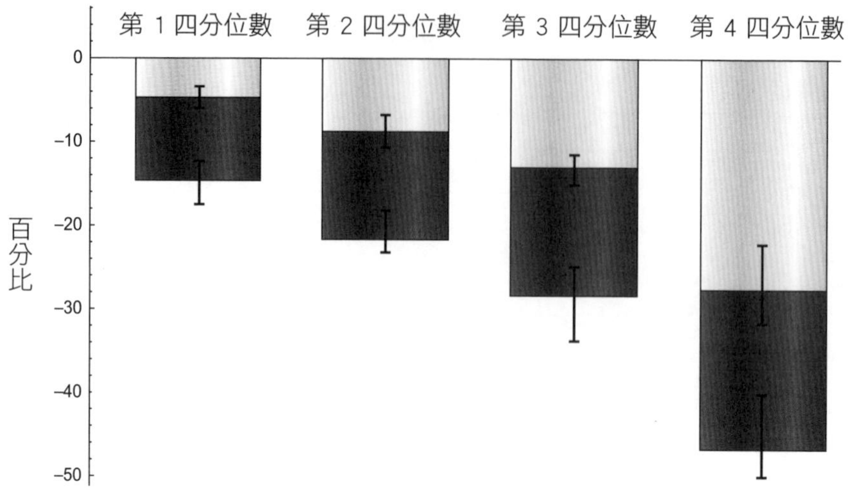

圖 9.3　MS 指數越高，預期跌幅越高

標普綜合第 20 百分位數與第 50 百分位數的 3 年跌幅

箱型圖繪製數據：1901 年至 2013 年的起始 MS 指數四分位數。

在內；我用兩端帶有短橫線標記的垂直線，表示每個箱體的誤差範圍，各箱體誤差範圍的樣本統計信賴區間為九五%——計算方式是無參數引導自助抽樣。本章和下一章都應用了相同的繪圖方法）。

據現在所知，我們預期會看到的是反比關係：在 MS 指數較低時，隨後的平均股票回報率應該會較高；在 MS 指數較高時，後續的平均回報率應該較低。（如果沒有觀察到此一結果的話，則代表投資者正應用更新的資本投資方法來應對較低的利率。而且在利率正常化之後，平均來說，這種新投資方法與保存下來的舊投資方法仍能帶來利潤。這簡直是不可能的事！）這樣的數據具有九五%的統計顯著性，符合我的推想，由此可知，我從奧地利學派理論中衍生的推測是正確的。

是哪些事物導致這些回報上的差異？這只是因為股票的上漲速度會在MS指數較低時變快，在較高時變慢嗎？還是有其他原因？我們當然預期能找到一些跡象，顯示這些結果源自於嚴重的不當投資清算，這也就代表，接下來會出現嚴重的股市下跌（我們稍後會討論到這種損失有多集中、多迅速）。

在下面的測試中，我使用標普綜合指數「跌幅」（drawdown，也就是標普回報在任何三年期間下跌至多少負值後再次上漲）作為股市損失的衡量標準。正如我在圖9.2中使用的計算方式，我製作跌幅箱型圖時，是以每個週期開始時的MS指數當作基準，藉此揭露市場動態。

在圖9.3中，最底端的黑色箱體代表第二十個百分位數的跌幅，也就是箱體有二〇％數據較低時的實際跌幅，而黑色箱體上方的淺色箱體，則代表第五十個百分位數——又稱為「中位數」——的跌幅，也就是箱體中有一半數據較低時的實際跌幅（誤差線顯示每個百分位估算值的信賴區間為九五％）。在一個世紀以前，對於MS指數較高時的資本投資來說，情況看起來相當糟糕。而在MS指數較低時，則實在沒有什麼可擔心的。真是令人難以想像。

我們可以在金融扭曲的世界中看到，市場就像雜草叢生的森林一樣，裡面蘊藏著具有破壞性的修正種子，因此，繁榮之後會出現不可避免的蕭條，其實**不是**（至少**不應該是**）不可預期的事件。這是一個非常重要的觀念，足以對系統性風險的觀點揮出致命一擊，這個觀念將成為奧地利投資理論的支柱（若沒有此觀念，扭曲市場與看似隨機的衝擊會把我們變成受害者）。奧地利學派是正確的（早在該數據出現之前就是正確的了）：正如我們在第七章的尼貝龍根之地看到的，經濟週期的波動（正如股票市場所反映的）確實會單純地遵循一套模型，修正不斷遠離定態的持續通膨。

米塞斯投資策略的開端

奧地利學派在約一百年前初次構想出這個簡單概念背後的原則，若美國投資人當時就認為這個概念可信的話，會帶來何種影響？我們可以試著檢驗這個問題——針對演繹式的先驗奧地利學派資本與利息理論，進行長達一整個世紀的樣本外檢驗（樣本外〔out-of-sample〕代表完全消除了後見之明的偏誤）。首先讓我們來設想，人們確實得知扭曲是真的存在，也會帶來影響之後，會怎麼做（顯然我們其實不需要先前提出的測試）。讓我們搖身一變成為貪婪的資本家，沾沾自喜地拉緊弓弩，思考著我們可以如何利用這個知識賺錢。我們的第一步是最簡單而粗略的計畫：**在MS指數較低時買進，較高時賣出。**

我將之稱為米塞斯式投資策略，以紀念這位努力想避免一九三〇年代系統崩潰的經濟學家。當然，早在此之前，就有其他人發現此策略的另一個版本——但說實在的，有任何投資策略是過去從未被發現過的嗎？此處的重點是這個策略背後的概念式思考——能夠辨別出優勢，又或者，在這個案例中，應該說是能夠辨別出不平衡。我們在此扮演一個十分明確的角色：松柏老師，它預測到凶猛野火的到來，避開這些火焰，利用此狀況獲得肥沃的土壤。

只要大略檢視MS指數圖表（圖9.1），我們就能知道，一．六和〇．七的數值是過去常見的高點和低點，因此這兩個數值可能是特別適合買賣股票。把股票賣完後，我們可以購買一個月期的國債，每月滾動獲利，直到重新回到股市為止。如果這麼做的話，會怎麼樣？（這個策略使用了後見之明帶來的

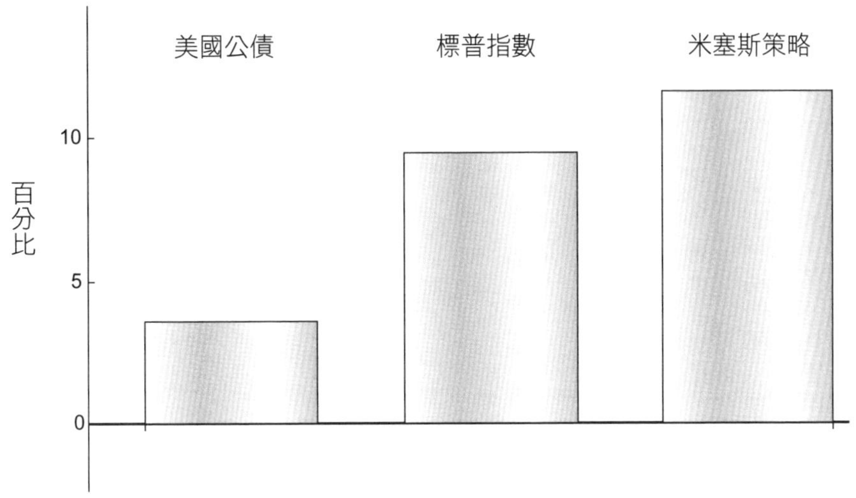

圖 9.4 米塞斯策略的優異表現

一個月期國債、標普綜合指數和米塞斯式投資策略
複合年度總回報：1901 年至 2013 年。

大量訊息，畢竟在這一切結束之前，我們都不會事先知道可以買賣的良好 MS 指數為何。然而，事實證明我們無需擔心這個問題，而且這也在我們的預料之中：假設我在一九二五年——也就是第一個完整週期——開始測試，而非一九〇一年開始測試，且只使用當時的已知資訊，還是會得到相同的結果。絕無作弊。）

正如我的導師克里普的建議，我們在此使用的方法非常簡單——簡單到令人懷疑。但是，這種簡單之中卻蘊藏著傑出的美感與有效性（見圖 9.4）。

塞斯策略的表現能夠每年贏過股市兩個百分點以上。請仔細想想這代表了什麼。這是一個基本的「玩具」策略（「alpha 值」t 分數遠大於四），其單一基礎是易於計算且符合邏輯的市場扭曲衡量標準，此策略不但贏過了專業選股者的平均表現（他們的表現一直以來都低於標普指數），而且也勝過了（具有高度倖存者偏差的）避險基金經理人的表現（例如ＨＦＲＩ基金加權綜合指數〔HFRI Fund Weighted Composite Index〕）——而且這個策略的媒體宣傳程度和風險都比後兩者**小得多**（而且，容我在此強調，雖然有其他人試過各種奧地利學派的市場指標，但據我所知，沒有人曾取得這些結果，也沒有人徹底避開主觀的事後配置資訊與欺騙式關係的誘惑）。

ＭＳ指數的特性提供了一套具邏輯性、直接性和高度實用性的指南，多數人都可以遵循和理解這套指南，當作判斷投資論點的簡易標準。然而，大部分人似乎仍無法理解這一點——畢竟鮮少有人能隨著時間推移，獲得這種投資結果，專業人士同樣如此。你現在可能已經推斷出來了，多數人之所以會有此表現，是因為這些回報只能以極其迂迴的方式實現：曲折繞道勝過直達路線。更確切來說，米塞斯策略表現不佳的平均時長將近三年，表現不佳的平均幅度為每年九％，在這之後，此策略才能取得優勢，達到最終累積起來為二％的更優異表現（請想像一下，一直到二十年後的如今，我們仍在等著要重新進入再次蓬勃發展的股市）。多數時候，這個策略需要我們痛苦地犧牲眼前的利潤（此時市場價格因人為壓低利率而越來越膨脹），以換取最終的絕佳優勢（在不可避免的通貨緊縮後買進）。這就是圍棋式的投資。

在馬上吃下棉花糖的投資界，我們很難堅定地袖手旁觀，不接受當下的甜蜜誘惑，把焦點放在中間手段，以便在未來利用優勢。在圍棋中，我們需要遵循嚴格的紀律才能成為勢，我們打造的自身潛力可能會實現，也可能永遠不會實現，而對手的力之策略則會在這段過程中持續得分，看起來就像是會以相當大的有利形勢獲勝。然而，我們必須做出這個選擇，扛起間接的負擔，必須在當下撤退，使我們在他人眼中顯得愚蠢無比（甚至更糟）。（克里普曾用一句簡潔的話具體描述，在力的世界中實踐勢有多難，他說若要在交易中成功，就得「看起來像個混蛋，感覺起來也像個混蛋」。不過，你還能指望他說出什麼好聽的話？他甚至曾經說過，我們必須喜歡賠錢，討厭賺錢。）有鑑於先前老子、孫子、巴斯夏、克勞塞維茲、門格爾、龐巴維克、米塞斯和福特等人提供我們的珍貴陪伴，我們又怎會不想把這種思想應用在自己身上呢？不應用這種思想，等於背棄了這套原型戰略智慧，是無比愚蠢的行為。

如果你開始思考，在經歷了八章的迂迴旅程之後，你獲得的第一個投資策略是不是代表了，你應該在市場扭曲程度過高時長期遠離市場，我可以告訴你，答案是肯定的。儘管這個論述看起來有些掃興，但事實並非如此。用最直接的話來說，這絕對是個價值千金的重要決定——使用一種與眾不同、逆向又非常有效的方式投資。這種米塞斯式策略，就如同克利普的「喜歡賠錢，討厭賺錢」悖論一樣，能在交易所或任何投資組合中，帶來絕佳的紀律（與一些健康的回報）。

在迂迴的奧地利投資法中，目標不是找到當下能賺錢的方法，而是為未來更好的投資機會做好準備。也可以說成，我們在當下保持耐心，是為了可以在未來變得戰略性的不耐煩。身為投資人，無論你決定要怎麼做，都請牢記本書的重要目標：重點在於思考方式，在於理解迂迴策略，並依循著需要耐心的曲折道路，獲得巨大的戰略優勢。如果你沒能從本章（甚至本書）中學到知識的話，請至少記得這一點：**使用直接方法或為了目標而忽視中間手段，通常會帶來迫在眉睫的危險，在扭曲嚴重的市場中尤其如此**。幸好有米塞斯定態指數，讓我們可以藉由特定方法來衡量，如此一來，無論你的投資決策為何，你都可以進一步了解這些危險。

正如我們在第六章提到，若要實施千篇一律的米塞斯策略，我們就需要野心，甚至需要勇氣（對專業人士來說尤其如此），這是因為人類天生就具有極高的當下時間偏好——這種偏好會因貨幣干預而放大——使我們幾乎不可能放棄眼前的棉花糖，就算相信未來會有更多棉花糖也一樣。請思考一下使用米塞斯策略的華爾街投資人（這種人顯然是極少數），他們在市場扭曲的那些年間持有低殖利率公債，沒有獲得任何超額回報（隨著股市進一步上漲，他們的表現會大幅落後於股市），只要一至兩年的表現不佳，他和他的同類就會因為自然篩選而消失在華爾街。沒有任何超級雙曲線折現，能貨幣化米塞斯策略的二%優異表現（不過若有人能做到這一點，他必定會成為富裕的明日之星）。

雙曲線折現需要我們忍受艱難的等待，這種等待在初期步最為艱苦——從今天等到明天，從明天等到後天，以此類推。我們往往認為每完成一個步驟，就會使下一個步驟的等待變得更容易，但這種想法對於進入下一個步驟毫無幫助，尤其是在人為操縱的利率已經下降至零，所有人都湧入股市的時候。正如我們先前說過，貨幣扭曲導致投資期限不斷縮短，同時也矛盾地使我們對於當下的感知更加敏銳（如果每個人都能堅強地抵禦扭曲帶來的誘惑——又或者如果人類是指數式折現的機器人，而且所有資本都同質且均勻的話——那麼扭曲根本不會發生）。為了取得成功，我們需要米塞斯的毅力，他拒絕了著名的維也納信貸銀行提供的高薪工作，指出他不打算參與即將到來的經濟崩盤。我們也同樣需要遠離這種扭曲，如此一來才不會受到矇騙，並導致與原本的目標恰恰相反的結果：在MS指數高時買進，下跌時賣出，這並不是資本累積的迂迴道路，而是資本毀滅的直接途徑。

執行這項米塞斯策略還會帶來另一項挑戰。此策略需要逆向思維，是一種不該被低估的困難心理任務，我們必須在全世界都左轉時向右轉，在全世界都爭先恐後地買進時退到一邊，在全世界都在拋售時買進。MS指數下跌至遠低於一時，我們就可以像企業掠奪者[i]一樣採取行動（在一九八〇年代初，MS指數達到常見的低點，當時企業掠奪者十分常見），收購優質資產，而後再以清算獲利——這是因為在錯誤投資的清洗之後，資本所有權的價格會低於重置成本。對於現金充裕的投資人來說，低MS指數就像終止休眠的松柏種子，已經打開毬果，準備要傳播到大火燒過、已沒有競爭對手的土地，這片富饒的土地富含失敗的前輩們留下的養分。

可預測的黑天鵝

如果用奧地利學派的話來形容「股市崩盤」的話，就是**突然意識到大規模的相關企業錯誤**，此時人們會突然發現多數公司、甚至所有公司的定價都是錯誤的，許多公司執行的計畫在前一分鐘看起來還有利可圖，到了這一分鐘卻顯得一文不值，只想迅速退出。這時人們當然會踏上撤退的路徑，緊接著就輪到反擊了。

除了尼貝龍根寓言故事所描述的扭曲狀況外，怎麼可能會發生這種事？每個人都對此百思不解。在

---

i 編按：corporate raider，透過購買目標公司的股票與替代管理的方式，試圖取得其控制權的個人或公司。

塔雷伯出版他的精彩著作《黑天鵝效應》之後，許多人都在轉眼之間成了金融界的鳥類學家，大叫道：「黑天鵝！」（黑天鵝事件——又稱「尾部事件」——指的是劃時代的事件，規模極大又非常罕見，甚至可能從未發生過。而尾部一詞指的是在頻率分布，也就是機率密度函數〔probability density function〕中，最靠外側且相對細窄的尾端。）一般認為西元一至二世紀的羅馬詩人尤維納利斯（Juvenal）創造了黑天鵝一詞，意思是「合宜」的妻子——「一種稀有的鳥類，對塵世來說就像黑天鵝那麼不可思議」[3]（若你對此評論感到憤怒，請把怒氣導向尤維納利斯，而非本書作者）。

二十世紀初，出生於維也納、而後至倫敦政經學院（London School of Economics）任教的哲學家卡爾·波普爾（Karl Popper）率先用「黑天鵝」來指稱意外事件（此處的意外指的是，人類發現原來並不是所有天鵝都是白色的）。（波普爾和競爭對手路德維希·維根斯坦〔Ludwig Wittgenstein〕是二十世紀早期的維也納知識分子中的主力，兩人因針對各種哲學問題進行爭論而聞名。）

股市崩盤發生時，大多數人都覺得這是非理性、偶然且不可預見的事件，也就是黑天鵝事件。但這種事件真的非理性嗎？真的完全不可能預見嗎？又或者，這些事件如奧地利學派所說，其實源自信用擴張的扭曲效應？我們先前已經從圖9.3中看到，巨大的股市虧損（我稱之為「跌幅」）之後，隨之而來的是嚴重的扭曲。雖然這世上唯一有意義的崩盤可能只有累積損失（畢竟股市中的虧損要累積到一定程度，才會在經濟方面出現重要影響），但我們仍應更進一步，觀察暫時集中在特定時間區段——例如連續超過一整個月——的股市虧損帶來的銷售失敗（我使用的其實是雙月回報數據，旨在盡可能擷取與月分週期無關的波動）。這些就是世界已扭曲的真正標誌，原因在於這種扭曲會在利率上升或信用蒸發時

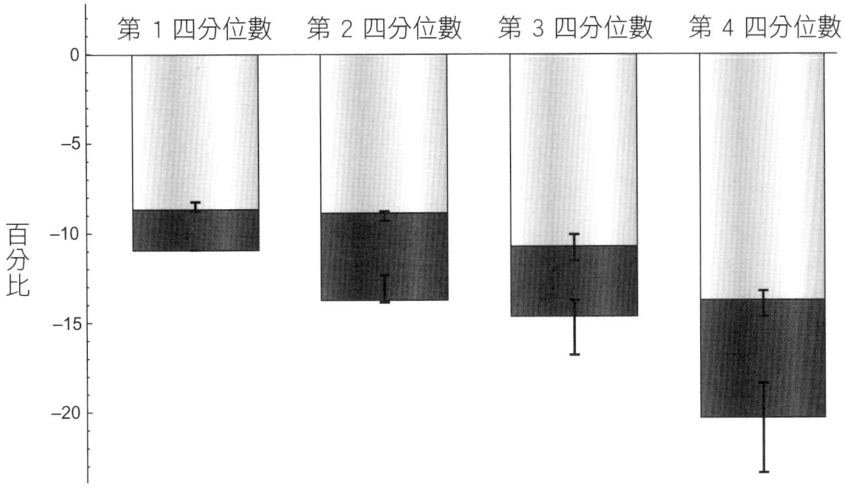

圖 9.5　MS 指數越高，預期的雙月損失越高

標普綜合指數的第 2 與第 5 個百分位數的單月回報

箱型圖繪製數據：1901 年至 2013 年的起始標普指數四分位數。

突然終止，而不會經過緩慢且有序的修正（如果扭曲的終止方式是後者的話，想必只要普通的企業修正就能完成這件事）。

過去一個多世紀以來，美國的整體股市曾出現過單月高達二〇%或更高的巨幅虧損，這種虧損的發生頻率極低。因此，我們好像可以根據定義，將此類崩盤稱為股市尾部事件。但若仔細觀察，就可以在圖 9.5 看出截然不同的發展。

我們以起始標普指數四分位數為基準，將雙月期間的回報繪製成箱型圖，並計算每個箱體的第二與第五個百分位數，我們再次看到，股市崩潰是隨著扭曲而出現的（就像我在圖 9.3 中，對所有累積跌幅的第二十和第五十個百分位數所做的那樣，只不過我在此圖中檢視的是所有雙月回報的第二與第五個百分位數——這代表的是，從第二個百分位數來看，箱體內的所有雙月回報數據中，有二%的實際雙月回報較低。誤差線再次顯示每個百分位估算值的信賴區間為九五%）。

讓我們進一步檢視圖9.5，雙月回報的二%，甚至比MS指數較高的四分位數中的二〇%崩盤（最右邊第四個箱體的下方深色箱體）更加糟糕，我們可以預期，在等待大約五十個月之後，會在MS指數處於最高範圍時，遇到大於二〇%的雙月崩盤。很顯然，二〇%或更嚴重的崩盤並不是人們普遍認為的百年一次隨機大洪災：這些崩盤在某些條件下發生得很快——也就是在MS指數非常扭曲的時候——而這些**條件**在過去一個世紀出現過的次數屈指可數，此外，在MS指數降低之後，崩盤發生的速度會放慢許多（有些人可能直到此時仍在等待）。

再次申明，這些研究背後有非常穩固的奧地利學派邏輯，我們可以清楚看見扭曲的證據與扭曲對投資人的影響：在MS指數較高之後發生的股市大跌和崩盤，根本不是尾部事件，反倒完全可以預期。**在奧地利學派看來，這些劃時代的損失並非不可預見**（更令人擔憂的是，截至筆者於二〇一三年七月撰寫本文時，我們已經可以在圖9.1中的MS指數中後段看出貨幣信用擴張的證據，所以我們無權對接下來嚴重又迫切的股市崩盤感到驚訝。事實上，我們絕對應該要期待下次崩盤的發生）。

容我在此申明，我們在此章節對黑天鵝的討論，僅限於股市有記錄下來的事件。如果有一顆小行星從太空向我們猛衝過來，出其不意地襲擊我們，那我們或許會把它歸類為黑天鵝事件。然而，過去一個世紀發生過的多次股市暴跌，絕對不是黑天鵝事件或尾部事件。在論及二〇〇八年股市崩盤等事件時，我們看到的是不同於黑天鵝的另一種鳥類（奧地利學派的鳥種）。

我們在這裡遇到的，是關乎優勢位置的歸納問題，就像哲學家伯特蘭・羅素（Bertrand Russell）的火雞故事一樣，火雞最後驚訝地發現，那名餵養牠一輩子的深情農夫竟折斷了牠的脖子[i]。有一個常見的知識論問題是，我們得等到看見尾部事件，才能解釋尾部的可能性。但此處的挑戰卻反轉過來：由於我們無條件地解釋了可見的尾部事件，所以無法解釋這種尾部事件何時算不上是尾部事件。

或許這種感知問題的根源，在於現代經濟學和金融學的科學和數學方法論（第七章提及的「物理學嫉妒」），主流經濟學家通常會為股價走勢建立模式，根據他們的定義，尾部事件代表的是運氣不佳。每個認真學習數學和金融的學生都很清楚，把高斯分布圖（簡單來說就是鐘型圖）當作市場標準經濟和金融模型的假設是一種天真的簡化，但我要在這此聲明，**解決方案不是提出更了不起的機率分布模式**。更深層的問題是，我們會把市場回報視為反覆無常的大自然給予我們的數字。儘管股票回報顯然具有很高的不確定性，但絕不會是隨機產生的數字。理解尾部事件是很棘手的事情，但此處的前提是，我們要先找出尾部事件。（舉例來說，我們在冪次分布的誤導性小型樣本偏差中看到的，是否稱得上尾部事件？）然而，股票市場遠比這些理論更加多變、更加真實，也更加複雜。

為什麼立即性的價格不會隨著人們對立即性的需求增加，而躍升至無限大呢？我們又為什麼該期望會有人在認為價格有嚴重錯誤的狀況下，滿足對手以此價格提出的大量交易需求——並因此調節不當投資的清算？畢竟，若提出任何其他假設，都等同於在假設流動性的提供者都是慈善機構。

---

i 編按：意指人總會盲目地期待過去重複發生的事情再次反覆出現，不去細究原因，如故事中的火雞，並不知道農夫固定餵養牠，是為了在聖誕節宰殺牠。

然而，黑天鵝的概念仍至關重要——我把我自己的許多投資夥伴關係都稱為黑天鵝關係——不過，這個觀念重要的唯一原因，在於優勢位置的感知問題：在關於股市崩盤真正的黑天鵝問題中，重要的並不是在人們看來無法預見的遙遠事件，而是人們看來十分遙遠的可預見事件；絕大多數的市場參與者，都沒預測到他們其實可以完美預測的事件。他們的跨時間感知有缺陷，又因為當下的短視而變得更加盲目，導致他們只能為盎格魯天鵝訂價，卻忽略潛伏在雜草中的維也納鳥類。

案例研究：原型尾部事件避險

現在我們已經準備好，從簡單的米塞斯投資策略進階到奧地利投資法一了。從本質上來說，我們會在這段過程中回顧麥克萊格池塘的馬可——不過，此時他用來捕捉巨無霸的工具已經升級成複雜的魚叉（而我們則會開始交易選擇權）。在第二階段的奧地利投資法二中，我們會把視線從馬可身上轉向齊格菲，這位勇敢的瓦格納屠龍者暨尼貝龍根企業家，他的行為不易受到扭曲的影響，代表了迂迴方法的真正優勢。總體資本結構的扭曲和失衡必定會結束，而且由於整個經濟體中的企業家，都會在同一時間發現原來自己犯下了投資錯誤，所以結束的過程會相當慘烈。市場無法依靠企業家發揮他們修正市場失調的恆定功能，只能靠著市場本身進行基本的同步清算，在極短的時間內自我調整。對於看不到扭曲的人來說，接下來發生的就是可怕的尾部事件。

如果市場認為（或更確切地說，用定價表示）股市出現巨額損失的可能性很小，那麼即使這種認知和定價沒有根據，顯然仍會帶來極大的機會——即使這些機會的出現，原本只是為了保護投資組合，避開此類不良損失。

圖9.5描繪的測試方法，或許只能粗略衡量每月股票回報的負面尾部事件（不過這個衡量方法非常穩定——粗略與穩定往往相輔相成）。除此之外，還有無數種其他的衡量方法（從最大概似〔maximum likelihood〕希爾估計式〔Hill estimator〕到**碎形維度**的雙對數回歸〔log-log regression〕等方法，都能在MS指數較高時從本質上展現出同樣的較嚴重尾部事件）。在衡量尾部事件避險帶來的利潤時，我們也要衡量尾部事件本身，在我看來，現在我們已有方法能在經濟方面，以最直覺也最簡單的方式衡量尾部事件。我會在講解衡量方法的過程中，同時說明奧地利投資法一。

接下來要介紹的，是我對於一套簡化、原型的尾部事件避險股票投資組合的分析。在這次討論中，我會從前幾章的評論者轉變為實踐者。我在投資合夥關係的核心交易中，採用的就是尾部事件避險（又稱奧地利投資法一，而我在家族企業中實踐的交易，則結合了奧地利投資法一與第十章的奧地利投資法二）。然而，這只是很粗略地描述了我處理基金的方式，實際方法要更加複雜——複雜到已經遠遠超出本書的範圍和目標。值得我在此重複的是：我並不是在說，你們應該要進入交易市場，照著本書的描述做，畢竟，即使是很常見的尾部事件避險，難度也相當高，還會涉及流動性非常差的選擇權，使得定價和獲利極為艱困。儘管如此，我仍希望這部分的討論能成為一個謹慎而誠實的案例研究，此研究的目標不只是進一步衡量尾部事件，也希望能在標普指數中添加極端的價外賣權，產生條件式的歷史表現，藉此展現出我們要如何應用奧地利學派的工具和迂迴方法。

首先，先為不熟悉選擇權（option）的讀者提供一些基本知識：選擇權的賣權（put）是一種金融衍生工具，持有選擇權的人有權利（但沒有義務）以履約價格做空特定證券——例如標普綜合指數等股票指數。在尾部事件避險中，根據定義，賣權必然會涉及極端的價外交易，意思是可以執行交易的履約價格遠低於當下的市場價格。

我在本研究測試的投資組合，在每個策略期開始時假設四〇％的波動幅度為起點（這個數字是歷史上的中位定價水準——其實在很大的範圍內，調查中的回報表現水準與這個定價水準的關聯都十分穩固），購買Delta值〇．五的雙月標普綜合指數賣權（在隱含波動率四〇％的狀況下，價外大約落在三〇％）。每個月之後，兩個月的看跌期權部位都會滾動（出售現有期權併購買新的兩個月看跌期權，從而每月重置頭寸）。我利用過去數據，以低風險的內差式映射法（interpolated mapping），將每個月的指數回報映射為同步每月變化，應用在雙月賣權的定價上（或隱含波動率上），目標是每月vega值的盈虧，同時我也把此變化應用在單月賣權與單月賣權上，目標是每月滾動獲利。此映射法讓我得以在測試中涵蓋的時間區段，包括了選擇權市場還沒有得知數據的那段時間，因而能夠提供更多樣的市場環境。投資組合會把〇．五％的資金用在賣權上，剩下的九九．五％則繼續投資標普指數。過程中不使用槓桿（事實上，通常在市場下跌比例不到二〇％時，整個投資組合皆能賺進淨利）。

每個策略週期都包含了兩年的回報，我會根據每個週期開始時的MS指數，年度化優異表現的衡量，並製作成四分位數的箱型圖。這項測試的時間範圍從一九〇一年（能夠取得MS指數的第一年）

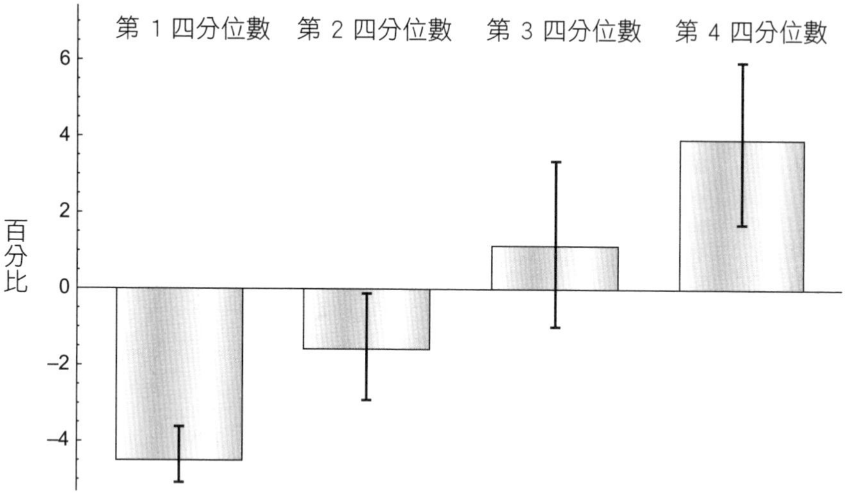

圖 9.6 奧地利投資法 1：尾部事件避險的股票投資組合

尾部事件避險的標普綜合投資組合，年度化優異表現（算術平均數）箱型圖繪製數據：1901 年至 2013 年的起始標普指數四分位數。

至今。我計算了每個 MS 指數四分位數的優異表現平均值，以及平均值的九五％信賴區間，所有回報都包括了再投資股利。

此案例研究比較的是採用尾部事件避險的回報，以及只持有標普指數的回報，藉此判斷優異表現是否出現、何時出現，以及優異表現的幅度。如圖 9.6 所示，此研究的統計信賴區間超過九五％，正如我們在圖 9.5 看到的（這也不足為奇，因為兩者使用的基本上是相同的每月回報數據），尾部事件避險的好處在很大程度上都取決於市場的扭曲程度，而扭曲程度的跡象正是 MS 指數。

MS 指數位於第三四分位數時，奧地利投資法一（也就是尾部事件避險指數投資組合）的表現，大約比僅持有指數高了四個百分點（此優異表現會在起始 MS 指數下降時消失）。因此，在高度扭曲的環境中，除了持有股票和持有現金

（如基本的米塞斯策略所述）之外，還有第三種選擇存在（事實上，若結合圖9.2所顯示的股票預期超額回報的話，我們可以明顯看出，尾部事件避險股票投資組合優於任何投資行業僅在持有股票和持有現金之間進行的錯誤微調）。

迂迴的奧地利學派就是用這個方法在資本化此一事實：投資於遙遠未來的價外賣權需要跨時間的觀點，運用間接途徑（也就是在經濟沒有崩盤時，每個月都把〇．五%花在賣權上，很可能會遭受當下的虧損）實現未來的潛在收益（靠著賣權獲得最終利潤，再將利潤投資於往後的回報更高的股票）。（想當然耳，相較於在米塞斯策略中未投資的股票機會成本，這些每月賣權的成本相形見絀。）每個選擇權都代表著一顆當下的種子，代表著巨型紅杉在未來扎根於焦土的機會。對多數人來說的直接沉沒成本（也就是在經濟繁榮的頂峰時期很可能沒有利潤，但若遇到潛在的未來崩盤，則對投資人有利的資本投資），對精明的奧地利學派投資者的投資組合來說卻是一種潛力，這種潛力既包括選擇權賣權帶來的利潤，也包括在MS指數較低的環境中投資所帶來的未來複利回報（新樹木）。

很顯然的，預期市場大清洗並不一定是悲觀的態度，對於在如今的環境中擁有資本——也就是手段——的人來說，這種預期是一種非常機會主義的樂觀態度，尤其是在不當投資正遭受清算，且MS指數變得極低時。資本沒有被摧毀，事實上，資本的所有權只是以對買家更有利的價格轉手而已。此處最顯而易見的結論是，能有效進行尾部事件避險的投資者將會受益，然而若我們只看到這個結論，就會忽略更應該了解、也更重要的重點：這個優勢的源頭。我們現在已經透過演繹法和歸納法得知（如圖9.6所示），尾部事件避險策略的優勢是由貨幣扭曲所驅動。我認為，如果扭曲不存在的話，系統性的尾部事件避險也就不會那麼重要，甚至可能根本沒有必要。

事實上，有許多人在預測尾部事件避險這個資產類別能帶來的益處時（我在二〇〇七年成立普世投資公司時，根本無法想像會有許多人這麼預測），沒有考慮到貨幣扭曲的環境，也沒有考慮到他們的投資決策會隨著時間推移受到何種跨時間影響，他們遺漏了絕大部分的脈絡：在MS指數較高時，尾部事件避險會進一步成為預期事件避險，並為MS指數較低的時期提供投資手段。

齊爾與茲維克：央行避險

我已在先前指出，在米塞斯策略與格外值得注意的奧地利投資法一中，黑天鵝和尾部事件的知識論問題能帶來許多益處；許多股票衍生商品市場，必定會把股票市場的極端虧損視為極端尾部事件（也就是發生機率極小的事件），但事實上，已經有壓倒性的證據顯示事實正好相反。我無法完整解釋為什麼會有這種狀況，正如我無法解釋為什麼奧地利學派仍是——引用米塞斯的說法——投資人勉強容忍的外來者[5]。但是，有鑑於這兩者在本質上是一體的，所以我們也無須訝異。

表面上看來，我們不可能在推斷已經看到的事件後，藉此預測、甚至理解最嚴重與稀少的事件所具有的特性。這個問題的核心是很基本的感知問題，這是一種可以在瞬間破滅的分布錯覺。有些人可能會覺得我提出這種說法是在自相矛盾，畢竟我最著名的事蹟就是尾部事件避險與所謂的黑天鵝投資。我以實證觀點和先驗的奧地利學派解釋來看，**黑天鵝事件在很大程度上都是微不足道的，至少在上個世紀的美國資本投資與最近的危機中皆是如此**。投資者確實遇到了一些意料之外的毀滅性事件，但事實上，絕大多數感到驚訝的人都盲目地或厚顏無恥地無視了奧地利資本理論與貨幣信用擴張的重要概念，也無視了資本財的推斷理解與生產的時間結構。

當然，這並不代表破壞自由市場資本主義的災難性的事件——無論是人為的還是非人為的——不可能會發生（而且本書討論的干預主義一直以來都和各種人為事件有關）。我們面對的，是競爭性經濟體系中的企業行為領域，以及影響此領域的貨幣扭曲。但請特別留意，在這項研究的含括的一百多年中，發生了許多次前所未有的毀滅性世界衝突（包括兩次世界大戰），在檢視股市回報時，這些衝突仍然包含在奧地利學派的人類行為學原則中。至今為止，我已經明確實踐了大約十五年的尾部事件避險，此投資方法更正確的名稱應該是央行避險——或者我們也可以使用更好的稱呼，也就是我創造的術語**奧地利學派投資法一**（如果沒有米塞斯的見解以及聯準會主席葛林斯潘和柏南克的合作，這項投資法在我的職業生涯中很可能會變得不那麼有趣，也不那麼有成效。**這都要感謝你們，我的朋友。我們現在都是奧地利學派的一分子了**）。

因此，奧地利學派投資法一是一種自催化過程，利用間接工具產生更好的工具，讓有利的位置帶來更有利的位置——也就是一種迂迴投資的過程（賣權既是在市場低點對現金進行再投資，也是在市場跌至低點的過程中賺錢）。我在本章與第十章分別解釋了奧地利學派投資一與二，兩者都具有能力在最有生產力的位置與時間部署資本，也能幫助你實際做到這一點，這就是本書一直以來的目標。

儘管此處的重點在於思考過程，但總是有人希望（甚至可能是要求）投資書籍提供實際行動內容。在先前討論的米塞斯策略中，我們在兩種選擇之間切換，在MS指數較低時，藉由股票倉位獲利，在MS指數較高時，藉由現金倉位避開下跌。這種百分之百的國債倉位，能在未來的一段時期內提供迂迴的優勢地位，我們可以把國債倉位視為在資本價格低得多時（隨後的生產力和回報則會高得多），可以使用的資本所有權（也就是股票）潛在投資。在奧地利學派投資法一中，使用賣權只是一種有邏輯（且更有效能）的過程，這個過程來自單純的現金倉位——也就是更經精煉的勢之策略。這就是推手的終極比賽——屈服於最初的潰敗只是（走化的）中間步驟，重要的目標是反擊，也就是購買生產性資本的廉價所有權，並跟隨（或黏隨）市場再次回到定態。儘管選擇權交易很有效，但這只是前奏而已，是旅程的中途點，目標是通往更大的優勢，也就是攻擊和反擊。選擇權交易是以最有利、機會最大的方式運用資本，來做資本的時間協調。

我們在尾部事件避險時使用的選擇權賣權，不僅能在股市大跌時為再投資提供更多流動資金，而且還能在扭曲期間，對股票進行大量（甚至全額）的投資（我們可以將之視為具有松柏的延遲性毬果，同時又能快速生長的被子植物）。這麼看來，基本米塞斯策略（以及絕大多數的資產配置決策和大量學術研究）的股票與現金決策，似乎無法搭配其他類似的奧地利學派工具的可用性。

賣權的倉位就是馬可的巨無霸魚叉，是進階工具、組建模塊，也是中間環節——也就是克勞塞維茲式的「handeln」：能幫助我們實踐有效原則，但絕不是原則本身[6]。雖然賣權的目標是產生利潤，但這只是齊爾，絕不是最後的終點。利潤只是這個迂迴投資計畫的第一階段而已，第二個階段則是在這個世界中的扭曲忽然被消滅時，我們要如何處理這些利潤。因此，選擇權賣權是米特，茲維克則是**高生產力的資本投資**，換句話說，賣權是手段，我們要應用這套優越手段的技術性生產力，達到最終目標。

迂迴型投資人

誠然，根據龐巴維克的觀點，基於ＭＳ指數高低進行投資以利用扭曲，其實不是一種迂迴的做法，龐巴維克從沒有討論過扭曲。但從奧地利學派的觀點來看，這種做法確實是迂迴的，這是因為它與烏維格（及其在道教中相對應的勢）一致，我們的投資目標是**在未來某些特別有利的跨時間點上，最大化我們的投資優勢**。因此，我們正在利用時間——或者更具體地說，是利用迂迴——來獲得更高的資本生產力。儘管我們在案例研究中看見了尾部事件避險的重要性，但在只根據其本身的優點看待它時，也應該要提醒自己，別混淆了避險與最終目標茲維克。對我來說，避險是一個齊爾，一個中間目標，一個出現在奧地利學派投資法的迂迴路徑上的優勢中途點。從這個角度來看，我們便能看出奧地利學派投資法一與本章前面提出的基本策略之間的聯繫，該基本策略就是在ＭＳ指數高時避開市場，在ＭＳ指數低時利用市場。這兩種策略的共通點——一種是確定何時避開市場，另一種是利用扭曲——都在於保存和產生資本的重要性，以便在時機成熟時進行投機部署。因此，尾部事件避險，也就是勢，便成為了取得戰略優勢的手段和準備步驟——等到未來脆弱的目標出現時，射出拉滿的弩（箭袋裡還有額外的箭弩）。

由此看來，尾部事件避險是一種工具，可以讓我們真正利用這種扭曲，而不是屈服於它。

接下來，我們將在下一章充分了解資本主義生產過程的特殊之處，同時也會看到在資本主義生產中，什麼是真正的投資。我們已經知道如何藉由奧地利派投資法一遠離扭曲的陷阱，甚至從中獲利，接著我們要轉向奧地利學派投資法二，以龐巴維克的迂迴智慧和一個直接的教訓為基礎（感謝奧地利學派提供教材），學習如何以這種方式投資。我們在累積生產手段與關注企業家責任的同時，借鑑了奧地利學派的經典。因此，我們這些投資人的思想和行動，都會變得完全符合奧地利學派。

第十章

奧地利學派投資法 2：齊格菲

奧地利學派投資法 2 如同奧地學派投資法 1，最重要的都是本書所闡述的明確攻擊計畫：在當下保持耐心，以便未來能策略性地不耐煩。

奧地利學派投資法的路線圖就是一條迂迴的路徑——首先抵達中間點齊爾，接著開始下一個行動：前往目的地茲維克。正如我在第九章介紹奧地利學派投資法一時所說，我們在這場旅程的第一個停靠站，聚焦於金融市場的扭曲，我們可以從MS指數高於一這個明顯徵兆看出市場扭曲與否。請回想一下，這個訊號告訴我們的是，貨幣的人為戲法已經迫使實體經濟的生產物理結構離開靜止狀態，隨著負回饋的力量越來越強大，實體經濟已經準備好要再次反彈。一旦我們辨別出這種情況，就可以透過兩種基本應對方法來利用我們的知識（這種知識對多數人來說難以掌控，只有研究奧地利學派理論才能習得）：第一，我們可以將資本留在市場外儲備（我稱之為基本的米塞斯策略），第二，我們可以在最有效的部署時機取得倉位，藉由機會主義生產資本（這是比較複雜也比較完整的尾部事件避險，我稱之為奧地利學派投資法一）——兩者都是勢的策略。

在本章，我們已經為第二種方法做好準備，我們要尋找的機會，將會符合奧地利學派烏特內默的真正龐巴維克式迂迴原則。在奧地利學派投資法二中，我們不去衡量整個市場的定態程度（或缺乏定態的程度），而是著眼於個別公司及這些公司的極異質資本，從宏觀轉向微觀，這種做法只符合一種投資哲學，那就是奧地利學派投資法。在這個過程中，我們會部署迄今為止累積而來的所有工具，追尋並取得稀有的迂迴投資方法，藉此成為真正的奧地利學派投資人。

一如既往，我們在本章之中會遵循奧地利學派的簡約原則，並忠於現實。奧地利學派學者只會用簡單的同義反覆語言（而不是主流的複雜數學模型）說出能力範圍內可以說的話——你也可以說這種做法是「使用最低輸入」——這讓他們受到極大的限制。奧地利學派限制自己採用性質穩定但必然真實的陳述，因此直至今日，他們仍常受到批評，被視為古怪的或中世紀的學派，不過他們也藉此避開了連最聰明的人都會感到困擾的假精確性，這些聰明人建立了令人印象深刻的厲害電腦模型，似乎能準確預測金融市場……但每個模型終究都會預測失敗。無須贅言，這種過度精確的建模方法（其主要特徵是數學專家建立的長期資本管理方式等策略）與我們獨特的奧地利學派方法論截然相反。

正如我在第九章所說，只有奧地利學派投資法背後的思想方式才能驗證這一點。每個投資策略往往都是在一開始看起來符合過往數據，不過一旦被分析師注意到，這些策略就會徹底消失（前提是我們假設這些策略原本就不是虛假的海市蜃樓）——這是效率市場文獻的核心發現之一。但在本書中，我一直都在使用演繹式奧地利學派邏輯來解釋**不平衡**的系統性力量，而且我們的邏輯也解釋了，為什麼具有明顯人性的其他投資者（他們大概都不是奧地利學派的人）會在交易中虧損。我們觀察數據後所得到的，並非基礎理論的真實性，而是潛在利益的**規模**——過往數據讓我們看見的是理論演繹的**重要性**。

迂迴投資法（這是奧地利學派投資的另一個適當同義詞）的重點在於生產性資本的時間結構。前面提過，松柏類一開始生長緩慢，而亨利．福特建立的資本結構則從原物料延伸到了汽車上，這兩個例子告訴我們的是，生產在本質上便需要花費很多時間。因此，我們在實踐迂迴生產時，不能短視地只關注眼前利潤，與之相對的，我們要理解這種投資具有目的性，實踐間接手段並取得位置優勢，是為了取得不會在短期內實現的最終利潤。接下來我們會發現，這些實證對於其他只關心眼前利益、不耐煩地大口吃掉當下棉花糖的投資人來說，是隱而未見的，而對於奧地利學派投資人而言，則是件再好不過的事。那些投資人的急躁使他們看不到未來的潛力與利潤，儘管我們在當下還沒看見這些潛力和利潤，但如果知道要去哪裡尋找以及如何尋找，就可以預先看見這些事物。事實上，奧地利學派投資法二正如同奧地學派投資法一，最重要的都是本書所闡述的明確攻擊計畫：在當下保持耐心，以便未來能策略性的不耐煩。

投資界的寶藏：屠龍者齊格菲

我們所尋找的事物具有一個非常明顯的特徵，那就是**高生產力的資本**。從龐巴維克式的觀點來看，我們知道生產力最高的資本也就是最迂迴的資本。從實體市場來說，結果是顯而易見的，龐巴維克教導我們，只要願意等待更長的時間，我們總能找到技術性的方法，可以用相同的投入取得更多產出。不過，我想進一步提出一些**不那麼明顯**的觀點，甚至連奧地利學派的讀者也會覺得這些觀點並不明顯：**獲利最高的資本結構往往也非常迂迴**。

我在此聚焦的是奧地利學派的資本模型和生產模型，也就是迂迴方法，透過當下的劣勢取得未來的效率優勢，我們先前已經藉由松柏與毛蟲的「目的—機械論」以及魯賓遜的策略理解了這些模型。我在本書為高生產力的迂迴資本創造了一個代號，這個名字體現了龐巴維克方法的精華：齊格菲。

正如我們在第七章的尼貝龍根寓言中所說的，齊格菲有一些特別之處，他的的名字代表的是「勝利的喜悅」，他是屠龍者，也是創業英雄，因此他能以極高的效率為消費者提供最好的產品（因為他的樹木、牧場和山羊群都發展得很好，歸功於他吹奏神奇長號的精湛技巧）。齊格菲就像亨利·福特，隨著時間推移而積累出迂迴的資本結構，可以在人們想購買不同產品時產出這些產品。我們可以由此得知，真正的齊格菲所具有的特性，是較高的投資資本回報（ROIC）——最好的計算方法是用一間公司的EBIT（扣除利息及稅項前的收益）除以投資資本（產生該EBIT所需的營運資本）。齊格菲明智地選擇持續將利潤再投資到企業中——投資變得越來越迂迴——而不是透過領取高額股息（或積累現金）把利潤放進自己的口袋。

他的行動驅力是生產要素的虛假價格（false prices）——相較於他隨後出售成品的價格來說，他的資本和其他成

齊格菲的田園音樂：以極高的效率為消費者提供最好的產品。

本實在太低了（簡單來說，他的企業將投入企業中的美元，轉化為從客戶那裡賺取的美元時，利率遠高於他把錢借給別人的利率）。齊格菲是真正的企業家，這些虛假價格對他來說，正如米塞斯所說的，令他感到「無法忍受」，他在看到虛假價格時就必須採取行動，於是他的投資必然會變得越來越迂迴（因為打從一開始就在不斷建立新的迂迴資本），也因此會在未來變得更有效率。驅動他的是最終目標——營利，而與此同時，他也瞄準了中間手段——更高階的資本財工具。

最重要的一點，也是真正使齊格菲成為齊格菲的一點，是他對利率沒有那麼敏感，他的獲利能力並不取決於他人的時間偏好邊際變動，或中央銀行制訂的人為利率。當然了，齊格菲也不是完美的。市場上發生嚴重的信用崩潰和資產清算後，會出現一定時間的貨幣扭曲，在這段時期，齊格菲的投資回報率會下降（就連齊格菲也在二〇〇八年賠了一點錢）。但即使央行在經濟繁榮時期突然大幅升息，他的資本獲利率和生產力也很可能會遠高於資本成本。央行在市場正火熱時，出乎眾人意料地「拿走了酒杯」，這將會導致世界各地的岡瑟紛紛遭遇打擊，他們的企業過度膨脹，完全依賴繁榮時期的人造廉價信用。他們將被迫縮減業務規模，或完全倒閉。與之相對的，齊格菲則會安全過關，這是因為他的商業模式從根本上來說仍屬健全。在岡瑟們遭遇大規模清算的過程中，各種商業投入品的價格暴跌，可能會讓齊格菲對他在繁榮頂峰時購買的一些商品感到後悔，但與他的許多同行相比，這個處境已經夠奢侈了。

齊格菲就像松柏一樣，他心甘情願地放棄快速生長的衝突（這種情況通常只會因為人造肥料造成的扭曲而出現），不懂得欣賞這種策略結構的人會因此忽視他（這些人著迷於被子植物快速但不穩定的生長）。從跨時間的角度來看，齊格菲好像放棄了黃金地段，那裡擠滿了競爭勝利競爭的對手，他帶著神奇號角愉快地撤退到崎嶇不平之處，一開始，在這種地區生長很困難（他放棄了當下的利潤，為的是構建他的工具，提升未來的效率）。然而，不屈不撓、堅韌又跨時間的觀點終究會帶來回報，獎勵那些不沉迷於今天、而具有深度視野的人。是的，隨著齊格菲積累出越來越迂迴的資本結構，他的增長速度也會更加緩慢（緩慢到利潤看起來根本沒有增加），但他會在時機成熟時，伴隨著最佳的優勢一起出現（此時競爭領域已經被不健康且投資不當的破壞性成長野火清除，但他仍然屹立不倒，甚至已經至準備好做更多有利的投資）。他以緩慢但刻意的迂迴成長，建立往後加速所需的結構，在進入高速檔後超越他人——烏龜變成了兔子，然後超越了兔子。

我們要在此從寓言故事轉向現實世界（非瓦格納式的世界）的營運策略，請特別注意，齊格菲之所以符合我們的投資理想，是因為兩個標準，第一個是高投資報酬率，他藉此繼續將利潤再投資到資本結構中，把結構變得更有效率且能夠成長。這種模式解釋了為什麼我們應該預期，高於平均的報酬與迂迴的資本結構之間有強烈的相關性（不過，就連奧地利學派的作家也不常建立起這種連結），我們有數據可以證實這項預期：相較於ＲＯＩＣ不高的公司，ＲＯＩＣ較高的公司會出現投資資本持續的顯著增加。學術奧地利學派學者往往認為，高於平均的回報（他們稱之為純利潤，而不是單純的利息收入）是出於卓越的企業家願景，而資本迂迴則應由企業家透過獨立的利率均衡分析來處理。但我認為，在真正的市場中，我們應該預期這兩個奧地利學派的概念會有極大的重疊。讓我們這樣想：有些企業家預期遙遠的未來有盈利機會，他們年復一年，耐心地把收益再投資到自己的企業中，相較於另一些做短期投資的企業家，前者比較有機會能（在最後）獲得巨大的投資報酬率（龐巴維克年輪上的圓環越少，該企業的商品化程度就越高）。因此，儘管資本迂迴和高於平均的回報之間可能沒有直接的因果關係，但只要我們認真思考實際支配這兩者的力量，我們就會認為兩者間有一種經觀察得到的事後回溯相關性。

身為奧地利學派投資人（我指的是尋求累積生產性資本的資本主義投資人，而不是更常見的普通賭徒投資人，只會利用資本所有權的價格變化），我們有兩種基本的迂迴路徑可以選擇。第一條路徑是自己走上齊格菲的道路，如同另一位典型奧地利企業家亨利・福特，堅持不懈地積累生產資源，建立他自己的一套自給自足、更深層也更具生產力的資本結構。我們也可以模仿齊格菲，把生產資源全都整合在一起，這樣一來，我們就可以在生產過程中以同樣迂迴的方式，發現和利用我們能夠辨認出來的虛假價格。齊格菲的ＲＯＩＣ比其他競爭更高，這代表了他擅於獲取投資的錢財，將之轉化為收益，這樣的回報率比資本的現行定價更高。想當然耳，這也代表成為齊格菲需要一些特殊的事物，需要對很可能有希望的預感，抱持縝密的洞察力與堅定的信念——這就是第七章說的**理解力**（Verstehen）。（有些人可能會認為這是天使投資者的負擔。）雖然這種鑑識很重要，有時甚至能帶來利潤，但這已經超出本書的範圍。

然而，身為奧地利學派投資人，我們還有另一個選擇：辨別出誰是這個隱喻中的齊格菲，並買下他的一部分——也就是說，用我們的資金**購買他現有業務的部分所有權**。因此，我們可以透過收購與取代齊格菲，來利用只有齊格菲能辨別的虛假價格。然而，這條路徑還有另一個變數會讓我們猶豫不決：很不幸的，我們應該要預先假設自己得付出高昂的代價才能走上這條路。效率資本市場的基本假設是，其他投資人和我們一樣熱衷，而齊格菲式世界的股票價格，已經反映了他的高ＲＯＩＣ所展現的巨大經濟優勢（當然，這是眾所周知的一件事）。

然而出於種種原因，情況有時**並非如此**——我很快就會提供相關的想法與證據。換句話說，在真實的金融市場中，我們經常遇到高 ROIC 的齊格菲式公司，這些公司能以優越的效率把投資和再投資的資本轉化為未來收益，而這種效率顯然沒有被定價。在第五章討論林業發展時，我曾解釋過一個我們現在可以充分利用的概念：除了撒網捕捉高 ROIC 的公司之外，我們**也要**尋找低福斯特曼比率的公司，也就是普通股票的市場資本化程度與淨值（也就是以投資資本加上現金，並減去債務與優先股）的比率偏低的公司。

我在第五章也說明了，驅動福斯特曼比率的是 ROIC 超過資本成本的程度，因此我們顯然可以期望高福斯特曼比率（也就是總數大於各部分之總和——也可以說是生產因素的總和）會隨著高 ROIC 一起出現（就算我們把這個部分變得更加現實，把利潤再投資到更多土地上，並在最終實現這些利潤的增長，這種牢固的關係仍然會持續存在）。用尼貝龍根的話來說，我們想要的是收購更加迂迴的齊格菲式公司，他們的價格就像損益平衡的普通人約翰，甚至可能宛如陷入困境的岡瑟。

奧地利學派投資人的**最終目的**與其他投資人相同：利潤。然而我們的手段截然不同，此處的重要焦點正是手段。奧地利學派投資人不會立刻採取力的形式方式，不會直接尋找營利能力會立刻上升的公司、其他投資人都在買進的公司、能夠立刻發放股利的公司，甚或是價格被低估的公司。他的首要任務是找到高度迂迴且有效率的企業——也就是具有高 ROIC 的企業——這些企業使用的是間接的經濟利潤手段。接著，他會對這些齊格菲公司使用第二個濾鏡，尋找福斯特曼比率較低的公司。多數投資人會覺得這種雙管齊下的方法不切實際、過度簡化，甚至自相矛盾。不過，讀到此處的讀者應該都很清楚，正是因為多數人抱持著這種平庸的態度，所以迂迴的奧地利學派投資人才能獲得豐厚的回報。

這種策略既不容易，也不自動化，我們當然不會在「齊格菲股票觀察名單」上找到這些公司，而且這些公司很可能不會登上頭條新聞。我們必須對財務報表進行棘手的分析，也必須再次反抗我們與生俱來的人性。有趣的是，投資界的寶藏齊格菲往往安靜又隱晦，甚至可能是被蔑視的，這是因為人們常覺得這些公司看起來似乎無所事事、沒有進步，甚至正在倒退──但我們知道一件非常重要的事情：我們抱持著信心，相信這些公司有動力以勤奮的迂迴方法進行資本再投資。因此，我們的目標是準確辨別出哪些公司遵循奧地利學派經濟學──預期這些公司未來必定會進步（或增加ＥＢＩＴ），讓我們在公司所有權的投資上獲得可觀的回報（我們可能得先忍受很長一段時間的落後）。

若要清楚理解奧地利學派投資法背後的基本原理，請記得，你無須注意只擁有其中一項條件的公司。舉例來說，假設你看到一間公司具有高ＲＯＩＣ，也預期它會在經歷迂迴的營利成長後出現相應的高福斯特曼比率，而且這些數據都是正確的。有些投資人認為，此時的合理做法是拿出資金，用相同的錯誤價格買下相同的生產因素，模仿這間公司。**但高福斯特曼比率代表了我們不該靠著購買股票來投資那間公司。**

再舉另一個例子，假設我們遇到福斯特曼比率相對較低、ＲＯＩＣ也較低的公司，這時，若善用奧地利學派的洞察力，我們仍會放棄了這間公司。沒錯，較低的福斯特曼比率可能會讓我們認為，金融市場出於某些原因而低估這間公司的實體資本資產所具有的生產力。然而，該公司的低ＲＯＩＣ會讓人心生猶豫。如果管理階層認為營運公司賺取的回報低於再投資的收益回報，我們就很難指望他們會把利潤重新投入公司營運中（即使他們真的這麼做，也會是具有經濟破壞性的不當投資）。若沒有更多相關資訊，就應該開始擔心這家企業無法提供企業利潤，因此不會進步；在更糟糕的狀況下，這間公司甚至會退步。

目前為止，我已經解釋了為什麼只有單獨標準不夠充分，因此更能理解為什麼奧地利學派會指定這兩個標準應該同時出現。高ROIC的公司會自然而然地進行高比率的再投資——管理階層會情不自禁地這麼做，對他們來說這是一件很簡單的事，他們就是會把可用資金投入到過往記錄良好、他們可以控制細節的資源上。藉由龐巴維克資本理論的知識，我們可以大致假設這種公司累積的迂迴方法，終究會帶來更高的經濟利潤，因此市場將會重新評價，認為這些公司比其他同行更有效率。

那麼第二個標準——同時出現的低福斯特曼比率——又是如何發揮作用的呢？我們將在此借鑑龐巴維克的**主觀價值**理論。事實上，許多投資方（包括專業資產管理公司，有時這種公司**尤其**如此）都會因為無比集中的時間偏好而虧損，所謂的時間偏好也就是文獻中所說的雙曲線折現偏誤，我們已在第六章做過廣泛討論。

我們可以用這個理論解釋，為什麼資產市場會在我們的小齊格菲前途無量時低估或打擊它。許多股票分析師和投資經理人可能會斷定，這個特殊的齊格菲公司不會在短期內取得獲利的成長（如果讀者想知道，為什麼在真實世界中，就連高生產力的公司也會出現這種狀況的話，請考慮此一事實：雖然持續的高資本支出計畫會使公司變得更加迂迴，但也會因為損益表負擔的折舊開支更高，使得未來一定時間內的收益下降）。當然，在實際例子裡，我們可能會因為相當合理的現實因素而做出明顯的低估，例如待決訴訟或監管裁決。不過，如果我們的目標是找到簡單又不言自明的（奧地利學派的）經驗法則，來辨別出較可能帶來更高回報的股票，那麼我們的兩個標準——分別源自於龐巴維克的資本理論和主觀價值理論——使用起來是非常穩健的。高ＲＯＩＣ代表我們的公司很可能出現營收成長，同時，相對較低的福斯特曼比率則進一步篩選出其他投資人大幅低估此種豐厚回報的公司——這些公司位於地平線之外，就在迂迴路徑的底端。當然了，無論在任何公司中，內部人士都可能會知道一些我們不知道的事情，但總的來說，這也有可能只是因為多數投資者的地平線比我們的還要近，景深比我們更淺。

奧地利學派投資法二確確實實是奧地利學派投資法一的手足。這兩種奧地利學派投資法都在努力完成同一種迂迴任務：持續累積投資人持有的高生產力資本。有些人或許認為，奧地利學派投資法一是利用跨時間的機會，**縱向**執行此任務；也有些人認為，奧地利學派投資法二是利用同一時間點出現的機會，在當下**橫向**執行此任務——舉例來說，我們每個月都能發現四、五間齊格菲公司（松柏撤退到岩石地區，是為了在最後超越鄰居，以間歇手段奪取它們的土地[1]，由此可知松柏類也分別採用了橫向和縱向的策略）。事實上，奧地利學派投資法二同樣是高度跨時間的策略。我們會發現，奧地利學派投資法二與投資法一雷同，在等待的過程中——在這個舉例中，我們等待的是ＥＢＩＴ上漲與隨之而來的股價上升——我們會積極構建適當手段，藉此獲得未來的高額利潤。

迂迴生產需要我們在當下進行跨時間的支出，才能在日後獲得提高生產力的工具，我們在當下柔弱，是為了能在未來剛強，我們在當下撤退，是為了在將來能更加強勢的前進。正如我們所知，不太敏銳的投資人看不見奧地利學派投資法二的龐巴維克式機會（就像奧地利投資法一的米塞斯式機會一樣）——他們在看向這些齊格菲時，只會看到約翰或岡瑟。或者我們也可以換個比喻：絕大多數投資人遇到飢餓的魯賓遜時，只會看到他捕捉的魚越來越少，因而認為他的行動不具吸引力，不想扯上任何關係。然而，少數的精明投資者——也就是那些欣賞奧地利學派見解的人——可以看到表面之下的事物，他們知道魯賓遜餓肚子不是因為懶惰或無能，而是因為他在當下把資源投入了建造船隻和漁網上。

奧地利學派投資人看到沿岸的魚在跳躍時，就會意識到魯賓遜不去捕魚只是暫時的，因為他在替未來的大量捕撈做準備。

案例研究：買下齊格菲

我們現在已經做好準備，要觀察多數人鄙視的齊格菲會在現實世界中如何行動了（我們的實驗室是財務資料庫 Compustat，其中包含了多間公司回報的金融數據、歷史股票價格和股息資料，可以追溯至一九七〇年代）。

首先，讓我們檢視各個齊格菲公司，確認它們確實具有繼續當個齊格菲的傾向（畢竟，若這些齊格菲很快就會退化成約翰，那我們對於它們具有長期迂迴優勢的假設必定是錯誤的）。理論上來說，我們會預期高 ROIC 的公司能保持此一身分，是因為公司管理者會繼續對公司進行再投資（有什麼理由

不這麼做嗎？），這只會進一步鞏固公司的競爭優勢。

我們的理論推演與實際數據相符。事實證明了高ROIC確實會持續下去[2]。我們可以在圖10.1中看到，齊格菲公司（頂端曲線）——我們在此對齊格菲公司的定義是，**在每個十年期間的一開始，能實現七五%或更高ROIC的公司——往往會維持齊格菲公司的身分**，也就是在十年期間的結尾維持高ROIC。

我們要在此闡明的是，我很清楚沒有任何事物能保證結果必定如此，而且我們當然也可能會發現，某些公司在某一年的ROIC較高，但又在未來下降，公司甚至可能直接破產。我們甚至能找到一個出類拔萃的理論來證明，沒有任何事物能做出保證，這個理論是迴歸謬誤（regression

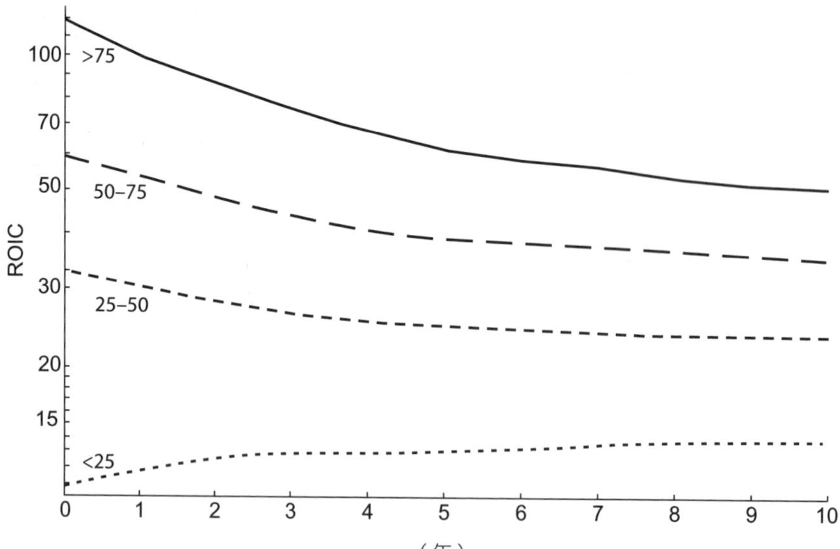

圖 10.1 齊格菲繼續維持齊格菲的狀態

滾動式十年 ROIC（中位數），所有股票均以起始的 ROIC 四分位數排列，1970 年至 2013 年。

fallacy），指的是在雜訊減弱時，會反轉資料序列中的隨機雜訊所產生的極端值——而替這種極端值賦予意義是一種錯誤的行為（若我們把本書所描述的故意迂迴錯誤為隨機出現的事物，那也會是一種錯誤的行為，不過是截然相反的錯誤）。然而在現實世界中，有遠見的企業家會不斷把收益拿去再投資，隨時準備抓住其他人錯過的利潤機會。他們在資本配置競賽中處於領先地位，因此**總體來說**，我們預期高ROIC應能持續存在。除此之外，若我們考慮到某些無形資產（如研發報償、品牌知名度、企業所有者的領導能力等）往往會體現在有形資本回報率上，那麼這種統計結果就會更加合理。

由此可見，身為齊格菲具有很大的優勢。為了取得這項優勢，或者更具體地說，為了取得龐巴維克觀點的優勢，我在此處的目標是把這些觀點轉化為投資組合。現在我要建立的是齊格菲投資組合，我會在每個月選擇最好的四、五間企業，使用高穩定度的篩選方式（換句話說，由於我會把每此的購買進行等比例組合，所以誇張的數字不會產生不當影響）：我每個月都會在近期投資回報率高於一〇〇%的公司中，購買福斯特曼比率最低的公司（進一步配合規模和流動性的篩選），等到它們不符合我們的標準後再將它們轉手（每年檢查）。（我會略過可疑的金融價值與銀行等部門。）這項測試的起始時間之所以是一九七八年，是因為我們需要足夠的可用數據（我使用了分段合併的Compustat時間點〔Point in Time〕資料庫，該資料始於一九八七年，同時我也使用了非時間點資料庫；很顯然，如果我限制自己只使用更即時的時間點資料，那結果就不會出現重大改變）。

下頁圖10.2表示，隨著時間推移，相較於標普綜合指數，這個簡單的投資組合會出現何種結果（特別是在一九七八年從一美元開始累積股票的策略）。

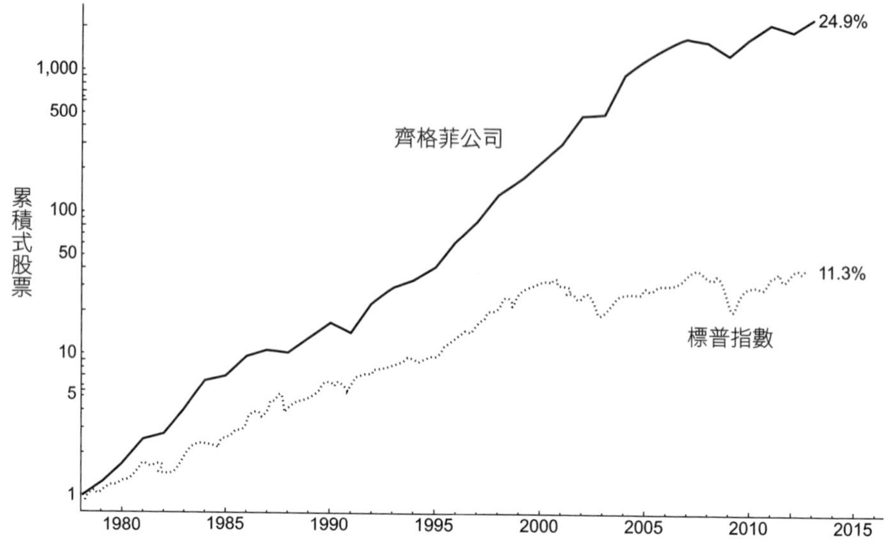

圖 10.2 齊格菲公司，以及標普指數中的「普通人約翰」

齊格菲策略與標普綜合指數的累積表現。

我們把最簡單的非最佳化篩選（也就是另一種基本的玩具策略）建立在經濟的獨立邏輯上，只聚焦於ROIC和福斯特曼比率，在這種狀況下，我們無疑可以在最後達到大豐收（就像奧地利學派投資法一那樣擊敗多數同儕——甚至所有同儕）。然而，這些數據同樣沒有實際證明龐巴維克的迂迴式觀點，數據提供給我們的只有重要的**程度高低**。

接下來，讓我們調查一下這到底是怎麼回事。簡而言之，為什麼有些高生產力的公司（ROIC一〇〇%是一個高到很誇張的數字）會這麼受人鄙視，以至於它們的福斯特曼比率變得這麼低，低到足以滿足我們的門檻？事實證明，正如圖10.3所示及我們的預期，在齊格菲公司中（圖10.3中在操作方面將此公司定義為ROIC高於五〇%的公司——目標是提供足夠的數據進行有效比較），有些公司（第

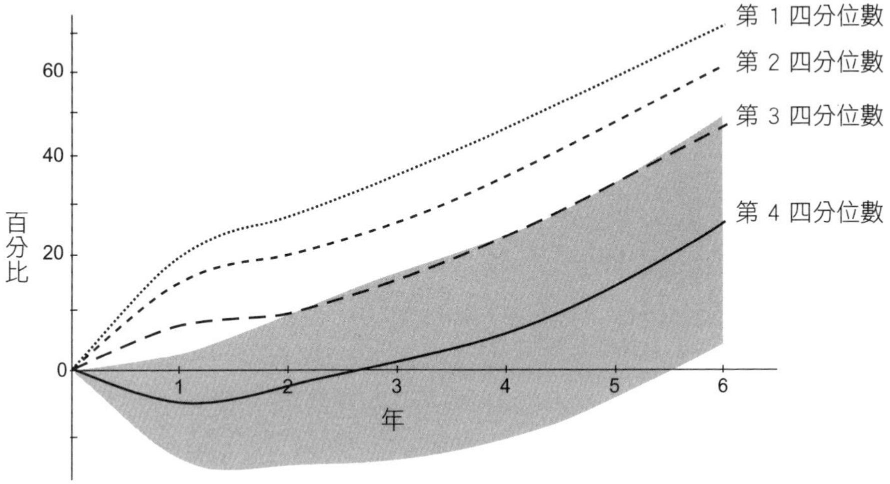

圖 10.3 迂迴 EBIT 成長

滾動 EBIT 成長（算術平均值），ROIC 大於 50% 的所有股票
箱型圖繪製數據：1978 年至 2013 年的起始福斯特曼比率四分位數。

一個四分位數）的福斯特曼比率（底部的黑線）已達到最低，這些公司的ＥＴＩＢ會隨之陷入暫時的糟糕處境（在福斯特曼比率最低的箱體下，我們可以看到陰影處的ＥＢＩＴ平均值出現的變化落在九五％的信賴區間，我們可以由此得知此論述有多嚴謹）。事實上，每個不同四分位數的福斯特曼比例箱體桶之間，在統計上都有顯著的差異，這代表了市場確實正在定價這些差異。由於ＥＢＩＴ的路徑會在一年內出現分歧，而且部分引導和分析的預測，似乎都相當準確地預測了未來很長一段時間的變化，所以我們也無須對此感到訝異。我們應該感到訝異的第一件事，是市場往往會在隨後一到兩年的彎曲路徑上遭到愚弄。如果認真思考，你會更訝異的發現，這些差異的基礎——若統計顯著性高的話，甚至是這些差異的整體——都是由固定和無形的資本支出迅速增長所造成。這些排名在第一四分位數的齊格菲只不過是正在變得更加迂迴——犧牲今天以換取明天的成長——並在當下付出代價。

正如我們已經知道的，迂迴生產——也就是承擔資本投資的成本——通常會使導致當下利潤受到打擊（特別是來自研發等非資本化投資）。我們再次聽到相同的論述：我們生活在可以看見的事物中（也就是能得到的事物），所以只會運用所見之物推斷，導致我們在事物轉彎時受騙（小聯盟球員打的是直線外推的快球，大聯盟球員打的則是曲線球）。

迂迴是很艱難的事情，我們打從生物學的本質上就不適合這麼做。因此，儘管股票市場的重點往往是針對遙遠的結果當下下注（或當下預期）——但對賭客而言，最重要的卻常常是當下的結果。也就是說，在高ROIC公司中，股票定價和由此產生的福斯特曼比率似乎可以非常準確地預測短期的未來利潤，準確到賭客錯過了曲線球和變速球。投資界的其中一個信條是跟著股票的營收走——用彼得·林區（Peter Lynch）的話來說，股市中「真正波動的是營收營收」（所以說，「在懶惰的人身上浪費時間又有什麼意義呢？」[3]）——所以我們自然也只看得見近期營收（事實證明，股市投資人遠不如過去的老一輩林業投資人那麼精明，這些林業投資人克服了可怕的斧頭原則，清楚看見下一個轉角後就是更快速、更有利可圖的樹木生長）。

市場關注的是當下的利潤與成長——也就是當下的進展——同時，市場也認為這些獲利手段的生產力具有同質性。於是，短視的市場便對迂迴生產的價格施加了懲罰。今天生產的棉花糖取得了過高的價格，而受到處罰的則是那些為了提高明天的棉花糖生產效率，而把利潤用在未來的齊格菲公司（難怪亨利・福特一直想要避開股權合夥人，還把典型的華爾街投資視為餘興節目）。我在第一章曾論及赫茲利特的《一課經濟學》的中心原則，而市場則與此原則恰恰相反，真正關注的只有資本和生產過程的短期影響，而不是長期影響。市場上的比賽一直以來都有兩種，第二種比賽中的競爭小之又小。

圖 10.3 讓我們不禁想起第二章的圖 2.1 所繪製的松柏類和被子植物的生長速率。這就是典型的龐巴維克迂迴法。將圖 10.3 逆時針旋轉九十度，我們會看到我最喜歡的形象「向右走是為了向左走」（也就是說，福斯特曼比率在第一四分位數的公司，在前兩年的 EBIT 較低，而福斯特曼比率較高的公司的則能立即實現成長）。當我們開始思考，是什麼在驅使我們繞道向右時，我們就會清楚理解，這個手段確實是「先向右走，是為了接下來能往左走到更好的位置」（當然了，位於其他四分位數的公司早已採取迂迴行動，因此它們早已向左前進——想當然耳，屆時市場就會充分欣賞這些公司）。在第一波後果的專橫統治中，在市場透過經濟成長的間接手段對於迂迴路徑所表達的系統性輕視中，正是奧地利學派投資法二的優勢所在（最好的投資方法甚至可能是尋找這種高 ROIC 的公司，預期它們的長期利潤必定會繞道而行——這是一件很難做到的事。不過好消息是，我們並不是非得這麼做不可，畢竟市場似乎已經在系統性地為我們執行這件事了）。

下一個的問題是：我們的齊格菲公司可以在多大程度上，避開於前一章所說的扭曲造成的經濟漲跌所帶來的影響？定義上來說，齊格菲是一位有遠見的夢想家——他比同儕更擅長預測市場的未來狀況，也花費了數年時間建立了相應的迂迴資本結構——他的 ROIC 遠超過了他的資本成本（因此他的投資計畫對利率改變沒那麼敏感），我們應該期望，他避開不當投資的機率大於約翰、且更是遠大於岡

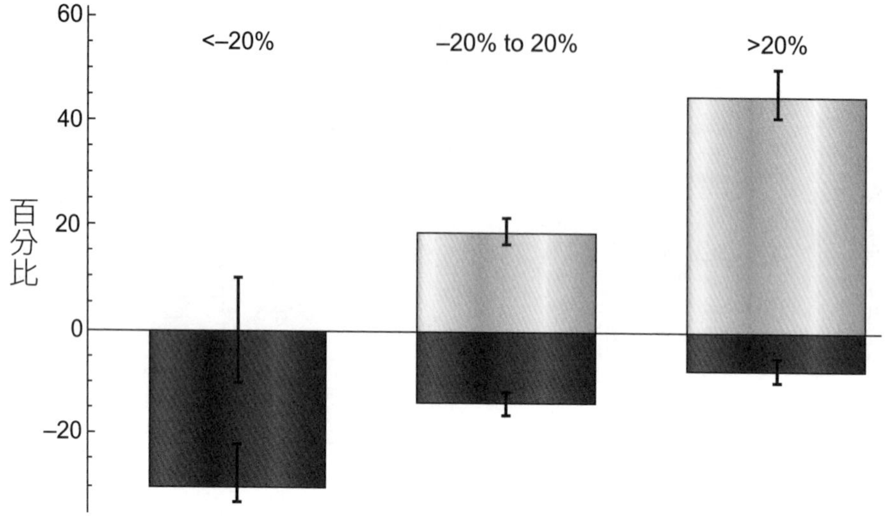

圖 10.4 齊格菲和扭曲的影響

齊格菲策略的年平均年回報，以及同期第 20 個百分點的回撤
以標普年回報率分組。

瑟。讓我們一起檢視數據怎麼說。

齊格菲公司並不完美，它們仍得面臨扭曲錯誤帶來的許多風險——只是沒有市場上其他公司那麼嚴重。股票的平均表現很好或很差時（如圖10.4所示，標普綜合指數在一年內上漲或下跌超過二〇％時），相對而言——信心區間超過九五％——齊格菲策略也同樣有效（如圖10.4，淺色矩形是平均年回報率，最低處的深色矩形是第二十個百分位數的跌幅）。因此，齊格菲策略受益於低MS指數的系統（如前一章所述，也就是標普綜合指數顯示較高後續回報時），並在一定程度上受到高MS指數系統的損害（也就是標普綜合指數具有低後續報酬時）。我們在前一章的相同跨時間策略是遵循著扭曲的路徑，採用推動資本主義的配置，若將更策略與當下的策略疊加在一起，將會帶來更

大的優勢。

以迂迴的路線朝著迂迴資本主義生產的方向前進是值得的。也就是說，我們的奧地利學派手足——奧地利學派投資法一和二——相處得很好，前者為後者提供優秀的避險，後者則將前者提供得資本進行優越的配置。在奧地利學派投資法中，投資是跨時間機會主義的凝聚體，也是獲取與建構生產要素的迂迴手段。事實上，這整本書所累積的策略框架和邏輯，將能為使用各種手段的形形色色投資人提供有效率的框架。

價值投資，奧地利學派的繼承人

奧地利學法投資法一和二應該會讓我們聯想到所謂的價值投資。事實上，我們可以把奧地利學派投資法視為價值投資在智識方面的先驅，不僅採用了比價值投資更古老的見解，更重要的是，此投資法也為基礎和最終的系統性回報來源提供了清晰且重要的觀點。雖然兩者的路徑有時會交叉，但價值投資其實並未嚴格遵循資本之道。兩者間的主要顯著差異在於策略背後的思維——最具體的一點在於，奧地利學派投資法在追求齊格菲式機會主義時，是刻意使用迂迴方法，這個方法的基礎是對自身優勢的深刻理解（不像價值投資法的創立者所說的那種「神祕事件」）。

因此，我們可以說：**眾人視為價值投資和證券分析之父的班傑明·葛拉漢，以及追隨他的那一大群**

價值投資人，其實只是奧地利學派的遠親——他們是不知不覺分裂出去的派系。理解這些差異應該能幫助我們去完善、聚焦和改進更廣泛的價值投資方法，或許還能說服更多人接受奧地利學派的正統觀念。正如我們即將看到的，最有成效的做法很可能就是針對已經根深蒂固的手段做調整，並更深入地理解在這個手段中，真正的資訊來源和優勢為何。

葛拉漢於一八九四年出生於倫敦，原名班傑明．格拉斯鮑姆（Benjamin Grossbaum），這個姓氏的德語意指「大樹」，由於他只差一點就要提出原型松柏策略了，這可說是非常適合他的姓氏（他更改姓氏是因為一戰期間普遍對德國人出現的偏見）。葛拉漢一歲時，全家搬到紐約，開始享受舒適的生活，一直到葛拉漢的父親在一九〇三年去世後，他的瓷器企業由盈轉虧。葛拉漢的母親把家裡改造成寄宿處，又借錢融資交易股票，導致他們家在一九〇七年的經濟崩盤後陷入貧困之中。葛拉漢靠著獎學金進入哥倫比亞大學，而後成為債券交易公司的員工，此後晉升為分析師、合夥人，最後成為公司負責人。

葛拉漢是凱因斯派干預主義者，特別是在論及經濟衰退期間的消費不足時，他很贊成以商品為基礎的一種貨幣，這種貨幣和我們曾在第五章提過的「福特—愛迪生貨幣制度」很像。而且他也和凱因斯一樣，在咆哮的二十年代結束時，被股市崩盤殺了個措手不及（我在第七章說過，幾乎沒有人像米塞斯那樣預測到經濟大蕭條的到來）。

「華爾街院長」葛拉漢在一九二九年至一九三二年間，損失了接近七成的套利投資組合。這次經歷使他產生了巨大的轉變——這很可能就是為什麼，他的投資原則在後來演變成價值投資法。這是一個非常純粹的歸納學習法，他確立了價值投資的傳統，也就是牢記大蕭條的教訓——然而他從頭到尾都沒有意識到，這次大蕭條其實來自市場扭曲。

葛拉漢在《證券分析》（*Security Analysis*）一書中的開場白是（這句話出自詩人賀拉斯〔Horace〕，不過老子很可能也說過類似的話）：「如今已然衰敗者也可能在未來復興，現在興盛者則可能會在未來凋落。」[4] 葛拉漢描述的正是我們曾在第九章看到的矛盾事件：由貨幣驅動的市場興衰。儘管這句話有些過度簡化，但其實很接近奧地利學派投資法一的概念（或許沒有任何圖片比圖9.3更能說明，核心「安全邊際」原則在真實世界是如何應用的）。在葛拉漢的比喻中，罹患雙極障礙的「市場先生」是一種穩固、十分近似的方法，可以避免（最終由奧地利學派提出解釋的）扭曲陷阱，以及企業家的「想像力不完整性」[5]（若他當時有聽從奧地利學派的想法，早就可以診斷出市場先生罹患人格障礙的真正原因了）。

價值投資法與其前輩奧地利學派之間有很多共同點。當時的價值投資法與我們如今實踐的方法確實十分接近，甚至已經變成了一種流行的直覺方法（不過我認為，只有小部分價值投資人真正理解葛拉漢在一九三四年的《證券分析》和一九四九年的《智慧型股票投資人》〔*The Intelligent Investor*〕提出的原始焦點——第二本書的出版年分和與米塞斯的英文版《人的行為》相同）。有些人可能會說，葛拉漢為實踐投資帶來了前所未有的嚴謹性、邏輯性和企業家精神，而且他非常偏向奧地利學派（正如葛拉漢的名言：「最有效率的投資才是最聰明的投資。」[6]）。

也許葛拉漢最偉大的見解其實是遠離證券市場的陰影，忽略各種次要表演，把焦點放在企業行為本身——也就是商業與資本。他是勤奮的股票研究者，一直以來都認為資本是一種有形資產，終究會被收歸股票中。這一點清楚出現在ＭＳ指數、福斯特曼比率和葛拉漢的股價淨值比（price-to-book ratio，簡稱P/B，把公司的股票比上公司的總折價帳面淨資產）中，這三個數字提出的都是同一個問題：總數相對於各部分之總和是多少？（我們無從得知葛拉漢有沒有直接閱讀過福斯特曼或奧地利學派的作品。儘管他精通德文，但他也承認自己沒有接受過經濟學教育。）葛拉漢只靠著股價淨值比就取得了優異的成果。他身為投資人的職業生涯很長，在增加了一連串定量篩選法後，他就表現得很不錯——從擁有債務上限，到維持收益和股息的長期穩定成長，再到本益比（price-to-earnings ratio，簡稱P/E、市盈率）——他在《智慧型股票投資人》中詳細描繪了此過程（他的投資組合中充滿各種定量元素，是現代金融工程師的基礎）。

然而，我們也可以指出，在此使用「傳統價值投資」一詞不太適當：事實證明了，從統計學看來，傳統價值股票（其定義為低股價淨值比與低本益比）的收入成長十分類似傳統成長型股票，同時其ＲＯＩＣ低於成長型股票[7]。我們可以從這個例子看出，人們再次天真地認為所有資本都相同，是一團同質的均勻事物。請記得，除非我們假設所有公司的基礎資本結構都一模一樣，否則拿各間公司的股價淨值比與本益比來比較毫無意義。在現實世界中，每間公司都具有不同的迂迴程度，因此ＲＯＩＣ也各自不同。投資人必須深入研究公司的經濟營利手段——這正是本書的核心訊息。

奧地利學派投資法和價值投資法之間的差異，同樣在於景深和望遠鏡式的長期投資。後者的重點是花很長一段時間耐心等待，彷彿能在遙遠的時間盡頭等到一張優惠券——像是一隻步履蹣跚的烏龜，或是拿著釣魚竿坐在池塘邊的馬可。前者的重點則是在當下耐心地蒐集各種因素，為的是在未來拿到潛力更大的優惠券——像是逐漸加速後會變成野兔的烏龜，也像是魯賓遜。這兩者都需要紀律和耐心，但奧地利學派投資法關注的不只是終點，還包括正在發揮作用的跨時間過程。

值得注意的是，如今與價值投資的聯繫最密切的人，其實曾是葛拉漢的學生，他或許也是歷史上最成功的投資人之一——巴菲特。他曾因為父親霍華．巴菲特（Howard Buffett）而與奧地利學派建立過緊密的連結。霍華在一九六二年寫給奧地利學派經濟學家羅斯巴德的信中，說想為兒子向羅斯巴德拿一本他的著作，《一八一九大恐慌》（*The Panic of 1819*），霍華寫道：「華倫非常喜歡閱讀關於恐慌和類似現象的書籍。」[8] **巴菲特後來口頭批評過許多被人們視為正統奧地利學派的觀念，不過，雖然他永遠都不會承認，但他的基礎投資行為顯然十分貼近奧地利學派的做法**（多數人已經忘記，他在一九九〇年代後期採用「走以化敵」並持有米塞斯式現金倉位時，這些做法有多不受歡迎——甚至曾受嘲笑）。

許多年後，價值在奧地利學派與葛拉漢的論述中，冒出了許多不同形態的新芽。一九九二年，美國經濟學家尤金．法馬（Eugene Fama）和金融學教授肯尼斯．法蘭西（Kenneth French）正式訂下了一項價值因子，本質上來說，這個因子就是葛拉漢的股價淨值比數值[9]。喬爾．葛林布雷則找出了另一種方法「神奇公式」（The Magic Formula），結合了我們會在傳統上使用的ROIC篩選方法，以及相對於企業價值篩選的簡易EBIT[10]。

另一個類似的篩選方式叫做「品質投資」（Quality），指的是選擇高的總利潤與資產比（藉此避開使人落入劣勢的高資本投資）與低的股價淨值比[11]。這些嶄新的形態涵蓋了許多不同的領域（事實上，這些變化必定還有數不清的子變化與交叉重疊，巴菲特的方法就是一例），並對奧地利學派投資法二進行了確實的三角測量與交叉驗證。這些雜訊全都來自於我們對於額外自由程度的假設：在葛拉漢的複雜篩選中，有太多事物需要命名；在法馬－佛倫奇（Fama-French）[i]的獨立股價淨值比參數中，資本生產力是不均勻的異質；在格林布雷對成長較敏感的本益比參數，ＥＢＩＴ的成長率是不均勻的異質；在品質投資的無折舊毛利參數中，資本折舊是不均勻的異質，因此生產力也一樣。儘管這些計算可能很接近奧地利投資法，但他們卻沒能把最基本的事物單獨隔離出來：**迂迴資本及其價格**。

因此，儘管我們可以預期，這些不同形態的方法能在某方面變得像是齊格菲的投資組合，獲得其中的部分優勢，但這些方法也會增加噪音，最明顯的表現就是它們使用的篩選方法中的資訊量較低，所以回報也會降低，此外，採用許多不同的投資組合建構方法時，會產生不一致性。

為了確認此預期是否成立，我測試了這些投資組合的表現：我在實驗中，持有四十支股票的倉位，為期一年，過程中以不同方式錯開小型投資組合的每月買進數量，並限制每個少量投資組合的最大規模，且預先限制每個小型投資組合與倉位的可能成長規模。我在建立這種具有變化與專斷性的投資組合時使用的技術，造成了這些投資組合在基礎構成方面的差異，而清楚揭示了其中一部分結果源自一定程度的運氣與不一致性——這也消除了我將結果最佳化的絕大部分能力（因此可以保證作者的誠實）。所有投資組合都使用相同的篩選機制，包括可交易性（倉位大小）的限制和一般雜訊的限制。這項測試的起始時間一如往常，是一九七八年（這次也同樣不會影響相對結果）。我們可以在圖10.5中看到測試所發現的表現範圍，以及該範圍中的平均表現。

我們在此看到的是宛如階梯一樣的上升模式，從單純的資本加權標普綜合指數，一路走到最高處：

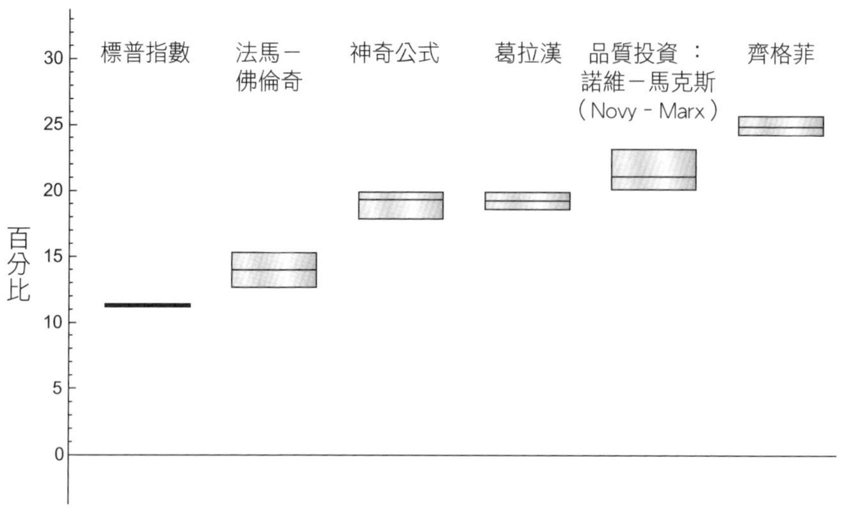

圖 10.5 階梯狀改善

不同年化投資組合回報（平均值與表現範圍），1978 年至 2013 年。

最純粹的原型奧地利投資法（也就是齊格菲投資組合）。這段階梯並不代表演變過程，畢竟在這些方法的發展過程中，率先出現的是位於最頂端階梯的奧地利投資法，其他方法則是相互分支出來的，儘管如此，這些方法仍改善了其方法論與最重要的一點：它們背後的思想。我們的焦點應在於，現在有了一套方法可以把小麥與穀殼分開來，讓我們專注於重要的事物，忽略不重要的事物。

價值方法在這方面和奧地利投資法非常接近，十分值得讚許。但是，集中注意力帶來的好處比我們想像的更多，不只是比已經表現很好的聰明投資人多增加五至十個百分點而已。最重要的是，集中注意力能提供合乎邏輯的穩固基礎，幫助我們了解為什麼。奧地利學派投

i 編按：資本資產定價模型（CAPM）的改進理論，目的在於解釋股票市場的平均報酬率受到哪些風險溢酬因素影響。

資法的嚴謹之處和吸引力在於其原則的邏輯非常直覺性，我們甚至早在測試之前就已經理解為什麼會擁有優勢。

對多數價值投資人來說，即使他們看到了價值投資法帶來的優勢，也無法徹底理解——他們往往只懂得依賴模糊的長期價格均值回歸，葛拉漢這麼形容此現象：「這是我們這一行的祕密之一，對我和其他人來說也一樣是個謎團。」因此，他們仍然容易在遇到下一個看似有吸引力的投資計畫和隨之而來的扭曲環境時，就被徹底殲滅（葛拉漢本人在一九二〇年代晚期正是遇到這種狀況）。

乍看之下，有些投資結果的不一致性令人無法接受，甚至令人覺得魯莽又不負責任，對於宛如菲尼亞斯·蓋吉的人來說尤其如此，因此我們在面對投資中的嚴格跨時間限制時，最重要的其實只有一件事：為什麼。

我們要理解的是，投資只是一種手段，目的是在未來獲得更高獲利能力，利潤本身並不是目標，我們要知道自己必須繞道而行，才能夠運用更優秀的工具取得跨時間優勢。這種思考模式才能讓我們的視野變得清晰，獲得最關鍵的景深。

當我們把價值投資法視為更吵雜、經過調整的奧地利學派投資法，那麼或許就可以解開價值投資法的祕密：生產是一個非常迂迴的過程，雖然能帶來企業利潤，卻需要花費時間和資本，因此我們得在過程中耐心地採用間接手段。我們不應該預期在剛開始生產過程的時候，就能輕易取得企業利潤，甚至有可能根本沒有利潤（貨幣扭曲會使人們更不想要執行這種生產過程）。不過，有些人能理解這個過程，也願意熬過這場煎熬，這些人將會獲得資本主義的戰利品。

終於抵達目的地——茲維克

透過奧地利學派投資法一和二，我們終於到達了目的地，也就是茲維克。奧地利學派投資法一和二結合後，會成為套疊的迂迴策略，我們要運用前者來配置後者——這就是道家哲人的大勢策略。

每一個策略都是中間的米特，目的是通往更高的茲維克，最後才能達到生產力最高的資本投資與再投資，成就持續進步的經濟與文明。這些策略是很典型的奧地利學派策略，奧地利學派投資法一依賴的是米塞斯發展的概念，奧地利學派投資二則仰賴龐巴維克發展的概念。然而正如我們在第九章說過，奧地利學派投資法一是難執行的方法，多數投資人真正有能力使用此方法的時機，只有在市場扭曲提高了MS指數時避開股市。幸運的是，資本之道不會要求投資人同時運用奧地利學派投資法一與二。我們在實踐這兩種分法時，可以把它們視為彼此獨立的策略——就算分開來，它們也能單靠著自身打敗多數專業成果——藉由它們利用市場扭曲（其中包含了第九章的基礎米塞斯策略），接著辨認出價格錯誤的生產性資本並進行投資。

我在成年後就一直是奧地利學派的信徒，又有幸在撰寫本書的期間更深入地研究許多文本，我堅信這些來自維也納的人所帶來的影響具有深刻意涵——這是我能在市場過程中取得成功的原因。我希望能在本書中分享這些知識，並在最後兩章闡述你能如何應用與吸收所學。

無論身為投資人的你採取了何種行動，最重要的永遠都是考慮奧地利學派方法論背後的思考邏輯。

你採用的方法是勢嗎？你是否走上了目的論的「手段—結果」迂迴道路？又或者你採用的方法是力，只關心當下的結果、今日的回報？並不是所有人都能使用奧地利學派投資法，假若真的每個人都能做到，這個方法也就喪失優勢了。但這個方法對所有投資人來說，仍是個重要的理想，無論他們如何看待滴答響的時鐘都一樣。每個人都可以在巴斯夏、門格爾、龐巴維克和米塞斯（以及老子、孫子、克勞塞維茲，當然還有克里普）的陪伴下衡量自己使用的投資方法。因此，我們該問的問題永遠都是這一個：你距離奧地利學派的理想有多遠？請把這個問題當作你的指南針和地圖，繼續沿著資本之道，走出屬於你自己的路。

尾聲 在資本主義這座競技場

本書的主旋律是松柏，說到松柏，不禁讓人想到名為「迂迴」的這堂基本課程，一開始緩慢穩定地向右發展，直到最後達到成熟的階段，便可以向左前進，加速增長，比競爭對手更快速。松柏靠著這種先慢後快的節奏打造與配置其生長結構，累積必要的資本，例如厚樹皮、高樹冠和更有效率的枝葉。這種發展模式需要毅力——這是迂迴的必須要素。

極北林區是一個橫跨時間的世界，這個世界及其生存策略可以追溯到數個世紀之前，期間經歷了往返曲折、成長衰退，以及相互競爭的植物物種為了生存而進行的內部鬥爭，與貪婪的食草恐龍之攝食。相較之下，人類在地球上出現的時間要晚得多，我們過度錨定在當下，而我們與生俱來的時間偏好更是使狀況變得更糟。於是，我們重視（要說起來，其實是高估）眼前的棉花糖，遠勝過未來才會出現的眾多前景和潛力。整個人類社會的注意力不足障礙，偷走了注意力，我們的焦點從長遠的道路轉移到短淺的景深；因此，我們變得容易在決策時犯下短視的錯誤，有時甚至是災難性錯誤，這些決策會削弱我們的前瞻性自我（也就是我們心中那些高瞻遠矚的樹木）抓住機會的能力。

我們就像松柏一樣，需要為自己配備毅力這個特質，才能戰勝落後的狀態，又不因落後而擔憂，甚至有可能會變得喜歡輸、討厭贏——這就是推動我們踏上資本之道的克里普悖論——這是因為毅力能產生純粹的勇氣，允許我們運用間接的、有時甚至代價高昂的重要手段。走上迂迴的道路也就等同於預期逆境出現（與之相對的是在失敗與成功的虛假二元選擇中擇一）。這就是進步的迂迴本質的先決條件，就像我們在圍棋中看到的，勢的策略家為了棋局後段的潛力而追求位置優勢，在比賽結束前，我們會一直覺得這種策略似乎會失敗；與此同時，力的對手往往傾向更輕鬆的直接進攻手段，希望能取得快速的決定性勝利。

偉大的藝術家和企業家（及經濟學家）都很清楚，任何值得去做的事情都需要時間——站在他們對立面的軍事戰略家也是如此，我們可以從中看見從文明創造者到文明破壞者的完整光譜。每個人都在以自己的方式遵循「跨時間交易」這個共同主題（如第三章所述），耐心地追求中間狀態，而中間狀態的高效能力則進一步推動我們實現我們所渴望的最終狀態。因此，我們必須付出巨大的努力才能達到最終的茲維克，從一個齊爾到另一個齊爾，中間伴隨著大量的等待，甚至等待到考驗我們的毅力極限。

這種毅力能為我們帶來鼓勵與支持，支撐我們從中間手段出發，沿著間接路線抵達最終結果，我們知道自身的人性會使這條路線變成一趟幾乎不可能完成的旅程——這是最為人跡罕至的迂迴路線。若要克服人性，我們需要耐力，還有聚焦並致力於單一目標的能力，我們要像松柏一樣採取迂迴的手段，移動到競爭對手可觸及的範圍之外，蜷縮在岩石下，透過與有益真菌共生等生存適應方法存活下來，靜待機會來臨，在野火燒盡後進入土壤肥沃的區域。松柏是勢的縮影，體現了孫武的游擊兵跨越時間執行景深作戰的狡詐行動。

我們同樣必須擁有這種特質，而最能夠捕捉這種特質的字，是來自芬蘭（當然只可能來自芬蘭）極北林區深處的詞彙：希甦（sisu）。

希甦，讓弱者取勝的力量

在第二次世界大戰最初幾個月，米塞斯從納粹手中逃脫後不久，北方針葉林深處又爆發了另一場戰鬥——一九三九年至一九四〇年的百日冬季戰爭（100-day Winter War），在此期間，芬蘭軍以較落後的火力擊退了規模大得多的蘇聯軍，這或許是現代戰爭最適合用來描述勢的例子（中立的芬蘭十分不幸地位於約瑟夫・史達林〔Joseph Stalin〕和希特勒這兩個同樣邪惡、同樣極權、互相衝突的強國之間，只要這兩國中有哪一國能率先占領芬蘭，芬蘭就會變成那個國家的關鍵道路）。雖然人們時常討論失敗者的故事，但我們必須理解，芬蘭人的勝利並非預料外的事件，而是他們審慎執行《孫子兵法》和《戰爭論》的成果。正如我們即將看到的，芬蘭人顯然使用了《孫子兵法》的勢，靈活的芬蘭軍隊會運用滑雪裝置避免直接衝突，在白雪皚皚的森林地形中伺機而動，占據上風。《戰爭論》的影響則體現在戰爭過程中，尤其是芬蘭人沿著蘇聯前進的路線攻擊關鍵地點，將龐大的對手分裂成更小的單位，以便包圍、攻擊和打敗他們。

蘇聯紅軍遇到的則是普魯士—德國的影響，而史達林為了消除普魯士對紅軍的影響，採取的方法是監禁與處決多位高階將領。因此，入侵芬蘭的部隊通常是由經驗不足的中階軍官領導，他們有時表現得好像他們正在遵循一本來自不同時空地點的戰鬥手冊似的，舉例來說，他們認為軍隊不需要接受在雪地裡戰鬥與使用武器涉及的訓練，就能無師自通地學會滑雪。蘇聯的統一軍事準則不允許戰場中的指揮有任何彈性；他們必須堅守死板的嚴格規範[1]。

在眾多致使芬蘭勝利的影響和因素中，我們不能低估希甦的重要性。希甦是個難以翻譯的詞彙——這個詞與勢具有共同的語言特徵——人們通常會說希甦代表的是大膽、無懼、勇敢、堅韌、毅力、頑強、意志力和決心。對希甦的最佳解讀或許是堅定的毅力，這將使希甦自然而然地和勢的戰略地位優勢彼此互補。**希甦的本質是跨時間的耐力——不是在困難時刻咬緊牙關，而是在沿著艱鉅道路前行時能堅持的剛毅精神，從這個看似無法克服的挑戰繼續邁向下一個挑戰**。

希甦已滲透至芬蘭人民的身分認同中，早在他們成為獨立國家之前，這個詞彙就精準抓住了他們的民族性格，表達出根植於這片土地和過去歷史的堅定毅力。布滿湖泊、沼澤和森林的平坦凍原，平時與世隔絕，一年中的多數時間裡都陷於北極的黑暗中，有時甚至連日常生活都是一種對耐力的考驗。這片土地以此種生存意志為基礎，幾個世紀以來一直是西方瑞典人和東方俄國人的戰場。芬蘭曾是瑞典王國（Kingdom of Sweden）的一部分，直到一八〇九年被俄國人占領後成立了芬蘭大公國（Grand Duchy of Finland），而後慢慢併入了俄國。在一九一七年的俄國內戰期間，芬蘭抓住機會宣布獨立，在卡爾・古斯塔夫・曼納海姆將軍（Carl Gustaf Mannerheim）的指揮下抵禦俄國的威脅。曼納海姆將軍是堅定的反布爾什維主義人士（anti-Bolshevist），曾在沙皇尼古拉二世（Tsar Nicholas II）的宮廷任職。芬蘭與俄國在一九二〇年簽署的《塔爾圖合約》（*The Treaty of Tartu*）正式確立了兩國願意和平共處，但即便如此，盤桓不去的緊張局勢仍預示了另一場戰爭即將到來。當時納粹的威脅逐漸迫近，俄國因芬蘭對抗納粹的戰略優勢而受到吸引，這些優勢包括芬蘭灣（Gulf of Finland）與佩薩莫地區（Petsamo）的大型鎳礦場（後來割讓給蘇聯）；史達林希望能要回芬蘭。

一九三九年晚期，俄國用政治宣傳掩護了侵略性的公開軍事行動：聽聞「帝國主義者」正計畫利用芬蘭入侵蘇聯（儘管芬蘭當時的人口約為三百七十萬，蘇聯人口則接近一億八千萬）。戰爭的第一聲砲擊在一九三九年十一月二十六日打響，據說這些砲擊是從芬蘭觀察站打入蘇聯領土。然而部分歷史學家認為，「邁尼拉砲擊」（Mainila shots，名字源自附近村莊）不可能源自芬蘭，原因在於當時曼納海姆將軍為了避免此類事件，已下令從前哨撤回所有槍枝武器[2]。

蘇聯假裝受到挑釁，模仿德國的閃電戰（blitzkrieg），駕駛坦克車進入芬蘭。德國過去的戰爭經驗證明，這種作戰方式在歐洲中心地區有效，該區域有清晰可辨的補給和通訊中心可以攻擊。然而，芬蘭的森林沒有這樣的目標，只有自然障礙物阻撓這項繁瑣的軍事行動。蘇聯人甚至帶上其他累贅，包括裝滿政治宣傳文宣和銅管樂隊器材的多輛卡車，他們預期自己能迅速獲得決定性的勝利，打算利用這些物資慶祝，此外，他們也沒有帶上冬季制服和長期戰役所需的補給品（在根本還沒確定能慶祝之前就開始規劃慶祝活動，我們應該很難想像比這種舉動更能描繪「力」的行為）。

希甦和勢可以成為戰無不勝的組合。儘管紅軍在人數和軍備方面占據優勢，但芬蘭人利用目標明確的小型部隊具有的快速敏捷特性，取得了有利的戰略戰術位置。這些穿著白色外衣的游擊軍使用滑雪設備在樹林間穿行，運用地形優勢，變得像是《孫子兵法》所說的「上將」，能夠「料敵制勝，計險隘遠近」，甚至可以達到「知此而用戰者必勝」的程度[3]。芬蘭擁有極北林區本身的「形」（hsing，也就是位置優勢），這種優勢來自他們非常了解此處的不尋常地貌。正如我們在第三章提到，勢的位置優勢與「形」的概念彼此重疊，因此勢指的就是透過「形」獲得的更大優勢。

《孫子兵法》把軍隊的形比作沉積在山澗中的水，當水終於抓住機會，帶著巨石和樹木向下湧出時，就會釋放出潛力（勢），以強大且毫不費力的方式流動，戰勝路徑上的一切事物。因此，哲人的行事方式是「將自己置於詳盡部署的更上游」[4]。

芬蘭人使用的手段，在時間和空間上都與目標相去甚遠，而且往往非常間接，例如封鎖道路、執行伏擊和惹惱過度緊張的敵人，直到衝突變成一場心理戰，芬蘭人與他們的希甦精神藉此善用了迂迴路徑的優勢。芬蘭軍隊在任何時候都避免在開闊的地形攻擊強敵，尤其是像俄國這種擁有優越的武器和空軍戰力的強敵。與之相對的，芬蘭人會在針葉林中作戰，他們的勝利戰略就是從針葉林中提煉出來的——堅忍不拔、鍥而不捨並在最後取得勝利，不過，只有時間的磨煉才能帶來跨時間的位置優勢。芬蘭人做出了戰略上的讓步，藉此占據更有利的位置——宛如在冰雪覆蓋的戰場上下一盤圍棋。芬蘭人執行戰術性的撤退，佯裝潰敗，誘敵就位。這時芬蘭人已累積了敵人看不見的戰略地位優勢，他們忽然出現，彷彿憑空冒出似的，開始強而有力的反擊，其中也包括襲擊蘇聯防線後方。芬蘭人會為了削弱敵人，在攻擊時瞄準關鍵地點——也就是克勞塞維茲最關切的重心（Schwerpunkt），達到他們的中間目標。

在芬蘭人利用森林的「形」進攻和防禦的同時，蘇聯人卻因此受阻——字面意義上的受阻。紅軍的戰略很依賴開闊的地形，總是在此類地形中伺機行動。他們帶來的甚至大多都是平軌跡野戰炮，但事實證明了這些野戰炮射擊時無法穿越樹木，因此在樹林裡毫無用處（不過芬蘭人奪走了這些野戰砲，在俄國人撤退時拿來對付他們）[5]。

芬蘭軍隊十分適應自己的地盤，在為祖國而戰的同時，也運用了太極拳的推手，此舉的目標是利用敵方原有的內部不平衡，加速最終潰敗的到來。芬蘭人在寒冷、大雪和優勢地形的幫助下，有效地使敵方用自己的力量對付自己。芬蘭人沒有直接與蘇聯交戰，而是退讓——有時甚至允許紅軍沿著戰略道路前進——與此同時，零度以下的氣溫損壞了蘇聯的武器，導致故障。紅軍陷入大雪之中，因寒冷動彈不得，無論如何都不能撤退（又是另一個可以代表力的魯莽例子，而且帶來極大的損害）。

芬蘭人的不參與策略帶來了勢，他們因而能夠挽救許多生命，同時節省彈藥，尤其是芬蘭指揮官所謂的莫蒂戰略（motti strategy），該戰略的名字源自於在芬蘭森林道路旁，常會看到人們砍下後堆放在一起的有趣莫蒂（motti，意為木材）。從此之後，這個詞彙在戰略用語中指的便是一種包圍行動（在芬蘭語中，這或許是最接近圍棋的單詞了）。芬蘭人的戰略核心就是包圍，而在這些戰略中，莫蒂由死去的敵方士兵組成（這可就沒有木材那麼有趣了）。蘇聯軍隊在上級的命令下，不得放棄任何已占領的土地，但又無法繼續推進，就這樣變成了駐紮部隊，這些行動帶來了災難性後果，同時也代表了周遭的芬蘭人只要看著紅軍的士兵挨餓或凍死就行了。

希甦就像勢一樣，能提供巨大的優勢，使芬蘭人有勇氣面對驚人的難關，例如當他們把裝滿黃色炸彈的背包，帶到距離蘇聯坦克短短數公尺遠的位置時（有時甚至放在坦克上面），同時冒著被發現與死於爆炸的風險。這種偷襲需要決心和耐心，等待出擊的時機（就像孫武的鷙鳥[i]）。因此，只要一名使用滑雪設備的士兵，就能帶著一包炸藥摧毀一輛三十噸重的坦克。

在世界各國的關注下，冬季戰爭很快就變成了一則神話。如今人們把冬季戰爭中，十分有名的一九四〇年一月蘇奧穆斯薩爾米戰役（Suomussalmi）視為軍事經典案例，展示了指揮精良的部隊利用策略優勢對抗規模大得多的對手時，能運用真正的勢獲得何種成果。蘇聯軍沿著荒野中的兩條道路前進，意圖占領奧盧市（Oulu），那裡有一條連接芬蘭與瑞典的主要鐵路，將芬蘭一分為二。儘管芬蘭人在人數和火力上都處於劣勢，但他們想出了一個絕妙的計畫。芬蘭上校亞爾馬・西拉斯沃（Hjalmar Siilasvuo）利用 JR-27 軍團的獨特優勢，該團沒有重型武器——連一座反坦克炮都沒有。JR-27 是小鎮伐木工組成的幹部隊伍，他們很了解森林與越野滑雪的方法。他們游擊攻擊的時機和猛烈程度有時甚能使敵方紅軍喪失勇氣，以為他們面對的是戰力更強大的芬蘭戰鬥部隊（他們壓根不認為芬蘭軍隊只是一群在森林裡滑雪且裝備不良的伐木工）。這樣的策略讓人想起克勞塞維茲的《戰爭論》，以及其中提到的特定優勢，那些優勢雖然不能被視為毀滅敵軍的力量，得透過迂迴的道路才能達到目標，但是效果卻更好。[6]

蘇聯軍隊朝芬蘭希林沙米鎮（Hyrynsalmi）前進時，JR-27 軍團已經在等待他們了，他們開火掃射，擋住了蘇聯軍隊前進的道路。接著，芬蘭人把人數眾多的蘇聯軍隊分裂成更小的單位，在蘇聯軍隊撤退時徹底打敗他們。在蘇奧穆斯薩爾米戰役中，紅軍的傷亡人數達到數千人，而芬蘭軍隊的傷亡卻只有幾百人，紅軍還並留下了大量坦克、大砲、槍枝、彈藥和其他物資。蘇奧穆斯薩爾米戰役證明了希甦的勝利，也是芬蘭在這場戰爭中最有紀念意義的一次勝利——這是一場以完美方法擊潰敵方的戰役。

經過十六週的激烈戰鬥後，冬季戰爭結束了——中間還夾雜了蘇聯的野蠻轟炸，只因為他們在戰鬥中受辱、想要報復——芬蘭取得了勝利，沒有被擊敗（然而，在和平談判中，芬蘭不得不放棄大片領土——史達林說，這些土地只不過剛好足夠埋葬俄國的死者而已）。我們能從冬季戰爭中學到的，不僅是芬蘭人在這場戰爭中付出的巨大努力——人們往往認為，在二戰造成的眾多破壞之中，這場戰爭只不過是個註腳。事實上，冬季戰爭證明了孫武和克勞塞維茲的迂迴軍事戰略多麼有效，也證明了間接勝於直接、勢勝於力、取得中間優勢勝於直接占領領土，最重要的是，若沒有希甦這樣的堅定毅力，芬蘭人絕不可能獲勝。

時間站在你的那一邊

我們在冬季戰爭的歷史中看到，希甦光是在軍事力量方面就能帶來堅毅勇氣，這是芬蘭人在講述自身故事時的核心，就像十九世紀的芬蘭民族史詩《卡列瓦拉》（*Kalevala*），它捕捉了芬蘭文化的古老故事和神話，例如森林之神塔皮奧（Tapio），以及砍倒森林的巨人英雄卡列凡波卡（Kalevanpoika）——他是芬蘭的英雄，北歐的齊格菲。希甦和勢一樣，不僅適用於軍事策略、甚或投資策略，在更廣泛

---

i 編按：鷙鳥之疾，至於毀折者，節也。

的應用下，還能使我們過上充滿決心與毅力的人生。希甦也提醒了我們，內在的力量能幫助我們克服困難和障礙，繼續前進，同樣的，內在力量也能對品格產生影響並塑造品格（芬蘭的其中一座典型希甦紀念碑是位於拉普蘭〔Lapland〕的一座岩石堆，芬蘭人用緩慢而穩定的速度，一塊石頭接著一塊石頭，堆起這座石堆——建造石堆需要的是堅持不懈的精神）。我的芬蘭裔妻子常常只用希甦這個詞，就能平息年幼孩子們的抱怨，這個詞滿懷愛意地提醒我們，要在自身中尋找需要堅持的事物，最後我們終將戰勝困難。

如今有越來越多人理解希甦的好處，尤其是那些發現希甦能帶來許多優點的心理學家。安琪拉・達克沃斯（Angela Duckworth）充滿敬意地指出，孩子的恆毅力（grit）是未來能否成功的主要預測因素，她說有些孩子儘管遇到暫時的挫折，但仍會「像陸龜一樣」，隨著時間推移緩慢而穩定地取得進步，這些孩子是「具有恆毅力的個體」（gritty individual）[7]。（這樣的描述必然會使我們想起那些速度較快的「陸龜」，也就是頑強的松柏。）

正如我們從奧地利人那裡學到的，**資本主義也許是最需要毅力的一座競技場**，我們需要先忍受當下的劣勢，才能獲得未來的優勢——這就是迂迴的本質。我們可以直接將希甦和毅力視為龐巴維克所描述的低時間偏好，希甦能幫助我們克服「對於現在的焦慮」，這種焦慮源自「滿足未來才會出現的需求」。我們必須依據以後會經歷的快樂與痛苦，來決定我們現在需要哪些事物來促進或減輕以後的感受。然而，我們沒有能力處理這些投射而來的感受，原因在於龐巴維克所說的「我們對未來需求的想像是不完整的」，因此我們不會為了充分考慮未來而「承擔必要的困難」，特別是「來自遙遠未來的需求」[8]。

希甦的堅忍毅力是我們唯一的救星。這種毅力能幫助我們脫離原始的泥沼、脫離洞穴、脫離日復一日捉襟見肘的生活（芬蘭人藉此脫離了極權主義的威脅，世界各地還有許多類似例子），走向資本主義生產方式且能夠自催化的世界。

毅力當然也包含了耐心，但這種耐心不是一種抽象特質；它不僅是等待，而是有目標的、目的論式的、能完成必要過程並朝著成果前進的一種手段。毅力指的不是「長期」的思考或行動（我常強調這一點），與之相對的，毅力是跨時間、迂迴的，因此毅力能成為試金石。如果你擬定的策略不需要勇氣的話，那麼它必定既不符合迂迴道路，也不符合帶領我們走到今日的資本主義進程。我們絕不能忘記這一點，絕不能讓資本主義（證券市場）的次要表演迷惑了我們——我們應該做的是退出這場競賽，選擇自己想參加的比賽。

若人類沒有能力放棄即時利益的話，文明也就只能追隨受到當下欲望統治的蓋吉等人，最終步入滅亡。只要結合毅力與跨時間景深，我們就能夠創造並配置文明賴以進步的工具。因此，本書通篇使用的字詞——勢和烏維格，以及此處的希甦——揭示了人類的命運。然而，顯少有人能正確理解迂迴，這是因為我們只看得到最終的產品與結果，只看得到一段時間和一段過程的結尾，而看不到手段，看不到產生成果的蜿蜒路徑。

幸運的是，我們能在歷史上找到使迂迴道路發光發熱的楷模，每個時代的每個社會，都有偉大的戰略思想家、決策者和行動者——道家學者、軍事家、經濟學者、工業家——他們是資本之道的英雄齊格菲。這些人橫跨數百年與數千英里，出現戰場上和廣闊的極北林區中，他們熱忱地以目的論為方法，在可以達到成果的手段中追求通用原則。我引用這些偉人的人生和教導，追尋其根源，從自然史到中國戰國時代和歐洲，再到現代經濟思想家，希望能為讀者提供戰略框架。

所謂框架的概念與公式相反，框架更加重要。就算是我提出的奧地利學派投資法，也不會提供精確的指示，此投資法的目標是無論讀者對資本投資的理解程度為何，都能在學習這個投資法後，更知道該如何理解與衡量迂迴過程的骨架。我們可以把此類投資視為一項正在進行中的工作，而非視為對於不同結果的關注。因此，我們應格外留意斯多葛派（以及巴斯夏的「好經濟學家」）的呼籲，既不要對勝利過於興奮，也不要對失敗過於失望。（我從大量經驗中得知，你可以透過這個簡單的測試來區分一場交易最終是好是壞，幾乎無一例外——這個測試就是你是否平穩沉著，希甦！）只要你用正確的方式參與競賽，結果就必定會是透過間接的米特，抵達我們的茲維克。

對於投資人來說，奧地利學派投資法的迂迴路線（如第九章和第十章所述）需要毅力，而這種毅力所帶來的優勢，是連擁有一定下單數量和市場情報優勢（兩者都位於合法或應該合法的邊緣地帶）的老練華爾街投資人都無法比擬的。華爾街因為體制方面的短視而一直在陰影中行事，他們對眼前的利益貪得無厭，所以看不見真正發生的事。不過，充滿毅力的希甦卻允許人們以市場上的這種貪得無厭為食。正如我在第一章指出的，我的格言受到一位棒球投手的信念啟發，他「靠著打者的渴望維生」[9]。用亨利．福特的話來說，為了眼前的利潤而努力無疑是「本末倒置」[10]。依這位二十世紀典型企業家的直觀理解，這一切都與不斷迂迴的手段有關，他要有耐心且努力地持續累積，接著在生產的最後階段，則要以沒耐心的態度追求成果。

從這個角度來看，我們甚至可以把資本主義本身視為齊爾，當作通往更大的茲維克的過程中，遇到的中繼站（也就是一個更宏大的勢之策略）。我們製造漁網和船的動機可能是為了捕撈更多魚，但若把觀察角度放在許久之後的將來，我們實際上在做的事其實是推動社會進步。奧地利學派理解這一點，其中米塞斯又是最為了解這點的人，他認為資本主義是個人根據自由意志和自覺而行動的自由表現。因此，米塞斯在支持資本主義的同時也支持自由。而我在寫稿的過程中，遇到了一件充滿象徵意義的事件：那時是凌晨時分，我完成了深夜的寫作，而我辦公桌某一疊書的最上面那一本突然掉下來（那疊書至少堆了十本那麼高），打中了我留作資本主義與自由得到最終勝利的象徵物——倒塌的柏林圍牆的一大塊碎片。落下來的書是米塞斯的《人的行為》，該書帶來的衝擊，也大幅推動了柏林圍牆的倒塌。

這些過往啟發我，使我踏上極其艱難的迂迴旅程。我們把這些過往記在心裡，成為智識和情感的護身符，有時甚至銘刻在身體上。我下定決心每次看到松柏類的毬果時都要撿起來，或許這是一種賭徒的習慣，就像我留下印著亞當．斯密的老舊領帶當作提醒一樣。我每天都會在出門後撿起毬果，有時是南加州紅杉的毬果，有時這些毬果則來自極北林區邊緣（密西根州）那些更懂得迂迴方法的樹木群落。毬果是隨處可見的常見物品，不過，毬果同時也非常獨特——它是時常出現在日常生活中的深奧之物——這種活生生的植物體現了從史前時代發展至今的毅力，在史前時期，比松柏植物更晚出現的被子植物像衝刺的野兔般闖進黃金地段，把（一開始）生長緩慢的松柏植物驅逐到充滿岩石的地區（正如我們在第二章中提到的，在白堊紀末期，也就是六千五百萬年前，每十種維管束植物中就有九種是被子植物）。松柏植物放任這些被子植物急躁地生長、霸占陽光，甚至在阻止同物種的植物生長；而松柏植物則靜靜等待，就像清楚知道時間站在他們那一邊的耐心資本生產者一樣。

我在成年後，仍像小時候一樣喜愛戶外，特別是扭曲老松柏樹的陪伴；在這方面，我並不孤單。例如芬蘭就被稱為「桑拿浴、希甦與西貝流士之國」，這三者甚至會同時出現在作曲家西貝流士的鄉村宅邸艾諾拉（Ainola），那是一棟木屋別墅，位於赫爾辛基北部的湖區松柏森林深處（據記載，西貝流士可能仍是世界上最被低估的作曲家）。其他人，例如卡拉揚和我，都曾試著效仿西貝流士隱居在鄉村的避難所，那棟避難所就像是偉大的奧地利作曲家馬勒的夏季幽居（人們可以在悠揚的田園音樂中，聽見極北林區的家鄉回音）。

森林是無盡教誨的泉源。我還是個住在密西根州的小男孩時，最理想的兒童樂園就是海明威童年時代的極北林區，那裡的岩石、樹幹和湖泊能成為堡壘、前哨站以及適合探索和征服的地形（孫武和克勞塞維茲一定會感到自豪）。對我和朋友來說，一切都很好玩。我們當時壓根兒不知道，在遊戲中鍛鍊身心、學習技能並發揮想像力的同時，我們其實是在追求一個重要的齊爾——這些事物對我們的成長來說至關重要。放任孩子們按照自己的意願行事時，他們會自然而然地產生極大的熱忱並迂迴地追求遊戲的中間目標，即使遊戲不會產出任何事物也一樣（不過我們當時有樹屋和飛機模型就是了）。

沒錯，有些孩子們會立刻選擇棉花糖，但論及成長過程，大自然會用遊戲的誘惑來欺騙他們，藉此迂迴地累積認知能力、創造力、人際關係，還有力量和平衡等肢體特徵，而未來的你（成年的你）將因此得出豐碩的果實，包括成年人會用到的各種技術與才能。由於孩子的前額葉尚未發育完全，所以他們對於長期目標視而不見（儘管父母在這方面往往看得一清二楚）。孩子們有這樣的傾向是值得慶幸的事，否則他們可能會對遊戲抱持懷疑的態度，認為遊戲毫無價值，並從六歲開始為了參加學術性向測驗而努力死記硬背（我同意保羅．塔夫〔Paul Tough〕的結論，他在《孩子如何成功》〔*How Children Succeed*〕一書中引用一項研究指出，在兒童發展中，最重要的「不是我們在最初幾年可以往她的大腦裡塞入多少資訊」，而是非認知性特質，包括自我控制、好奇心、自信和毅力[11]。當然了，若由我來決定的話，我必定會在這些特質中加入希甦）。

直覺上來說，我們全都希望孩子能擁有更強大的迂迴能力和堅定的希甦毅力，如此一來，他們在人生中前進時就能勝過任何事物，甚至超越高等教育帶來的優勢。有了希甦和勢，他們就有能力承受直接攻擊，保持間接的觀點和行動，不去追求眼前的立即利益，而是追求跨時間的機會主義。我們會讓孩子經歷長期的意義不明性與不確定性（我們可能會覺得那是一種生產），藉此進一步賦予他們積極探索和發現的能力和耐受性，以及舒緩的心態，再加上竭盡全力後的汗水[12]。這是大自然教會我們的知識，想要學會這些知識，我們就得進入大自然的教室中。

即使是孩子，也幾乎不可能忽視此一事實：每株松柏上都長有無數毬果（對孩子來說，這些毬果是可以用來攻擊朋友的便利彈藥——或許這也有助於種子傳播）。每個毬果中都有無數種子。孩子們很快就會明白，手握一顆毬果，就等於掌握一整座森林（克里普充滿民俗智慧的格言讓我想起了童年的美好回憶：「每個人都看得見樹上的毬果。沒有人能看到樹，沒有人能在毬果中預先看見森林。」）。而且，在我還是個孩子時，只要在偏僻的地方看到幾棵松柏，例如長在強風吹拂的山丘上俯瞰密西根湖的松柏，我總是忍不住想知道為什麼會有松柏長在那裡。對那些松柏來說，必定有更適合生長的地點。我將會在長大後得到這個問題的解答，心中深深讚嘆看似撤退的松柏與哲人表現出的虛假謙遜。就算是在潰敗期間，松柏也只會靜靜等待，活得比鄰居更長壽，做好準備接管它們的生存空間[13]。

松柏實現最終茲維克的方法不是一頭衝進戰鬥中，而是忍受岩石這種不舒服的生長環境。這種不適感會變得可以忍受，這是因為隨著時間推移，這種不適感會帶來一些好處——松柏這個物種的特性就是長壽。想當然耳，松柏的第二個迂迴策略為那些透過風播種的後代種子提供了優勢，還有一些品種的松柏則讓延遲性毬果在野火中燒焦並裂開。松柏的堅毅本性使它們能在其他植物無法生存的地方活下來。這也難怪中國古代的道家學者認為生長在岩石上的松樹是堅韌毅力的象徵[14]。中國人在許久之前，把這些松樹畫在竹簡和絲綢捲軸上，這些圖像至今仍會讓我們想起芬蘭人稱為希甦的耐力、松柏和大自然令人信服的邏輯，此一邏輯指的是，在看似會帶來劣勢和損害的事物中，能產生機會主義的勝利。我們所在的這個世界正運用此一模式，以有機的方式高效成長。

上述這些智慧——事實上，這本書中每個詞語加總在一起的智慧——都包含在一個看似平凡的物體中，它的重量只有數十公克，用英格蘭詩人威廉·布萊克（William Blake）的話來說：「只要拿著它，你就能把無限掌握在手中。」——一顆不起眼的毬果。毬果不值一文，既不罕見，也不稀奇，就像道一樣，不容易引起人們的關注或興趣，多數人至今仍不理解到它的意義。然而，對於那些知道自己看到什麼事物的人來說，毬果絕對不亞於奇蹟。毬果很顯眼，能提醒人們實踐紀律，以毅力和不屈不撓的意志追求中間手段，把這些手段視為實現最終目標的戰略優勢——只有敢於走上迂迴道路的人，才能實現這項任務。

致謝

我要為本書的寫作旅程與成功付梓感謝以下人士：

感謝我的妻子艾咪（Amy）的愛與陪伴；感謝我的孩子們愛德華和希爾佳為我帶來了無法估量的快樂（我因而不得不在半夜完成大部分寫作）；感謝我的兄弟艾瑞克（Eric），他是一位出色的作家，也是我認識的人之中最有趣的一位，我很感激他的鼓勵；感謝我的爸爸，紀念他短暫的生命，感謝我的媽媽在我走上迂迴的道路時，提供堅定的支持和信念；感謝以逝的史匹茲納格爾奶奶，她是我的第一位投資人，也是最好的一位。

感謝已逝的埃弗雷特·克里普，他把一位喜歡四處打探的十六歲男孩納入羽翼之下，將勢賦予到他身上。

感謝榮·保羅維持奧地利經濟學派的生命，並將此學派傳播給下一代（這是他自己擬定的勢之宏大戰略）——願他流芳百世。

感謝幫助了《資本之道》的整個團隊：謝謝羅伯特·墨菲（Robert Murphy），他帶給我友誼，總是對事物付出「奧地利式」的關注；謝謝提姆·弗利（Tim Foley），他以精美的插圖而聞名；謝謝派翠西亞·克沙夫利（Patricia Crisafulli）引導完成本書的過程；謝謝持續幫助本書的耐心漢學家安樂哲；

感謝松柏植物專家阿爾霍斯·法瓊；感謝我的老師郭啟辰（Qichen Guo，音譯）、楊俊敏、楊逸倫（Yilun Yang，音譯）；契普尼特·曼恩（Chitpuneet Mann）和哈利·譚（Harry Tam）的寶貴研究（我有時會在很瘋狂的時間尋求他們的幫助，感謝他們的隨和性格）；謝謝布蘭登·亞金（Brandon Yarckin）的幫助；感謝吉姆·弗羅利克（Jim Frolik）和傑夫·歐康諾（Jeff O 'Connell）的絕佳建議（在此誠摯感謝所有人的專業知識；本書在解釋時犯的所有錯誤或非正統之處均由我個人承擔）。

謝謝納西姆·塔雷伯，總是提醒我懷疑主義的重要性，他向我展示了思想的毅力。感謝維特·倪德厚夫教導我有關手杖、樹木和紳士壁球運動的簡易智慧。

感謝我的出版商約翰威利公司（John Wiley & Sons），也感謝艾文·伯頓（Evan Burton）努力不懈地說服我寫出這本書；感謝艾蜜莉·赫爾曼（Emilie Herman）對手稿的仔細閱讀和修改；也感謝文森·諾德豪斯（Vincent Nordhaus）和圖拉·巴坦克耶夫（Tula Batanchiev）。

謝謝喬治·維克斯寧斯在喬治城大學開設的「奧地利學派」經濟學課程，為我開啟了一扇大門。還要感謝艾瑞克·史賓塞（Eric Spencer）、達米爾·德利克（Damir Delic）、黛西·范姆（Daisy Pham）、安娜莉沙·沙伏爾（Annelise Sarver）和特莉莎·達斯卡姆（Trysha Daskam）的幫助，以及普世投資（Universa）中所有認真工作的員工。

感謝米塞斯研究所帶給我們有關奧地利經濟學派的豐富資訊，使我們得以廣泛傳播許多大師的研究。

最後，感謝柏南克主席和葛林斯潘主席成為可靠的投資回報來源。

本書參考資料

請掃描 QR Code

國家圖書館出版品預行編目（CIP）資料

資本之道：從孫子兵法到奧地利經濟學派，看透資本本質的迂迴手段。/ 馬克・史匹茲納格爾（Mark Spitznagel）著；聞翊均譯 . -- 初版 . -- 新北市：方舟文化，遠足文化事業股份有限公司，2024.06
416 面；17×23 公分（致富方舟；13）
譯　自：The Dao of Capital: Austrian Investing in a Distorted World
ISBN 978-626-7442-20-3（平裝）

1.CST：投資理論

563.52　　113004463

方舟文化官方網站　方舟文化讀者回函

致富方舟 0013

資本之道

從孫子兵法到奧地利經濟學派，看透資本本質的迂迴手段。

The Dao of Capital: Austrian Investing in a Distorted World

作者　馬克・史匹茲納格爾（Mark Spitznagel）｜**譯者**　聞翊均｜**選題策劃**　邱昌昊｜**封面設計**　高郁雯｜**內頁設計**　陳相蓉｜**副主編**　李芊芊｜**校對編輯**　張祐唐｜**行銷經理**　許文薰｜**總編輯**　林淑雯｜**出版者**　方舟文化／遠足文化事業股份有限公司｜**發行**　遠足文化事業股份有限公司（讀書共和國出版集團）　231 新北市新店區民權路 108-2 號 9 樓　電話：（02）2218-1417　傳真：（02）8667-1851　劃撥帳號：19504465　戶名：遠足文化事業股份有限公司　客服專線：0800-221-029　E-MAIL：service@bookrep.com.tw ｜**網站**　www.bookrep.com.tw ｜**印製**　博創印藝文化事業有限公司　電話：（02）8221-5966 ｜**法律顧問**　華洋法律事務所　蘇文生律師｜**定價**　520 元｜初版二刷　2024 年 07 月